U0563601

新时代
东莞改革发展探索

Exploraten on the Reform and
Development of Dongguan in the New Era

谢小薇　主编

社会科学文献出版社
SOCIAL SCIENCES ACADEMIC PRESS (CHINA)

本书编辑委员会

名誉主任：郑　琳
主　　任：谢小薇
副 主 任：杨石光　冯　洁　祁建民　查日升
委　　员：孙霄汉　王学敏　林华樟　黄　琦
　　　　　王金豹　杨家宁　何　清
主　　编：谢小薇
副 主 编：杨石光　孙霄汉

目 录

发挥新时代东莞基层党组织在社会治理中的作用 …………………… 001
 一　新时代基层治理对基层党建的要求 ………………………………… 002
 二　东莞基层党组织基层治理中作用发挥现状分析 …………………… 006
 三　探索基层党组织促进基层治理的路径 ……………………………… 010

加强社会主义学院智库建设 ……………………………………………… 017
 一　加强社会主义学院智库建设的重大意义 …………………………… 018
 二　社会主义学院智库建设现状、面临的主要问题及原因分析 ……… 020
 三　国外智库发展的经验与启示 ………………………………………… 026
 四　加强社会主义学院智库建设面临的机遇与对策思考 ……………… 030

统战工作向商会组织的有效覆盖 ………………………………………… 036
 一　统战工作向商会组织有效覆盖的必要性与现实意义 ……………… 037
 二　统战工作向商会组织有效覆盖的实践探索：以东莞为例 ………… 039
 三　统战工作向商会组织有效覆盖的对策和建议 ……………………… 046

新时期政协委员队伍的建设
 ——以珠三角地区为例 …………………………………………………… 050
 一　政协委员队伍建设的意义和实践 …………………………………… 050
 二　珠三角地区政协委员队伍建设实践 ………………………………… 051
 三　推进珠三角地区政协委员队伍建设的现实路径 …………………… 058

"东莞模式"的成就、生成逻辑与转型发展
 ——改革开放四十年中国城市发展典型案例分析 ……………………… 061
 一　东莞模式的辉煌成就 ………………………………………………… 062

二　国内几种主要发展模式简析 ……………………………… 073
　　三　传统东莞模式及其内在动力分析 …………………………… 075
　　四　东莞模式的转型探索 ………………………………………… 080
　　五　东莞模式面临的挑战与转型思路 …………………………… 087

运用大数据加强市场监管
　　——以东莞为例 …………………………………………………… 094
　　一　商事登记制度改革后东莞市场监管面临的新挑战 ……… 095
　　二　大数据运用于市场监管的技术逻辑及积极影响 ………… 097
　　三　运用大数据加强市场监管之东莞实践 …………………… 102
　　四　对东莞运用大数据加强市场监管实践探索的审视 ……… 116
　　五　探索大数据运用于市场监管之东莞后续发力点 ………… 125

东莞主导产业的更新 ……………………………………………… 135
　　引　言 …………………………………………………………… 135
　　一　东莞主导产业的发展历程及现状 ………………………… 136
　　二　东莞主导产业发展中存在的突出问题 …………………… 143
　　三　先进地区主导产业更替的经验与启示 …………………… 148
　　四　关于东莞主导产业更新的几点对策与建议 ……………… 154
　　小　结 …………………………………………………………… 161

东莞市新一轮机构改革实践探索 ………………………………… 163
　　一　准确把握本轮党和国家机构改革的鲜明特征 …………… 163
　　二　东莞新一轮机构改革亟须破解的问题 …………………… 168
　　三　其他城市机构改革的经验简介 …………………………… 171
　　四　科学推进东莞新一轮机构改革的建议 …………………… 175

基于公众参与的历史文化街区的保护与发展
　　——以东莞石龙中山路历史文化街区为例 ………………… 181
　　一　绪论 ………………………………………………………… 181
　　二　街区简介及保护概况 ……………………………………… 185

  三 调研情况及结果分析……………………………………… 187
  四 对策建议………………………………………………… 193
  结 语………………………………………………………… 204
  附 录………………………………………………………… 205

改革开放以来东莞党组织的建设 …………………………………… 210
  引 言………………………………………………………… 210
  一 改革开放以来东莞党的建设的时代背景………………… 211
  二 改革开放以来东莞党的建设的历史进程………………… 215
  三 改革开放以来东莞党的建设的主要成就………………… 229
  四 新时代东莞党的建设存在的问题及原因………………… 232
  五 新时代全面加强东莞党的建设的对策思路……………… 234
  结 语………………………………………………………… 243

后 记 …………………………………………………………………… 244

发挥新时代东莞基层党组织
在社会治理中的作用

内容提要：新时代基层治理存在新情况新特点，对基层党组织提出了新要求。党的十八大以来东莞基层党组织全面加强党的建设，在基层治理中发挥的作用有所提升，但是基层党组织在组织能力、动员群众能力、推动改革发展能力、执行上级政策能力、思想政治引领能力等方面仍然存在短板。其背后既有客观原因，也有主观因素，还有体制机制的原因。要让基层党组织在社会治理中发挥应有的作用，应从思想认识、党建格局、治理能力、体制机制等方面着手，提升基层党组织在社会治理中的作用发挥。

关键词：基层党组织；社会治理；作用发挥

党的十九大指出，要把基层党组织建设成为宣传党的主张、贯彻党的决定、领导基层治理、团结动员群众、推动改革发展的坚强战斗堡垒。① 这既是方向，又是任务；既是突出存在的问题，也是要重点强化的方面。党的十八大以来，我们党在基层组织建设方面取得了不少成绩，但同时存在基层党组织弱化、虚化和边缘化的突出问题。本课题组之所以选取"发挥基层党组织在社会治理中的作用"这个主题进行研究，也是基于当下基层社会存在的最为急迫、最为重要的瓶颈问题。当前东莞社会结构复杂多元，流动人口巨大，社会治理难度很大。大力加强东莞基层党组织建设、发挥东莞基层组织在基层社会治理中的领导作用，是当前东莞值得深入思考和研究的课题。为做好《发挥新时代东莞基层党组织在社会治理中的作用》的课题工作，东莞党校组成调研组，先后赴6个镇（街）的10个村（社区），采取听取汇报、实地调研、个别访谈、典型案例剖析、查阅相关资料

---

① 《党的十九大报告辅导读本》，人民出版社，2017，第64页。

等方式，获取了大量的第一手资料。此外，还奔赴外省进行实地参观、学习先进经验。在深入调研的基础上，课题组认真贯彻党的十九大精神、习近平总书记在参加十三届全国人大一次会议广东代表团的讲话精神以及省委相关精神，紧密结合东莞实际，认真研究思考，形成了本课题报告。

一　新时代基层治理对基层党建的要求

（一）基层党组织在基层治理中的地位及功能

从政治角度看，党组织是基层社会治理的政治核心，在社会治理中起着引领功能。因为在国家行政机关、政党组织和社会团体等之间的权力分配和权力结构中，政党可以通过权力和制度，通过思想意识和各种有效的载体（传媒），组织、指导和引领社会，规范权力，维护秩序。可见，基层党组织作为核心来领导基层社会治理，必须把国家的意志、党的意志，通过实际工作体现在社会的各个领域和各个层面，实现政治上的引领。

从历史角度看，中国共产党在基层有力量、有影响，在社会治理中起着服务功能。建党之初，中国共产党就是依靠在社会底层，建立组织，宣传政策，争取基层社会各阶层和社会成员的支持，才慢慢壮大成长为一个强有力的马克思主义政党并夺取了政权。因此，党具有广泛的社会基础和较大的组织动员力。早在革命年代，中国共产党就注重保护人民的利益，造福群众，开展土地改革，组织生产，调节分配，发展教育，提高了人民生活水平和思想意识，改变了基层社会的面貌。可见，基层党组织是联系党和群众的纽带，担负着服务社区、服务群众，使广大党员群众得实惠的重要职责。

从实践的角度看，基层党组织是基层治理的重要组织载体，在社会治理中起着整合功能。比如，在多元主体构成的社区治理中，有居民区党组织、居委会、业委会（业主代表大会）三个社会治理主体。一方面，居民区党组织要支持和保证居委会、业委会等群众自治组织充分行使职权，另一方面，居民区党组织是政治核心，必须利用党员服务中心、党代表工作室、社区议事会等平台和载体，充分调动居委会、业委会及其他社会组织的积极性，将驻区单位资源和社区党建资源有效整合起来，从而为基层社会治理提供资源和动力保障。

2018年3月7日上午,习近平总书记在参加十三届全国人大一次会议广东代表团审议时强调,要把基层治理同基层党建结合起来,拓展外来人口参与社会治理途径和方式,加快形成社会治理人人参与、人人尽责的良好局面。如何坚持基层党组织领导地位,构筑以基层党组织为核心的多元治理架构,重塑基层治理格局,是新时代推进基层党组织建设的重要课题。

(二)新时代基层治理的新特点

从"社会管理"到"社会治理",是因为单一的政府管制方式已难以适应时代变化下社会的新情况,多元主体共治成为发展趋势。因此,治理理念上由"管理"转为"治理";治理主体由单一的党委政府主导变化为治理主体的多元化,即党委政府、市场、社会都是治理的主体;治理方式由单一行政手段向几方合作、上下互动、多方参与等多种手段并用;治理体系中,党委政府由"撑船人"变身"掌舵手"。因此,社会治理是适应社会发展的客观需要,是我们党治国理政的实践经验和理论创新。基层党组织要在基层治理中努力把握新情况,适应新特点。

新时代中国社会发生了巨大的变化,社会治理表现出以下新特点。一是治理目标的人民性。习近平总书记指出,"人心是最大的政治",并多次强调,"人民对美好生活的向往,就是我们的奋斗目标"。这个也是基层治理的立足点和出发点。从人民性出发,社会治理目的不是为了某个阶层的利益,而是为了所有人的利益,即全民共享;社会治理必须重视民生、保障民生和改善民生;必须使政府实现由"为民做主"到"由民做主"的转变,形成以群众需求为导向的社会治理模式。二是治理主体的多元化。随着社会分工和社会多元化的发展,治理主体越来越多元化,在当代社会,治理主体主要包括国际组织、政府组织、市场组织、民间组织等。特别是社会组织数量多,分布广,影响大,是政府与市场之间、政府与社会之间、政府与公民之间的桥梁和纽带,是社会治理新的重要主体。目前我国在民政部注册登记的各类社会组织达到57万个,并覆盖科技、教育、文化、卫生、体育、扶贫、环境保护、经济发展、权益保护等多个领域。因此要通过发挥各类社会组织的作用,形成社会管理和社会服务的合力。三是治理方式的信息化。新时代是以信息化、网络化、大数据、人工智能、共享共建、人类命运共同体为特征的知识时代。"互联网+"的应用越来越广泛，深刻改变了信息传播方式和社会生活参与方式。因此，基层治理要树立互联网思维，深入了解认识信息技术发展特点，主动打造功能完备、各具特色、统一兼容的"基层网格化"治理新模式。例如，利用"互联网+"技术，打破政府部门之间和政府上下之间的"信息壁垒"，整合各部门的业务流程，打造一个纵向贯通、横向集成、共建共享、动态跟踪、功能齐全的社区网格化管理信息平台。四是治理思维的法治化。法治作为社会治理的最优模式，也是国家治理体系和治理能力的重要依托，同样，基层社会治理也需要运用法治思维和法治方式，推动全社会树立法治意识。法治是规则之治，既要求党员干部严守法治底线，坚决纠正"摆平就是水平，搞定就是稳定，不出事就是本事"的错误做法，也要引导群众依法理性表达诉求，依照法律、按照程序维护自己的合法权益。此外，也要把社会广泛认同的社会规则和道德规则上升为法律规则，构建起多层次、多样化的社会治理规则体系。

（三）新时代基层治理对基层党建提出的挑战

新时代基层治理呈现新特点，必然对基层党组织的社会基础、内部关系等产生重大影响，具体体现在以下几个方面。

1. 基层党组织的政治引领受到挑战

从外部原因来看，由于当前社会出现价值的多元化，冲击和影响着我们党倡导的主流意识形态。加之当前大量涌现的新经济组织和新社会组织，一定程度上稀释了基层党组织的政治权威和社会影响。从内部原因来看，由于改革开放长期抓经济建设，基层党组织不同程度地存在一些重经济轻政治，重行政业务轻党务的错误思想，影响了党组织的政治引领。表现为有的对基层党组织的政治属性缺乏清醒的认识，片面强调发挥服务作用而忽略政治作用，甚至以经济生活代替政治生活，形成组织生活随意化、思想政治工作淡化的现象；有的虽然强调政治领导，但是由于不同基层党组织的功能定位不同，没有明确具体目标定位，或是目标定位错误造成政治领导不强；有的只重视领导班子的政治领导力建设，而忽视普通党员的政治建设，有的只重视"一把手"的政治能力建设，而忽视整个班子的政治领导力提升；等等。

2. 基层党组织的组织覆盖受到挑战

经过四十年的改革开放，城市基层社会管理由"单位体制"向"社区制"变迁，基层党组织的组织覆盖受到挑战。一方面，基层党组织所依托的单位组织发生了重大变化。如在传统单位体制中，基层党组织完全掌握基层单位的主要资源分配和决策权力，而在社区制内，大量的基层党组织不是完全掌握资源分配和决策。可见，基层党组织要抛弃传统方式，去适应新社会空间的结构和运作特征。另一方面，新经济和新社会组织迅速发展。新经济和新社会组织量大，而且大量的流动党员集中在这些组织中，如何建立基层党组织是党和政府的一个重大课题和难题。此外，党的十八大以来全面从严治党是由上率下，因此，党的领导和党的建设存在着层层递减效应。比如，高校党的领导仍然无法做到真正贯穿办学治校、教书育人全过程，在中小学、医院、科研院所，党组织领导的校长（院长、所长）负责制还没有建立起来。

3. 基层党组织的思想凝聚受到挑战

改革开放以来，由于经济利益的多样化，加之全球化时代、互联网时代，人员的流动和信息的爆炸，中国社会出现价值的多元化，冲击和影响着我们党倡导的主流意识形态。如何在多元社会的观念碰撞中，用马克思主义指导思想有效引领整合多样化社会思潮；如何在市场经济条件下，用社会主义核心价值观消除市场经济的不利影响。比如，伴随着市场经济出现的自主竞争、自由权利等观念或原则，与党的民主集中制所要求的纪律服从、与党倡导的义务奉献等原则产生了一定程度的负效应。而农村和城市居民自治组织的出现，大量社会组织和民间力量的存在，导致基层党组织对一些普通党员和群众的思想凝聚力有所下降。

4. 基层党组织的利益整合受到挑战

反映民意和利益整合是政党最为基本的职能。从微观层面看，考验党能否公正协调利益关系，主要是基层各种利益矛盾能否得到公正、及时化解。当前利益格局的调整，新旧体制的转变，社会秩序不断重构，不同的社会阶层和利益群体之间有时也会发生矛盾，适时协调好这些矛盾是为人民服务的根本宗旨的根本要求，也是基层党组织必须承担的重要任务。当前思想工作很难做，原因是利益问题没有解决。也就是要通过协调各种利益关系，解决利益问题，思想工作就会迎刃而解。有的基层干部则明显不能适应，习惯于用传统的强制性手段对待群众，少数地方甚至出现过仅因上访就把群众抓起来的行为；甚至出现过仅因在互联网发表批评就导致牢狱之灾的现象；出现过领导者一句话就拆迁一个村庄的行为；等等。

总之，新时代党的基层组织必须适应新形势和新任务的需求，从传统的管理性和动员性的基层组织，转变为服务性、维权性、代表性和整合性的基层组织，发挥利益表达和利益综合功能的作用。

二 东莞基层党组织基层治理中作用发挥现状分析

党的十八大以来，东莞市委积极贯彻落实中央精神，推动全面从严治党向基层延伸，基层党建工作得到全面加强，但党组织在基层治理中发挥的作用并没有同等程度的提升，两者还存在脱节的现象，其原因是多方面的。

（一）东莞基层党组织推动社会治理能力上存在的不足

在调研中发现，东莞一些基层党组织面对社会治理出现的新情况新问题，没有很好地发挥自身应有的作用，具体体现为以下几方面能力的不足。

1. 基层党组织的组织力有待提升

组织力就是党组织有效动员组织党员完成特定任务的能力，提升组织力是基层党组织发挥作用的前提。在党内，一些基层党组织一方面"一言堂"现象比较突出，另一方面"不服从领导、内部斗争、拉帮结派"等现象也同时存在，使得一些基层党组织成为一盘散沙，党组织自身的凝聚力向心力严重缺乏。个别村（社区）甚至在组织开展"三会一课"都存在困难，党员参加党组织活动发"误工补贴"成为普遍现象。在党外，东莞部分基层党组织缺乏把党员组织动员起来、发挥党员先锋模范作用的意识和能力，习惯于用行政方法推动工作。在与基层党组织干部座谈过程中，很少听到基层党组织通过普通党员来宣传、开展群众工作的事例。调查问卷显示，有21%的党员干部（812人）认为基层党组织的核心作用发挥不充分。[①] 东莞

[①] 资料来源于中共东莞市委组织部2018年《全面提升基层党建质量水平：现状、问题及对策建议》调研报告。

"两新"党建走在全国前列，但不少"两新"党组织对自身应该和能够发挥的作用不清晰，没有正常开展组织活动，党建工作长期停留在较低水平上，党的十八大后没有突破性进展。比如，东泰社区驻有两个国有企业党组织，几乎不参与驻地的党建活动，相互之间也不开展党组织共建活动。①

2. 基层党组织团结动员群众能力有待提升

经过群众路线教育实践活动，东莞基层党组织对群众路线的认识有所强化，群众工作能力有所提升，但一些党组织只是把群众路线停留在关心爱护群众的层面，而没有把群众路线运用为一种工作方法。在推进工作时，组织群众开展群众工作的传统和技能没有得到发扬，如在整顿"两违"、征地拆迁等重点难点工作时，往往争取不到群众，甚至造成与多数群众的对立。很多镇街通过"领导干部驻点普遍直接联系群众工作"帮助群众解决了一些实际问题，有效地团结了群众，推动了基层社会治理。可是实践中，由于有些群众要求解决的问题是"历史遗留"问题或不在基层权限范围内等原因，驻点团队推卸解决责任，问题迟迟得不到解决，最后驻点工作反而引发了部分群众对党员领导干部的不满。此外，目前市、镇两级给予基层群众的各项惠民政策、津贴、补贴、奖励等，基本是通过各部门下达至村（社区），并由对口业务干部来落实，容易导致村（居）民在"惠从何来"的问题上产生错误认识，误以为"惠"从个别部门、从某个能干的业务干部而来，而并非市、镇、村三级党组织，进而也就认识不到党组织存在的价值，更谈不上对党建工作的认同和支持。

3. 基层党组织推动改革发展能力有待提升

推动改革发展是东莞基层党组织的传统优势，也是东莞取得巨大成就的政治保证。改革开放早期，村（社区）靠统筹土地、招商引资等举措成为东莞市推动改革开放的主力军之一，但随着产业转型升级，客观条件和政策都限制了东莞市村（社区）党组织发展经济的空间和能力，一些村（社区）就进入了"吃老本"的模式，推动改革发展的能力和意愿降低，能力更新没有跟上时代步伐。对市委、市政府要求村（社区）面向所有常住人口做好公共服务的要求没有积极进行改革创新，对上级推动的一些改革

---

① 资料来源于中共东莞市委组织部 2018 年《全面提升基层党建质量水平：现状、问题及对策建议》调研报告。

措施（如实行非莞籍两委委员等）不积极响应，甚至存在抵触情绪。一些机关事业单位党组织责任担当意识不够，"少做少错"的思想流行，甚至把强调纪律与干事创业对立起来。

4. 坚决贯彻上级政策的意识和能力有待提升

当前东莞基层在贯彻党的决定上意志和能力存在明显短板。一是面对要求日益提高的上级决定，无所适从，忙于简单应对，永远处于应付状态，最后是抓一件丢一件，没有认真思考把上级任务有机统筹，化为制度化的工作流程。二是把上级决定与基层实际结合能力有待提升。中央要求全体党员增强"政治意识、大局意识、核心意识、看齐意识"，维护党中央权威和集中统一领导，在某些基层就变成"上级叫我干什么我才干"，什么都要找法规、文件，美其名曰依法治国，事实上变成面对群众的合理诉求上级没有明文规定就不去做，这其实是一种懒政。机械执行上级政策情况比较普遍，把看齐意识与实事求是对立起来，认为完全按照上级说的做，出了问题也是上级的责任。三是一些职能部门基层党组织对上级决定过分强调困难，在公共服务、环境保护、劳动者权益保护等方面相对消极，甚至有法不依。上级进行督促检查，反而抱怨上级"搞运动"。

5. 基层党组织思想政治引领能力有待提升

党的领导首先是政治领导。一些基层党组织政治建设、思想建设不够深入，没有解决党员思想上的问题。一些基层党员和党组织对意识形态工作重视不够，甚至不了解意识形态工作的内容及其重要性，更缺乏进行意识形态斗争的政治敏感和处理能力。面对社会上一些错误言行，不少党员不是明辨是非、主动澄清、反驳，而是进行附和传播。一些党组织忽视宣传工作，认为宣传是宣传部门的事，对党的大政方针和自身的工作宣传不到位，没能把党的政策转化为群众的自觉行动。一些基层党组织对社会上的不良风俗习惯、宗派势力、邪教迷信等现象不作为，不能引领社会健康力量发展。

（二）东莞基层党建工作与基层治理能力提升脱节的原因分析

党的十八大以来，东莞全面推进从严治党取得了显著效果，但党建工作并没有充分体现为党组织能力的提升，从而使得党建工作和社会治理存在脱节。背后的原因是多方面的，既有客观因素，也有基层党员的主观问题,同时包括相应体制机制不配套的原因。

1. 客观上基层党建与基层治理有机结合需要一个过程

一方面,党的十八大以来中央坚持全面从严治党战略,对基层党的建设要求日益严格,对基层各项业务提出更高目标,要做的事情确实多了很多。在一定阶段内,出现忙于应付的情况是在所难免的,效果的显现需要一定的时间。另一方面,新时代如何抓基层党建才能发挥促进社会职能的作用还有待实践探索,出现一些没有实效的做法也是探索过程中的正常现象。认识到问题的客观性,不是回避问题,而是坚定信心和保持战略定力,更认真地分析问题的原因和制订解决方案。

2. 主观上基层党员还存在一些错误的思想认识

一是政治意识不够。东莞基层干部对经济建设非常熟悉,对讲政治比较陌生,一些基层党员认为讲政治就是虚的,重业务轻党建的思想仍然比较严重,尤其是在当前党建工作实效性还没有凸显的情况下,更加强化了这种惯性思维。比如,市委组织部对东莞抽样的 6 个村(社区)调研发现,社区党工委在 2017 年的议事中,关于党建工作的议题仅有 23%,且绝大多数是上级部署的学习传达文件、选举、发展党员等"规定动作",缺乏"自选动作"。① 二是党建理性认识存在偏差。不少基层党组织抓党建时缺乏目标导向,不少党员认为抓党建就是学习、开会、写材料,没有认识到党建工作与基层治理的结合点是基层党组织和党员的能力提升和作用发挥,只有通过基层党组织和党员的能力提升与作用发挥,才能推动包括基层治理在内的所有工作的有效进行。三是抓党建促基层治理的技术能力缺乏。每个基层党组织面对的具体情况不一样,抓自身建设、把党建与基层有机结合起来是一项技术。由于党的十八大之前,不少基层党组织懈于搞党建,因此,在面对中央更高要求的情况下,能力缺乏问题尤其凸显。四是基层党员对自身主体性作用认识不足。很多基层党员一遇到问题就抱怨上级、群众,对党员应该发挥的先锋模范作用认识不足,党员的带头带动是解决基层治理问题的突破口,一些基层党员不是带头执行党的决定配合党的工作,反而把自身利益放在首位起到负面作用。五是一些基层党员、党组织

---

① 资料来源于中共东莞市委组织部 2018 年《全面提升基层党建质量水平:现状、问题及对策建议》调研报告。

还存在"打折扣""搞变通""等等看"等错误思想,在纪律和制度执行上做不到令行禁止。如对办公用房的整治早就应该达标,但是一些基层党组织经过一轮整改还是超标,甚至把第二轮整改造成的浪费归咎于上级政策。

3. 体制机制上基层党建与基层治理有机结合的制度保障还有待完善

一是考核机制上,对基层党组织活动开展情况比较好考核,但是对这些活动是不是形式主义、到底有没有取得实效则难以评估,也没有明确的考核指标来衡量,导致一些基层党组织满足于应付上级检查了事。二是解决问题的上下联动机制不明确。党内的问题反馈机制和处理程序没有刚性、公开透明度不够,使得基层组织有时面对群众没有信心。比如,基层党组织发现的问题基层组织不一定能够解决,一些基层组织反映把一些应该上级协调解决的问题,按正规渠道上报后,迟迟没有回应,导致群众不满、基层党员干部难作为。三是成熟经验总结推广机制有待完善。不少基层党组织在党的十八大后抓自身建设有很多有益探索,但经验提升总结不够,出现了每年搞创新、每年推倒重来的局面。一些基层党组织面对基层治理问题束手无策,不知其他党组织已经有成功经验。四是激励保障机制有待于加强。党中央强调激发党员干事创业热情,也为此出台了多项文件,但如何在严格管理的基础上,通过符合法规政策的方式激励基层党员干部仍然还有待努力。东莞基层党员干部由于编制问题,身份尴尬、待遇下降,他们的出路和激励问题得不到系统解决,毫无疑问对他们工作的积极性会造成严重影响。五是基层党建共建共享机制没有跟上时代步伐。东莞一些基层党组织在共建共享方面也做出一些探索,但党建的共建共享局限于一起搞活动,对共建单位一起参与社会治理的促进作用不明显。

三 探索基层党组织促进基层治理的路径

针对东莞基层党组织在社会治理中发挥作用的不足和存在原因的分析,应从思想认识、党建格局、治理能力、体制机制等多方面入手,优化基层党组织抓党建的方式方法,提升基层党组织在社会治理中的作用发挥。

(一)以融入思维为导向,强化基层党组织促进社会治理的新思想

基层党建工作要坚持融入思维,把党建工作融入业务工作的各个方面,

从而使党建工作和业务工作融为一体，相互促进。

一要树立初心思维。及时纠正党员干部错误的价值观，牢牢树立"为人民服务"思想，保证党建工作路线不走偏差，措施落到实处；要正确认识党的十八大以来的党建理论和实践，特别是正确认识党的十八大以来党中央的一系列从严治党的举措不是"风向突变"而是"本应如此"，使每位基层党员干部克服不适应症，自觉地把自己的言行调整到一系列准则、条例的规范中。基层党组织要用党的理论武装广大党员头脑，特别要学习党的十九大精神和习近平新时代中国特色社会主义思想，引导广大党员学会自觉地克服错误思想的侵蚀。

二要树立系统思维。对于基层党组织而言，树立系统思维简单来说就是对基层党建工作要全面思考，对于基层党建工作想要达到的结果、实现该结果的过程以及对未来的影响等作为一个整体系统进行研究，要注意树立"大党建"思维，切实从机制和平台建设上加强"顶层"设计；无论是从党员干部的培养、教育甚至是监督，还是基层党组织改革创新能力、科学发展能力、群众工作能力等各个方面，都要形成齐抓共管的合力。因为只有每个环节都做好了，做到了，环环相扣，打牢根基，才能逐渐地在实际工作中凸显出党建工作的成效。

三要树立精准思维。面对当前基层问题和矛盾错综交织，更需要精准思维，要树立问题导向，立足于实际问题。做决策、定方案、抓落实都要紧紧抓住核心问题和关键问题不放，在问题的症结点和关键点上作文章；要树立实践导向，立足本单位实际。基层党组织在谋发展、定战略、提建议中，都要从基层实际出发，从本单位、本部门的可行性出发。各基层党组织要摒弃"不拘小节"的思维陋习，要在每一个细节、每一个环节上做到位。

四要运用"党建+"思维。要以党建为引领推进基层治理，在工作目标上，党建要围绕中心工作来谋划、统筹。工作思路上，要找准工作突破口，从基层治理链条中找到最薄弱的环节，把党建工作切入进去，进而在工作中折射出党员干部在思想观念、工作作风和执行能力上的问题，再通过抓党建工作解决这些问题。

（二）以网格化为导向，构建基层党组织促进社会治理新格局

基层党建工作要在社会治理中发挥应有的作用，基层党组织的组织设置和功能调整必须跟上新形势的发展。

一要扎实推进"智网党建"工程，扩充党建网格作用。2018年初，东莞市被中组部确定为"全国城市基层党建工作示范市"，东莞确定了以实施"智网党建"工程为统揽，打破农村党建和城市党建的界限，构建线上线下"一网统筹"的区域化、信息化基层党建新格局。"智网党建"工程计划在线下以"网格化"形式实现党建全面覆盖，线上以"智慧党建"信息系统促进党建精准管理，为新时代东莞党建搭建全新架构。全市所有村（社区）划分成3201个党建网格，创建"智网党建协作组"，计划按"一格一组"架构，由驻网格的村（社区）党组织牵头，联合网格中其他所有党组织组建而成，协作组由牵头单位党组织书记担任组长，通过组织共建、活动联办、资源同享等形式，共同开展党建工作，着眼解决区域内各类党组织缺乏常态化协调机制的问题。① 新架构搭建后，要注重把"智网党建"工程与网格化社会管理结合起来，首先要强化党组织在网格管理中的地位，无论是处理机制还是服务，党组织要有领导权和话语权，人员要进行整合，防止网格员一套人马、网格党建组织一套人马这种人员分离、业务隔离情况的出现。其次是党组织要发挥领导作用。如遇到问题各职能部门职责不清、职责重叠、条块分割等问题，各部门党组织要主动协调。镇（街道）党委成立"智网党建"领导小组和"智网党建办"，不仅仅要协调解决党的自身建设问题，更要发挥在社会管理中的领导作用。最后是提升网格化管理人员的素质。可以通过专题讲座、座谈交流等形式，每年至少进行一次全覆盖培训基层干部。同时，对新招聘的610名党建组织员要加大培训力度，在提升党务能力的基础上，提升他们参与社会治理的能力和意识。提高网格员的业务水平和政治素养，解决网格员中缺乏责任作为勇气，主动发现、及时处置问题意识等问题。提升社会管理一线人员的积极主动性，改被要求"完成任务"变为主动完成，提高工作的主动性、开创性。提升工作能力。

---

① 中共东莞市委组织部：《实施"智网党建"工程，整体提升城市基层党建质量水平》，2018。

二是充分发挥社会力量，统筹各类党组织共驻共建。在镇街园区，要充分利用党建资源，实现资源一体配置、组织统筹联建、信息统筹共享、活动统筹安排、人才统筹培养、经营统筹合作。比如，松山湖高新科技园除了园区本身的工作人员之外，还从园区的企业研发机构、大专院校及社会组织的知名专家中选择合适对象，优选25名专家社工队伍和由300名党员组成的6支志愿服务者队伍，为基层党组织提供了参与社会治理的有力抓手和强大力量。在社区，可以通过区议事会，召集社区党委、社区工作站、社区居委会、社区公益事业发展中心、社区物业公司、社区业主委员会等多方参与社区治理。

（三）以专业化为导向，提升基层党员干部的社会治理能力

党的十九大报告提出的"提高社会治理社会化、法治化、智能化、专业化水平"新要求。社会治理需要专业能力和专业精神，这是因为新时代基层治理主体多元化、基层事务纷繁复杂化、基层治理方式多样化，这就要求当前基层干部，在判断形势、作出决策、破解发展难题、解决群众利益时，都需要专业思维、专业素养、专业方法。比如，基层治理制度体系要精细化，基层治理程序上，对于参与主体、参与方式、参与功能、事件处置时限、损害补偿、处理结果公布、社会评价信息反馈等内容都应细节化、规范化；基层治理绩效评估体系的设计要专业化，既要有经济增长率、收入增长、社会就业率等"硬指标"，也要有生态环境状况、政府服务质量、社会保障福利水平等"软约束"。因此，基层党员干部队伍建设要树起政治过硬、本领高强的"风向标"，牢牢把握高素质专业化的内在要求，引导干部强化专业思维、提升专业能力、运用专业方法、培养专业精神。

一是干部配备要专业化。因此，要选配一批熟悉金融信贷、智能制造、城市规划建设等专业的干部，把高校、国企、科研院所的优秀人才安排到基层党政机关任职，从源头上提高专业化水平。同时，注重专业化储备。目前，基层镇（街）缺乏与政府服务能力、公共管理水平相关联的国土规划、城建交通、环保治水等领域的专业技术人才，要根据专业知识、专业经历、专业能力等情况，开始分领域、多渠道、分层次建立专业干部人才库。

二是干部培养要专业化。一方面要紧紧抓住支部书记这个"牛鼻子"，

实施"头雁工程",加强专业能力培养,提高基层党组织书记抓好党建、致富增收、群众工作、民主管理、廉洁自律等"专业化"能力,提高引领新时代、促进新发展的能力。另一方面,要把精细培训作为有力举措。当前,要依托乡镇党校、网络学院、"讲习所"等,对基层党员干部进行全员轮训,坚持缺什么补什么,着力解决能力短缺、素质短板、方法短路等问题,精心设计和组织好务实管用的专题培训,确保"横向到边、纵向到底",推动基层党员领导提升专业素养、增长工作本领。

三是培养专业精神。专业精神就是热爱自己的工作岗位,为干好工作、完成任务执着向前,严格要求工作完成的质量。一方面,宣传先进典型,营造良好的宣传舆论氛围,积极开展干事创业"好干部、好党员、积极分子"等评比、表彰活动,让党员干部比有目标、学有榜样、干有动力,对自己工作的行业十分了解,精通业务工作且不断追求精益求精。另一个方面,在干部任用机制和考核机制中,要把是否热爱工作、刻苦钻研、执着追求的专业精神作为干部任用、考核的标准之一。此外,党支部要通过制度化规范化建设实行管理的专业化。要按照《中国共产党支部工作条例》的基本要求,推进基层党支部规范化建设,把落实党内制度作为加强基层党支部建设的中心环节,提高制度的执行力,把执行制度变为每一个党员的自觉行动。

(四)以科学化为导向,完善基层党组织促进社会治理的机制体制

围绕不断优化基层社会治理,进一步加强和完善党领导一切的体制机制,把制度建设贯穿到基层党建的各个方面,不断提升基层治理方式的科学化。

一是优化理顺抓基层党建的领导机制。要注重发挥各级党的建设工作领导小组、基层治理领导小组的统筹协调作用,把有关部门和群团组织抓基层的任务捆在一起,责任拧在一起,力量用在一起,通盘考虑各个方面各个层次各个要素,统筹抓好基层组织建设。要调整理顺市直机关工委、教育工委、国资委党委、"两新"组织党工委的党建管理体制,落实行业系统基层党建工作专责机制,确保基层党组织建设各项任务落到具体单位。

二是完善基层民情沟通和民主决策机制。要继续完善"驻点+"工作机制,积极推广社区议事会、党代表工作室、党员议事会等制度,利用阳光

雨党员活动中心、阳光在线等畅通基层党组织了解民情的渠道，引导群众以理性、合法的形式反映意见建议。在对重大事项决策时，可采取"一事一议"的方法，基层党组织通过召开会议，初步确定一个指导性意见，经过党员、居民代表、群团组织和其他组织等渠道征求意见，再召开"两委"联席会议，综合各方面的意见，拿出一个切实可行的方案。最后，将方案提交居民代表会议进行表决，一锤定音，把党的领导和居民自治有机结合起来，使决策更加民主、科学。

三是强化上下级党组织联动机制。一方面要求基层党组织负责任地解决自身职权范围内的事务，另一方面畅通渠道，建立日常工作机制，鼓励基层向上级组织反映社会治理中的热点、难点问题。基层党组织反馈的情况如果有全局意义、推动了全市社会治理工作突破，应进行奖励。市级职能部门对基层情况的回应情况应建立年度考核指标，对市级职能部门不研究、不解决、不回应基层问题的情况要进行通报批评。

四是探索实施惠民政策基层党组织统筹机制。要按照省委《加强基层党组织建设三年行动方案》提出的"人往基层走、钱往基层投、政策向基层倾斜"要求，不断使人、财、物等资源向基层涌入。在落实各项惠民政策上，各级党组织要发挥宣传、实施、监督作用，通过对党委政府的各项惠民政策进行梳理和统筹，建立惠民政策由党组织宣传、为民服务由党组织推动、惠民举措由党组织落实的工作机制。

新时代基层党组织如何在社会治理中发挥应有的作用，是基层党建理论和实践中有挑战性的课题。过去基层党建抓得好不好，主要看经济发展成果如何。当前在"五位一体"总体布局和"四个全面"战略布局引领下，新时代基层抓党建的效果，除了看党内政治生态如何之外，可能最核心的指标就是这个地方社会治理情况怎么样，社会治理应该成为衡量基层党组织自身建设成效的最重要的外在指标。紧盯社会治理也能有效防止党建工作形式化问题，如何把党建工作和社会治理有机结合起来是具有长远意义的课题。

参考文献

[1]《习近平谈治国理政》，外文出版社，2014。

[2]《习近平谈治国理政（第二卷）》，外文出版社，2017。

[3]《党的十九大报告辅导读本》，人民出版社，2017，第64页。

[4] 韩立红：《中国共产党在社会治理中的功能分析》，《领导之友》（理论版）2016年第3期，第6~9页。

[5] 何爱云：《治理现代化视角下基层党组织的功能定位与作用发挥》，《中共济南市委党校学报》2017年第2期，第28~32页。

[6] 东莞市委组织部：《全面提升基层党建质量水平：现状、问题及对策建议》，2018。

[7] 东莞市委组织部：《实施"智网党建"工程，整体提升城市基层党建质量水平》，2018。

（课题组成员：王金豹、佛见光、王增益、王鹏）

加强社会主义学院智库建设

内容提要：全国社会主义学院（简称"社院"）系统蕴含着丰富的智力资源，在中国特色新型智库建设中具有独特优势。目前以中央社院为龙头、各省市社院为骨干的全国社院智库体系已初步形成，但还面临规模不齐、职能不专、研究队伍专业性不够强、管理机制不活等问题。加强社会主义学院智库建设，需要健全各级领导机关决策咨询制度、构建社院智库组织体系、加强全国社院智库交流平台建设和专业人才队伍建设、改革智库管理方式，特别是要健全激励机制。

关键词：社会主义学院；新型智库；决策咨询

2015年1月中共中央办公厅、国务院办公厅《关于加强中国特色新型智库建设的意见》印发以来，全国各地各领域各层面智库建设呈现蓬勃发展之势，智库研究成果也大量涌现，为各级党政部门科学决策提供了有力的智力支持，成为改革向纵深推进的重要推动力量。社院是党领导的统一战线性质的政治学院，是民主党派和无党派人士的联合党校，在加强新时期党的统一战线建设、凝聚全社会共识和力量实现中华民族伟大复兴方面肩负着特殊的使命。目前全国社院系统智库建设已经取得重要进展，产生了一些有影响的成果，但对照党中央关于加强中国特色新型智库建设的要求，还有很多工作要做，尤其是基层社会主义学院智库建设，还面临很多需要解决的问题和矛盾。本课题拟结合中央对加强中国特色新型智库建设的要求，分析社院智库建设面临的形势和存在的主要问题，在此基础上提出加强社院智库建设的原则思路和对策建议。

一　加强社会主义学院智库建设的重大意义

智库，一般又称为"智囊""思想库"等。中国自古就有重视智囊的文化传统，姜子牙、张良、诸葛亮等是中国妇孺皆知的智囊型人物；史料记载战国时期"四君子"之一的孟尝君曾有"三千门客"，晚清曾国藩幕府先后有幕僚 400 人，这类已属于有一定组织性的智库。现代智库兴起于西方，主要是指以公共政策为研究对象，以影响政党、政府决策为目标，以公共利益为导向的专业性研究机构。在现代社会中，智库既是专业知识库和高级人才库，也是科学知识与公共政策间的重要桥梁。现代智库作为重要的智慧生产机构，是一个国家思想创新的源泉，是执政党和政府制定公共政策不可或缺的咨询机构，也是一个国家软实力的重要组成部分。

党的十八大以来，以习近平同志为核心的党中央围绕实现"两个一百年"奋斗目标和中华民族伟大复兴中国梦，协调推进"四个全面"布局，全面深化改革诸多方面取得重大突破。建立健全决策咨询制度，是推进国家治理体系和治理能力现代化的必然要求。社会主义学院是党领导的统一战线性质的政治学院，既具有培训职能，又是一个重要的研究机构，把社会主义学院建设成中国特色高水平智库具有重要意义。

（一）加强新型智库建设是党中央的重大战略

改革开放四十年来，我国经济社会快速发展，综合国力和国际影响力达到前所未有的高度。进入全面深化改革新的历史时期，我国还面临着各种复杂矛盾和艰巨的改革任务，各项改革决策的民主化、科学化攸关改革效能和成败，通过建设高水平的现代智库，是推进决策民主化、科学化的重要保障，也是一些发达国家进行科学决策的重要经验。为此，2013 年 11 月，党的十八届三中全会《中共中央关于全面深化改革若干重大问题的决定》提出了"加强中国特色新型智库建设，建立健全决策咨询制度"的改革目标。2014 年 10 月，习近平总书记在中央全面深化改革领导小组第六次会议上强调："我们进行治国理政，必须善于集中各方面智慧、凝聚最广泛力量。改革发展任务越是艰巨繁重，越需要强大的智力建设。要从推动科学决策、民主决策，推进国家治理体系和治理能力现代化、增强国家软实力的战略高度,把中国特色新型智库建设作为一项重大而紧迫的战略任务切实抓好。"2015年1月,中共中央办公厅、国务院办公厅印发了《关于加强中国特色新型智库建设的意见》(以下简称《意见》)。《意见》指出:中国特色新型智库是党和政府科学民主依法决策的重要支撑,是国家治理体系和治理能力现代化的重要内容,是国家软实力的重要组成部分。近年来,中国特色新型智库建设已经显示其在国家重大改革发展中不可替代的功能,比如"一带一路"合作倡议、亚投行、举办G20会议、处置南海争端等,无不有智库的贡献在其中。加强中国特色新型智库建设是党中央的重大战略部署,对推进国家治理体系和治理能力现代化、实现中华民族伟大复兴具有重大而深远的意义,各级社院在加强中国特色新型智库建设、广泛凝聚社会各方智慧方面大有可为。

(二)社院在中国特色智库建设中具有独特优势

各级社院是党领导的统一战线性质的政治学院,是各民主党派和无党派人士的联合党校,在加强新时期党的统一战线建设、凝聚全社会共识和力量实现中华民族伟大复兴方面肩负着特殊的使命。党的十八大以来,党中央高度重视统一战线工作及社院工作。在中央社会主义学院成立60周年纪念会上,习近平总书记专门发来贺信,对社会主义学院建设提出了新的要求。中共中央政治局委员、中央统战部部长孙春兰同志明确要求"社会主义学院要发挥好统一战线高端智库作用"。中央对社会主义学院建设的新要求,为社院智库建设提供了良好的政策环境。

社院既具有院校性质,履行培训职能,又是党领导下的能够联合各民主党派、无党派人士等的重要统战平台,各民主党派、无党派和社会各方人士代表可以通过参加社会主义学院的各类培训,交流信息,畅谈主张,碰撞思想,积聚共识,形成深化改革和推进各方发展的智慧,这是社院相比其他院校和机构的独特优势。

经过多年的发展,目前,以中央社会主义学院为龙头,全国已形成了从中央到各地方的机构较为健全、体制较为完备、功能较为强大、资源极为丰富的全国社院系统,特别是全国社院系统集中了一大批党的统一战线理论、社会主义文化建设理论与政策等方面的研究人才和力量,这是各级党委开展统一战线理论建设和决策咨询的宝贵资源,也是社会主义学院开展进一步加强新型智库建设的最大优势。

（三）加强新型智库建设是充分发挥社院功能的重要途径

培训各民主党派、无党派民主人士干部以及民族宗教界代表人士、新的社会阶层代表人士等是社会主义学院的重要职能。社院的教学培训不能停留在简单的政策宣传层面，要以深入的研究为基础和支撑。进入新的历史时期，社院作为党领导的特殊政治性学院，必须研究新形势下的统战工作面临的新问题、新任务，特别是要把凝聚各党派、各阶层和社会各方力量，增强对中华文化的认同、增强中国特色社会主义"四个自信"作为研究重点，坚持把培训同研究、决策咨询服务结合起来，实现"教、研、咨"一体化，才能不断提高教学效果，是提升社院办学水平、更好地发挥功能的重要途径。如近年来，中央社院以"中央社会主义学院统一战线理论政策研究中心"和"中华文化学院中华文明研究中心"为依托展开工作，在"大统战"和"大文化"双重视角下，围绕党的统一战线理论与实践问题，围绕中华文明继承与创新问题，在多党合作和政治协商、马克思主义中国化、中国传统文化的创造性转化等重点方向，开展前瞻性、针对性、储备性政策研究，取得了一系列有重大价值的理论成果。这些成果通过两份内参，即中央社会主义学院《专报》和《研究交流》）上报中央和有关部门，有的获中央领导同志的重要批示，有的为相关部门决策提供了重要参考。一些地方社院在智库建设方面也积极开展探索，已经形成了一批具有重要资政价值的研究成果，促进社会主义学院教学更贴近改革实际和学员需要，提升了教学效果。

二 社会主义学院智库建设现状、面临的主要问题及原因分析

近年来，根据中央的要求和部署，从中央社院到地方各级社院，在机构调整、制度建设、体制改革、课题研究、人才队伍建设等方面积极探索，推进社院智库建设已取得了一些突破。但也还面临一些突出的问题和深层次的矛盾，这些问题在基层社院尤为突出。

（一）全国社院智库建设的总体态势与主要特点

1. 以中央社院为龙头、各省市社院为骨干的全国社院智库体系初步形成

中央社会主义学院是全国社会主义学院系统的最高学府，在社院系统智库建设中无疑发挥着龙头作用和引领作用。为贯彻落实党中央对统战工作提出的一系列新举措新要求，2016年7月中央社会主义学院正式启动统一战线高端智库建设，2016年9月，经中央统战部批准，中央社院挂牌成立"中央社会主义学院统一战线理论政策研究中心"和"中华文化学院中华文明研究中心"，标志着中央社院统战高端智库的实体学术研究平台正式运行。中央社院建设统一战线高端智库立足"大统战""大文化"，广泛凝聚共识，为巩固和发展新时期统一战线和多党合作事业提供思想支撑和文化支持，致力于为新时期统战工作出谋划策，为国家发展和民族复兴资政建言。两个"中心"成立以来，已推出两批课题36项，包括中央领导同志和中央统战部委托的重大课题；吸引本院及地方社院、民主党派中央、高校和有关科研机构及社会研究力量的积极参与，初步形成兼具学界权威和新秀的100余名专家研究团队。

除中央社会主义学院外，近年来，不少省级社会主义学院及一些地方社院也结合自身实际，在智库建设方面开展探索，已取得显著进展。

2. 主要特点

目前社院智库发展呈现数量众多、规模不齐、职能不专等特点。

从数量上看，由于全国各县级以上行政区域都设有社院，中央、省、市级及县级社院（县级一般称社会主义学校），如果把各级社院都视为智库的话，全国大大小小的社院加起来总数在3000所以上（县级2800多所，地级334所，省级31所），可谓数量众多。

从规模上看，在3000多所社院智库中，中央社院智库规模相对较大，仅专业研究人员就有100多人；省、市级社院智库也具有一定规模，编制在60人上下；其中地市级及以下社院一般与地方党校、行政学院合办，实行"三块牌子、一套人马"的体制，市一级社院真正从事统战理论研究的专业人员一般不超过10人；县一级的社会主义学校智库规模更小，多数有专门从事统战理论研究的研究人员，往往是教研人员身兼多科。

从职能上看，一是社院培训往往被作为"主业"，从事理论研究、服务决策只是其职能的一部分；二是地市级以下社院（校）因与党校、行政学院合办，作为社院工作和社院智库也只是"兼职"性的，各地对社会智库工作重视程度不一。

（二）社院智库建设面临的突出问题

1. 研究队伍专业性不够强

这表现在两个方面。一是专业性人才占比低。如各级社院中，尤其是基层社院中，真正从事统战理论研究、中华文化研究的专业人才较少，从事港台问题、民族问题、宗教问题研究的专业人士更是稀缺，多数研究人员是其他专业"转行"而来，缺乏专业性训练，理论功底不够扎实。

二是研究不深入。一些研究人员对国情、省情、市情、县情等现实情况把握不够，对近年来统战工作新形势及中央对统战工作的新要求研究不深，获取数据信息的能力弱，有些研究上不接"天线"下不接"地气"。一些成果不是基于某个问题的长期跟踪、深入调研，而是分析问题泛泛而谈，缺少有力的数据和事实依据，缺少针对性，缺少真知灼见；对策举措不够科学，缺乏可操作性。

2. 社会主义学院智库的影响力有限

一个高端智库核心竞争力，取决于其研究成果能够在多大程度上影响公共政策，对公众和舆论产生影响力。西方国家一些大的智库往往利用其研究实力和话语权优势，主动设置议题，服务于国家战略利益，具有很强的社会影响力。近些年来所谓文明冲突论、民主和平论、历史终结论，以及以遏制中国崛起为目的的"中国威胁论""中国责任论""中国崩溃论"等话语陷阱，都是西方智库特别是美国智库首先提出来的，它深刻影响了近年来美国的战略，其影响力可见一斑。相比而言，我国各类智库实力和影响力还不够强。根据美国宾夕法尼亚大学发布的《2014全球智库报告》，美国在全球十大顶尖智库中独占五席；在全球前100家顶级智库中，中国智库仅占6家，这6家中还没有一家是社院型智库。

社院智库"三多三少""八缺乏"的现象较普遍。"三多三少"：搞一般性理论研究的多，搞对策研究的少；会泛泛而谈的多，有系统深入研究的少；科研"管家"多，智库"管家"少。"八缺乏"，即特别缺乏八个方面的高端人才：捕捉变化、揭示趋势的具有预见型人才；洞察时势、设计顶层的战略型人才；知识多元、能力全面的复合型人才；深入调研、能接地气的田野型人才；思维新锐、方法上乘的工具型人才；国际视野、跨国交往的外向型人才；媒体关注、善于表达的传播型人才；精于管理、引领发展的领航型人才。从研究方法上看，不少基层社院智库停留在"文件+基层情况"的研究方式，就事论事较多，缺乏科学的理论支撑和专业性的社会调查，成果说服力不够，影响力有限。

3. 决策机关对社院智库及研究成果重视不够

我国智库研究成果被采纳比例不高，这既与成果本身质量有关，也与决策机关对智库成果重视不够有关。尤其在基层，部分领导存在主观主义、经验主义倾向，认为智库的调研报告不过是一些"笔杆子"关在办公室里写出来的书生文章，有的只是把智库人员当作为自己写讲话稿的秘书，做做官样文章，决策时并没真正重视和认真吸纳智库报告中的真知灼见；少数领导干部甚至不信科学信风水、信大师、信巫术。这使得一些有质量、有价值的调研成果被束之高阁。

4. 社院智库管理方式有待完善

体制机制方面存在一些共性问题。一是课题立项不太规范。国家社科基金有关统战理论的课题往往偏重基础理论，一些课题评审专家存在"纯理论偏好"，对我国近年来统战工作形势发展和重大现实问题关注不够，一些对策性研究立项难。二是缺乏智库研究成果的评价标准。目前，对研究成果的评价方式多种多样，以领导批示为标准的有之，以获得各自系统的调研奖励为标准的有之，以获得资金资助额度为标准的有之。三是对研究人员和研究成果的激励不够。高质量的成果是高效劳动的体现，必须有相应的激励，而目前社院智库的研究人员多数有公职身份，按现行有关规定，一般不能领取工资之外的报酬，这无疑会挫伤研究人员的积极性。

5. 研究的开放程度不够

开放发展是党中央确立的五大发展理念之一，我们党要领导国家走向现代化，实现国家治理体系和治理能力现代化，必须有世界眼光，把握世界政党发展动态，学习借鉴各国政党特别是执政党治国理政的重要经验，这就要求党领导的社会主义学院智库有全方位的开放视野。目前除中央社院智库外，多数地方智库的眼光和研究还局限在国内，有些地方性智库更只是把眼光盯在本地区、本部门，难免视野狭窄、观念陈旧、思想保守，缺乏对统战历史、现实宏观态势和世界发展新趋势的深刻把握，也缺乏对统一理论前沿问题和重大现实问题的深入探究。

6. 社院智库自身的使命感责任感有待加强

一个好的智库应当能全面把握其研究领域的前沿理论问题，主动捕捉公众关注的热点、焦点、难点问题，设置相关研究课题，提供优质成果，适应政党、政府资政需求。而目前我国社院智库的课题设置多是被动性的，尤其基层社会主义学院智库，多是为领导、领导机关完成"命题作文"，有些研究甚至就是"揣摩领导意图"，以"让领导满意"为追求目标，缺乏主动探究的担当意识、直面问题责任感和求真务实的科学精神。

（三）主要原因分析

社会主义学院智库建设存在上述问题，原因是多方面的，主要存在以下几个方面的问题。

1. 社院智库建设缺乏总体规划

党的十八届三中全会以前，党和国家的正式文件中没有强调智库这一概念，学界也缺乏对智库建设系统深入的研究；党和国家也没有专门的智库建设发展规划，社院智库系统建设呈一种自发性状态。虽然我国各层级社会主义学院智库在党和政府科学决策中、在加强党的统战工作中发挥了重要作用，但过去我国对智库包括社院智库建设并没有引起足够重视，社院本身也缺乏"智库意识"，认为社院主要工作就是培训，最多只是收集一下民主人士的意见等。

2. 社院智库组织体制欠活力

目前发达国家的智库多是以非营利性组织方式存在的，它们以其有价值的研究成果、强大的咨询服务能力和社会影响获得社会认可，同时借此获得政府、基金会、财团和社会多方面的支持。而目前我国社院智库都是"体制内"型的，研究经费以政府财政拨款为主，有些市县社会主义学院（校）甚至无专门的研究经费。这种方式虽然让智库在研究经费筹集方面省了事，但也极大地束缚了智库自身的发展：一方面，智库的研究经费不是智库方根据自身研究需要去筹措，而是由有关领导或财政部门确定，研究经费多少往往取决于政府财政状况好坏和领导偏好。财政状况好的地方智库研究经费相对较充裕，经济欠发达地区智库经费往往非常紧张，有些智库连基本的公务支出都保证不了，专项研究经费更是或有或无。另一方面，由于社会主义学院智库的人头经费和研究经费是财政供给制，其各项支出都必须按照政府机关公务性支出的相关规定和标准来执行，这对以创造性劳动为特点的智库来说是一个严重的束缚。

3. 信息获得渠道有障碍

高水平的研究成果以掌握全面、真实、准确的信息为基础。目前我国社院智库在课题研究中取得信息的渠道还存在不少障碍。研究者有时很难获得真实的数据信息，不同的研究主体、课题内容等获得信息的难易程度也不同。一般来说，如果是政研部门研究本地性课题，特别是领导下达的课题，数据信息资料获得相对容易；非领导委托的一般性课题，特别是非本地团队研究的非本地课题就不容易获得准确真实的数据信息。一些地方党务、政务公开不规范、不全面，有些出于保护部门利益，对外公开的数据信息不真实，数据互相"打架"；有的调研对象面对调研者不敢讲真话，担心领导不高兴；有的甚至以"保密"为借口拒绝提供本须公开的数据信息。

4. 成果报送渠道不顺畅

目前，除中央社院等已有成果专门报送制度外，多数地方性社院智库成果报送制度不健全，渠道不畅通。一些非领导机关正式下达的课题成果多是通过研讨会交流、在刊物上发表等方式传播，如果偶然能被决策者发现和关注，经领导批示，成果的价值才可能得到实现，由于这些传播方式随机性大，一些好的研究成果难免被白白埋没。

5. 决策咨询制度不健全

决策科学化是政党现代化的要求和标志。复杂的决策、重大性决策离不开专业机构的研究论证。改革开放四十年来，我国经济社会快速发展，进入转型期，各种矛盾更是集中显现，凭经验决策甚至"三拍"决策必然会出现较高的政策失误率。目前，我国基层党委政府决策咨询制度还很不健全，缺乏普遍性、程序性的专家咨询制度，缺乏约束性的重大决策听证制度；对决策失误造成的后果也缺乏有效的责任追究措施，这大大限制了社院智库发挥作用的空间。

三 国外智库发展的经验与启示

现代智库起源于西方国家，西方国家智库建设最强大和最具代表性的又非美国莫属，美国在智库建设方面的一些做法能够给我国智库建设包括社院智库建设一些重要启示与借鉴。本课题以美国智库运营与管理的主要做法作简要分析。

（一）美国智库管理与运营的主要特点

1. 经费来源相对稳定

美国多数智库形成了以社会捐助为主的多样化融资机制，使其研究经费稳定而有保障。美国税法规定，企业或个人捐款数额超过应缴税收的一定比例，可以减免或全额抵扣应缴税款，这为美国智库获得捐赠创造了很好的社会条件。美国主要智库都形成了社会捐赠、政府资助、市场化运作收益、个人捐助、PPP（公私合营）模式以及委托研究项目经费等多样化的筹资渠道。如布鲁金斯学会已拥有3亿美元资产，20个研究中心和3家海外机构，有400名工作人员和200名不驻会的客座研究人员，还有六七十名访问学者；学会每年预算1亿美元左右，其中80%来自捐助。由于智库使用政府资助资金常常会受到社会批评，认为会影响独立性，所以政府资助所占比例一般很少。美国传统基金会有300余人，其中专业研究人员80人左右，年预算7500万美元。传统基金会的经费来源既有专门的基金支持，也有广泛的社会捐款。传统基金会代表保守党政府，捐款者主要为共和党人，捐款额度多少不等，多的捐款达百万美元，少的也有捐款几十美元的。美国战略与国际关系研究中心，每年经费为4400万美元，其中公司资助占32%，基金会捐赠占29%，政府捐赠占19%，有相对固定的80家企业给予经费资助。

2. 智库集聚了一批高端人才和精英

美国智库对研究人员都有较高的标准，其核心研究人员很多是国家顶级学者或学术带头人，在智库中具有较高地位。如布鲁金斯学会对研究人员的要求是：一般要达到三个标准——是所在领域的"学术领头羊"、具有前瞻性视野和在公共领域里有影响力。其录用过程和学术标准与哈佛大学、耶鲁大学等顶尖高校接近。他们的研究人员均有较深厚的学术背景和学位，大多数人有政府背景，有些人还有国外背景，如澳大利亚前女总理、土耳其前财长等。他们不但是过去的专家，更是未来的专家，具有前瞻性思维和视野，具有参与公共政策对话和影响未来政策走向的能力，能够影响未来政策走势。

3. 智库都非常重视并具有较大的社会影响力

美国智库是非营利性组织，其影响力决定其生存状况，所以它们都非常重视自己的影响力。为此智库要不断地为政府提供咨询，经常参加政府的听证活动，每天都要在媒体上发声，用举办各种会议、出版图书的办法申明学会的观点。如美国的国际战略研究中心在选择项目课题时，强调一定要设立目标，明确自己的项目将对政策的制定产生什么影响。其理念是："我们的产品，是改变公共政策。"卡内基国际和平研究院在提出与政府不同的政策主张时，往往举办有政府人员参加的研讨会，并会通过网络、大型会议等发出自己的声音。智库都会利用媒体和网络平台发挥自己的影响力。

4. 研究人员收入水平较高

美国智库大体分为专业研究人员与一般行政人员。专业的研究人员没有繁杂的行政工作和填报各种报表的干扰，主要精力用于研究工作，其收入大大高于一般行政人员，如布鲁金斯学会研究人员的年薪平均在15万美元左右，是行政人员年薪的3~4倍；彼得森研究所研究人员与行政人员收入差别更大，平均为5倍以上。智库的行政人员大多由年轻人员担任，其工资收入虽然不高，但有转入政府部门和其他机构的可能性。一些年轻行政人员在智库工作主要是为了积累经验和阅历。

5. 内部管理与分配机制较为灵活

美国很多智库研究人员自主性强，时间安排基本由自己掌握，但是其研究任务非常饱满，有的智库研究人员可以自己设定研究题目。大部分智库研究人员在办公地点加班，工作时间往往超过"朝九晚五"，对于与自己研究无关的问题随时起身退出，不把时间浪费在一些无谓的事情上。

美国智库中管理人员一半以上的职位是筹资和运行智库，纯粹的行政人员为数很少。行政工作围绕智库研究工作提供强有力的服务与保障。智库在管理方面，坚持经营与研究分开，日常运行遵循企业管理的方式，由总裁负责运营。在经费使用上，最大限度区分研究经费和行政等杂费，将主要经费用在研究项目上。在研究项目支出中，用于生产思想产品的研究人员经费占50%以上，按照预算制直接拨付给研究人员，课题收入计入工资收入并打入个人账户，不再进行繁杂的报销手续。

6. 形成了独特的人才"旋转门"流动机制

美国智库工作人员具有进入美国政府的优势和通道，是美国政要的重要"储备池"。美国政府每四年换届一次，换届时有4000多个联邦政府里的位置需要更替，其中大约有60%来自智库和高校。智库大都坚持独立性、公开性和非营利性，不为党派"站台"。布鲁金斯学会每年与研究人员签约，要求其承诺不为某一个党派"站台"，如果要去"站台"需要先辞职。虽然普通研究人员和作为研究助手的行政人员，工资水平比研究人员低很多，但是他们有机会旋转到政府工作，还有机会历练后回到布鲁金斯学会，成为高级研究人员。

（二）主要启示

1. 智库是国家治理体系和能力建设现代化的重要支撑

发达的智库体系是现代国家治理体系的重要组成部分，是国家治理能力的重要体现。美国智库作为第四种或第五种权力，在国家政治生活中发挥着不可替代的作用。当今全球化的快速发展，决策环境和条件非常复杂，社会利益分化多元，政府决策面临过去时代不曾有过的挑战。现代社会智库以其宽阔视野、高度专业化和对复杂问题的建构能力，成为政府决策质量和效能的基本保证。建设中国特色新型智库是大国崛起参与全球竞争、争夺国际话语权的需要，也是中国社会急剧转型中的内在需要。我国推进社会治理体系治理能力现代化，必须要建设体现当代社会决策发展要求的智库，这方面我们还有很长的路要走。

2. 必须深入研究智库发展一般规律与特殊要求

智库的特殊性体现为智库与政府间的互动关系，这是各国不同国情和政治制度决定的。中国特色新型智库其"特色"就在于我们的智库必须坚持党的领导和社会主义制度，坚持走中国特色社会主义道路，服务和服从于民族复兴大业和实现"两个一百年"战略目标。美国智库发展有其自身特殊政治制度的因素，当然不能照抄照搬。但是应该看到，智库作为现代社会思想产品生产的专门性机构，它显然不同于一般物质生产组织，也不同于具有行政职能的政府机构，它具有一般社会组织不具有的规律与特征。人作为思想品生产的主体，研究人员是智库最核心的资产和财富，而对人的管理、监督、激励和评价，必须体现思想品生产的要求和特点。美国智库之所以形成强大的国际影响力，就在于尊重和适应了现代社会思想品生产的规律，其智库运行管理的先进经验值得我们学习借鉴。

3. 中国智库建设要体现中国特色

美国智库与中国智库的发展路径不同，目前已形成各自优劣势和特色。比如，美国智库产生于三权分立、两党竞选这一制度大环境之下，很多智库起始于基金会、财团等组织，如卡内基研究院等。再如，兰德公司起始于与军方合作，具有很强的技术背景。美国的智库人员流动较大，研究的国际化程度高，专业背景深。中国智库大多还是现行体制下的行政事业单位，行政管理特点鲜明，目前研究总体来看国际化程度有限，研究视野有限，专业性不强。加强中国特色智库建设要特别注意处理好以下几个关系。

一是处理好智库与政府的关系。智库服务于政府决策是其存在的前提，这是无可置疑的。但从智库的特点与定位来说，亦应该有所区别，现有完全行政体系内智库可以实现为政府决策"贴身"服务，而行政体系外智库可以以"近身"服务为主。二是研究的阶段性目标与战略目标的关系。立足于中华民族崛起这一伟业，中国智库不仅要研究"短时段"问题，关注短期内的"新闻事件"，还要研究"中时段"甚至"长时段"问题。要对未来更长时期我国面临的总体国际环境和国内政治、经济、人口、环境、社会等因素有预判。目前国内有些智库过于看重短期舆论效应，热衷于抓"眼球"，有些已成为噪声。三是智库工作中的服务与研究之间的关系。智库的研究在于服务政府决策，其服务的关键在于其以思想品和专门化知识服务于决策本身，而不是陷于日常性、一般业务工作性质的服务。现行体制下服务与研究关系处理不好，不仅不利于智库知识产品质量的提高，而且会造成不该有的浪费。四是研究的对策性、应用性与专业性之间的关系。智库不同于纯学术研究，要讲求研究的对策性和应用性，但智库研究同样要建立在专业性基础上。缺乏专业性支撑，其应用性不仅大打折扣，也失去了与国际一流智库在更高层面深入交流的基础。

四 加强社会主义学院智库建设面临的机遇与对策思考

(一) 社院智库建设面临的重大机遇

1. 中国经济快速发展为社院智库发展提供了重要的财力基础

高水平的智库需要很高的投入。在国外，建智库的钱又被称为"种子钱"，投入极大。事实上，智库强大的国家也往往是经济发达、综合国力强大的国家。我国经济总量已稳居世界第二，综合国力不断增强，各级政府的财力也在不断提升，各级社院智库可以争取更多的研究经费，这是未来社院智库发展壮大的基础性条件。

2. 全球格局大调整、国内外思想文化大激荡为社院智库建设提供了广阔空间

进入21世纪，世界格局发生快速而深刻调整，国内外各种文化、价值观呈现相互碰撞、相互竞争态势，国内各种思想在改革大潮中相互激荡。实现民族伟大复兴，文化复兴是根本支撑。党如何领导我国文化弘扬民族优秀传统，吸收世界先进文明，镕铸当代各种先进文化元素，站上人类文明进步的潮头，为世界文化发展做出新的贡献，这是党领导人民实现中华民族伟大复兴的重大时代课题，也给社院智库的发展提供了难得的机遇。社院智库可以依托中华文化学院开展中国文化与世界文明发展相关课题研究，为中国文化发展和国家文化软实力提升提供强有力的智力支撑。

3. 国内各项改革的深入推进为社院智库建设提供了良好的社会环境

一是从智库体制创新看，党的十八届三中全会明确提出，要建立"政社分开、权责明确、依法自治"的社会组织体制。这为社会主义学院智库体制改革指明了方向，深化社会主义学院智库体制改革，克服目前社会主义学院智库过于"行政化""体制化"的弊端，是提高社会主义学院智库专业性和整体水平的重要途径。二是不断开放的社会格局为社院智库集聚和整合多方资源做大做强提供了条件。智库是"智慧之库"，高水平的智库必定是高端人才的集中地。随着我国开放发展的大格局不断拓展，社院智库可以通过其更富活力的机制，吸引各类人才。社院智库人才可以"不求所有，但求所用"，这样不仅可以广泛吸纳国内各领域高水平统战理论工作和

实践工作人才、中华文化与各地特色文化研究人才，而且可以吸引高端海外人才，建设具有世界影响的高水平智库。三是信息化、网络化的快速发展，广大群众对科学化更加关注，有更高的期待，这也为社院智库发展提供了良好的舆论环境。

4. 党中央和各级党委的重视为社院智库实现跨越式发展提供了重要政策机遇

以习近平同志为核心的党中央高度重视智库建设。党的十八大报告指出，坚持科学决策、民主决策、依法决策，健全决策机制和程序，发挥思想库作用。党的十八届三中全会强调，要建设新型中国特色智库，建立健全决策咨询制度。2014年4月，习近平总书记就加强中国特色新型智库建设作出重要批示。2015年1月中共中央办公厅、国务院办公厅下发《关于加强中国特色新型智库建设的意见》。这一系列信息表明，加强中国特色新型智库建设，建立健全各级党政机关决策咨询制度，凝聚最广泛力量，共同为实现中华民族伟大复兴做贡献，已上升为我们党和国家的重要发展战略。

（二）加强社会主义学院智库建设必须遵循的原则

建设高水平的社会主义学院智库，必须遵循科学的原则，这些原则也鲜明地体现了智库的"中国特色"。

1. 社院智库姓"社"原则

社院智库是服务于中国共产党统一战线工作的智库，从根本上看是党领导的中国特色社会主义事业的一部分，因此必须坚持社院智库姓"社"原则。要求思想上毫不动摇地坚持中国共产党的领导，坚持中国特色社会主义道路自信、理论自信、制度自信和文化自信；坚持人民立场，维护中华民族的根本利益。

2. 专业性原则

专业性是智库的核心竞争力的体现。专业性原则要求社会主义学院智库的研究坚持求真务实，不唯上、不唯书，直面现实问题，讲真话，求真理，探索规律，为推动中华文化发展、不断提升统战工作决策的科学性、战略性提供更多高质量的成果。

3. 多元化发展原则

我国幅员辽阔，各地发展不平衡，政情、社情、民情差异较大，建设高水平的、富有效能的社院智库，必须既有全国统一规划和要求，又有分类指导；既要重点建设好中央社院智库和省级社院智库，服务于党中央决策，又要支持建设发展一大批以服务地方和基层统战工作为主的智库；既要支持"体制内"型智库改革发展，也要大力扶持社会组织型智库发展，形成多层、多元协同发展的社会主义学院智库大格局。

4. 开放性原则

社会主义学院智库要立足中国、放眼全球、洞察未来，面向现代化。要紧密跟踪当今世界文化发展、政党发展动态，密切关注各国政党的创新做法和先进理念；要借鉴各个学科先进的研究方法，在人才选拔上要广开才路，不拘内外，为我所用。

5. 特色化原则

所谓特色化原则，是强调各级社院智库建设要有明确的自身定位和主攻方向。中央社院智库要立足"大统战""大文化"的定位，在课题研究内容上要区别于一般研究院和高校智库，突出自己的特色；省级社院要立足本省区位和文化特点，形成自己的研究优势领域，如毗邻港澳台地区的省份理所当然要在港澳台研究方面投入更多的资源，形成研究优势和话语权，实行民族区域自治的省区应当在民族、宗教等研究方面发挥更大作用；市县以下社会主义学校智库可侧重地方特色文化、对策性研究等。

（三）加快推进社会主义学院智库建设的对策建议

1. 健全各级领导机关决策咨询制度

一是要明确各级党政领导机关在重大决策前必须征询智库意见的要求，并通过建立健全领导机关决策规程，把征询智库意见作为党政机关重要决策过程不可或缺的环节。二是要畅通社会主义学院智库对党的决策机关报送研究成果、咨询意见的渠道，确保各类社院智库的重要研究成果能够送达决策机关。各级社院智库要建立"统战工作决策专报"，定期报送智库成果和咨询意见；决策机关要建立开放式的"纳谏"机制，重视吸纳智库意见。三是建立领导干部联系社院智库重点专家制度。党政主要领导和分管统战工作、文化工作的领导，与社院智库相关专家建立制度性联系沟通管道，相关重大决策要听取社院智库专家意见。

2. 构建社院智库组织体系

一是组建"全国社会主义学院智库联盟"。以中央社会主义学院为龙头，以联盟成员形式，吸纳全国各类社院智库机构，形成一个全国性社会主义学院智库网络联盟；各省参照"全国社会主义学院智库联盟"方式建立省级社院智库联盟（省以下不再设立）。联盟组建后要制订工作规划，定期不定期地组织联盟成员就党的统战工作、中华文化发展等重大问题、热点问题、战略性问题开展课题研究和研讨，不失时机地为党的各级决策机关提供决策咨询。二是完善社院课题立项方式。国家级课题由中央社院根据中央大政方针和国家统战工作发展实际需要提出课题指南，由"全国社会主义学院智库联盟"组织专家评审确定后下达；以各级社院智库为主体组织申报，同时接受其他研究单位申报。2017年3月，中央社院以"中央社院统一战线高端智库课题"面向全社会开放征集课题、立项方式是一个非常好的改革尝试，相信将对社院智库研究成果提升取得重要作用。三是在不同层级选择若干社院智库作为重点予以扶持。可以分别在省级、市级、县级选择一定数量的社院智库，在人力、财力上给予重点扶持。统战工作任务较重要的地区、少数民族人口较多的地区、毗邻港澳台地区可作为重点。大体规模是，省级选择10所左右、地市级50所左右、县级200所左右。基层（县级）社院智库既可以参与中央、省级社院重大课题研究，同时可作为中央和省市级社院智库调研的联系点、观察点。

3. 打造全国社院智库交流平台

智库是思想生产之库。智慧的产生需要经常性的信息交流、思维转换、思想碰撞。目前我国社院智库之间的相互交流非常有限，有些研究闭门造车，这是制约社院智库研究成果质量的重要因素，因此打造全国性社院智库交流平台十分迫切。具体的思路如下。一是依托上述"全国社院智库联盟"每年定期组织举办社院智库成果交流年会，并形成制度。通过智库研究成果交流会，实现成果互鉴互学、成果传播等，扩大社院智库的影响力。二是结合统战工作和文化发展相关热点问题开展专题性交流。三是充分利用现代信息技术，建立全国社院智库网络交流平台，实现智库间的跨空间、跨层级联系与合作。这样可以实现不同地区社院智库的优势互补，形成社院智库的整体优势。

4. 推进社会主义学院智库人才工程建设

一是建立全国社院智库重点专家团。由中央社院牵头,依托"全国社会主义学院智库联盟",在全国各级社院智库遴选200名左右政治信仰坚定、理论水平高、有志于党的统战理论、中华文化等研究的专家,组成"全国社会主义学院智库重点专家团",作为党的统战理论和中华文化发展战略研究的核心力量,对其研究进行重点支持。二是建立各级地方党委统战理论和文化发展研究人才库,支持他们结合地方实际开展统战理论和地方特色文化课题研究;对重点专家、突出人才要给予相应的政治待遇(行政级别)和一定的经济待遇。三是加强对社院智库人才的培训,每年由"全国社会主义学院智库联盟"和各省级社院智库通过研讨会、报告会和专题学习的方式,开展培训,交流和传递党建信息,提升研究能力。力争用5年左右时间形成一支相对稳定、专业性强、结构合理、上下衔接、发展可持续的社会主义学院智库专业人才队伍。

5. 健全社院智库的激励机制

社院智库机构课题经费管理,应当有别于一般行政单位的经费管理,允许智库内具有"公务员""党政干部"身份的研究人员根据其在课题研究中的贡献获得合理报酬;课题经费的管理应当以课题完成质量为考核导向;要充分考虑智力性成果的合理回报,允许对具有重要决策参考价值的成果特别是产生重大决策绩效的成果进行特殊奖励。要探索适合中国国情的智库专家与领导干部之间交流的"旋转门"制度,让具有较高理论素养和研究水平的智库专家有机会在领导岗位上获得锻炼,开阔视野;同时让部分理论功底较扎实、实践经验丰富、有较强研究能力的领导干部交流到社院智库从事研究工作,提升理论水平和科学决策的能力,形成良性循环和双重激励。

6. 完善社院智库研究的保障机制

一是保障社院智库机构的研究经费。各级党委政府要认真贯彻中共中央办公厅、国务院办公厅《关于加强中国特色新型智库建设的意见》的有关要求,把加强社会主义智库建设纳入重要工作规划,把社会主义学院智库研究经费纳入财政预算,加大支持力度。二是保障社院智库研究获取信息渠道畅通。要落实党务、政务公开相关要求,同时可通过给研究人员发"调研证"的方式,赋予社院智库调研人员到党政部门和有关机构查询资料的权利，明确相关部门提供数据资料的义务，保障研究者能够获得全面真实的信息。

参考文献

［1］王辉耀、苗绿：《大国智库》，人民出版社，2014。

［2］胡鞍钢：《建设中国特色新型智库：实践与总结》，《上海行政学院学报》2014年第2期。

［3］危旭芳：《充分发挥党校在建设中国特色新型智库中的应有作用》，《探求》2016第1期。

［4］胡庆亮：《以中国特色新型智库推进国家治理现代化的路径探析》，《广东行政学院学报》2016年第1期。

［5］冯叔君：《智库视野：智库在国际重大事件中的影响》，复旦大学出版社，2015。

（课题组成员：孙霄汉、胡江敏、叶敏玲）

统战工作向商会组织的有效覆盖

内容提要：统战工作是团结人、争取人的工作，解决的就是人心和力量问题。新形势下，统战工作如何向商会组织有效覆盖、商会组织如何有效参与统战工作是一个具有时代意义的课题。本文以东莞为例，集中探讨统战工作向商会组织有效覆盖的意义和面临的困境，进一步提出针对性的对策建议。

关键词：统战工作；商会组织；有效覆盖

2015年5月，颁布的《中国共产党统一战线工作条例（试行）》就新形势下统一战线的理论方针政策作出一系列新的阐述，其中鲜明提出工商联所属的商会是工商联的基层组织和工作依托，强调将统战工作向商会组织有效覆盖，要求在新形势下充分发挥工商联对商会组织的指导、引导、服务职能。可以说，中央关于实现统战工作向商会有效覆盖的重要论述，意义重大、影响深远，不仅确立了商会在大统战工作格局中的地位和作用，同时也为社会各界开展学术研究提供了政策依据。

新形势下，统战工作如何向商会组织有效覆盖、商会组织如何有效参与统战工作是一个具有时代意义的新课题。本报告主要分为三个部分：第一部分阐述新形势下统战工作向商会组织有效覆盖的必要性与现实意义；第二部分结合东莞市统战工作现状与趋势、商会组织发展状况，深入探讨统战工作向商会组织覆盖过程中存在的问题与不足，从顶层设计、政策制定、统战工作和商会组织等不同层面分析具体原因；第三部分尝试构建推进统战工作向商会组织有效覆盖的实践路径，并就有效促进商会组织积极参与统战工作，提出对策建议。

一 统战工作向商会组织有效覆盖的
必要性与现实意义

新形势下，统战工作向商会组织有效覆盖具有新的时代意义。实践证明，无论从统战工作的多样性要求出发，还是从商会组织自身特性来理解，统战工作向商会组织有效覆盖不仅对于扩大完善统一战线、提升统战政治效应具有时代意义，而且对于提升商会组织政治地位、激发商会组织内在活力等方面具有现实意义。

（一）统战工作向商会组织有效覆盖是商会组织自身发展的内在要求

1. 从组织属性来看

商会是工商联的组织基础和工作依托，同样具有统战性、经济性和民间性这一基本特征。这一内在特征决定了商会在统战工作中具有不可替代的重要地位。商会作为非公有制经济人士和非公有制企业组成的社团组织，近几年来数量越来越多，影响越来越大，已经成为团结凝聚非公有制经济人士的重要平台，成为开展统战工作的重要阵地。

2. 从组织构成来看

商会组织具有自主发起、自主办会、自我管理的特点，会员通过行业产业链条，或通过特定地域（区域）的形式"找到组织"，成为商会的一员，具有较强的认同感、归属感。因此，通过商会开展统战工作，可以充分发挥商会的组织优势，深化感情基础，增强工作实效。正是由于商会在统战工作中独特而重要的地位，在2015年中共中央办公厅、国务院办公厅印发的《行业协会商会与行政机关脱钩总体方案》中，特别明确"个别承担特殊职能的全国性行业协会商会，经中共中央办公厅、国务院办公厅批准，另行制定改革办法"，这本身就是对商会在统战工作大格局中重要地位的认可，也是对商会更好地履行职能使命、发挥特殊作用提出的更高要求。

3. 从组织发展来看

新的历史形势下，商会组织在经济社会发展中的地位越来越突出，发挥作用越来越大，其发展空间也越来越宽阔。随着更多的成员加入商会组织，组织面临的政治诉求越来越多，如何回应会员的政治诉求，进而能够探索和解决会员的政治地位成为商会组织发展中不可回避的议题。实践证明，商会组织通过积极参与统战工作，能够为组织发展提供解决问题的可能性，能够更好地提升商会组织在会员心目中的地位，更好地提高组织内聚力与信任度，从而促进商会组织健康发展。

4. 从组织成员来看

新形势下商会组织能够有效回应和解决组织成员在思想、政策和业务等方面的实际问题。会员加入商会，希望商会能够帮助解除思想上的困惑和经营企业中的困难。解开思想上的"疙瘩"，拉直心灵上的"问号"，靠的就是贴近实际、针对性强的思想政治工作。特别是当前经济发展进入新常态，企业转型升级到了生死存亡的关键阶段，在某种程度上，企业家需求最急迫的，就是解除他们思想上的迷茫和困惑，其次才是发展中的困难。信心比技术更重要。许多企业家渴望得到更多的思想引导和"心灵鸡汤"，以使自己坚定不移走社会主义道路，坚信党和政府的政策，增强企业发展的信心，做到守法诚信经营，跨越新常态，实现新发展。因此，商会组织能够为会员提供政策宣讲、思想答疑和业务交流等多种综合服务，成为回应和解决会员实际问题的有效途径。

（二）统战工作向商会组织有效覆盖是新形势下统战工作的客观要求

1. 重视非公经济领域思想政治工作是新形势下统战工作的根本方针

统战工作是团结人、争取人的工作，解决的就是人心和力量问题。思想政治工作是贯穿非公有制经济领域统战工作始终的生命线，全面深化改革、全面依法治国为非公有制经济人士思想政治工作注入新的内容，提出新的要求，必须始终坚持生命线地位不动摇。确立思想政治工作的生命线地位，是商会组织履行职能使命的现实需要。商会是非公有制经济人士最集中的地方，通过引导教育与自我教育相结合，团结、引导和教育会员践行社会主义核心价值观，积极投身中华民族伟大复兴中国梦，是实现统战工作向商会覆盖的时代课题，是商会的分内职责、应有之义。商会回答好这一时代课题，履行好宣传政策、提供服务、反映诉求、维护权益、加强自律职责，离不开坚强有力的思想政治工作。

2. 抓好党建引领是新形势下统战工作的重要内容

争取党委重视支持，配合组织部门参与指导党建工作，有力推进商会中党的组织覆盖和工作覆盖，是新形势下抓好商会组织统战工作的重要内容。据《中国商会发展报告（No.2014）》的调查数据显示，认为工商联所属商会中党组织发挥政治引领作用的情况"很好"的占 45.47%，认为"比较好"的占 33.07%。实践中也涌现出宁波骆驼商会、四川成都江津商会、云南省浙江商会等一大批党建工作强的商会。数据和实践表明，商会党建与统战工作要求同源、任务同向、使命同一，是凝聚正能量、弘扬主旋律，凝心聚力育魂的系统工程，抓好商会党建工作已经成为统战工作向商会组织覆盖的主要抓手。

3. 坚持大团结大联合是做好新形势下统战工作的永恒主题

党的革命、改革和建设的历史经验告诉我们：统一战线就是团结一切可以团结的力量，为共同的目标努力奋斗。党的十八大以来，党中央提出了实现中华民族伟大复兴的奋斗目标。强调中国梦是我们全中国人的梦想，也是华夏儿女的美好愿望。中国梦的实现，单靠部分人的力量是无法实现的，必须团结一切可以团结的力量，把全民族的意志和智慧共同凝聚到实现中华民族伟大复兴的总目标上来。所以，无论过去、现在，还是未来，坚持大团结大联合都是做好统战工作的永恒主题。在团结的问题上，习近平总书记强调："团结的面宜宽不宜窄，团结的人宜多不宜少，团结的程度宜深不宜浅。"坚持大团结大联合的主题，要求统战工作既要做好调动积极因素的工作，也要做好化消极因素为积极因素的工作，只有这两手都硬起来，才能团结一切可以团结的力量，才能不断地把各种力量聚拢到党的周围，实现美丽中国梦。因此，商会组织是统一战线的重要力量和组成部分，将商会组织有效纳入统一战线，是新形势下统一战线大团结大联合的重要工作内容。

二 统战工作向商会组织有效覆盖的实践探索：以东莞为例

（一）东莞市商会组织发展现状

1. 商会组织发展概况

商会，是商品经济的必然产物。商会组织是指依法组建的、以维护会员合法权益、促进工商业繁荣为宗旨的社会团体。商会组织从地域上分，可分为本地商会、异地驻莞商会、莞籍驻异地商会。从组织层次上可分为总商会与下属各级分支商会。从行业角度，可分为联（综）合性商会及单一行业商会。1995~2005年10年时间，东莞32个镇（街）全部成立了商会组织。2012年广东省出台《关于进一步培育发展和规范管理社会组织的方案》，放开对社会组织的审批，迎来了异地商会发展的春天，短短几年时间，东莞的异地驻莞商会如雨后春笋般发展起来。截至2018年，东莞共有经济类商会组织309个，其中联合性商会196个，行业或专业性商会113个。联合性商会中，包括东莞世界莞商联合会等较大型商会组织及镇（街）商会32个，异地驻莞商会95个。

2. 商会组织作用日益凸显

近年来，伴随着东莞市民营经济的迅猛发展，东莞商会组织日益壮大，层次不断提高，功能日益完善，影响逐渐扩大，商会工作正逐渐走向规范化轨道。目前，各镇（街）商会、省级异地商会及规模较大的商会基本做到了"十有"：有一个好的领导班子，有一支稳定的会员队伍，有自己的宣传阵地，有办公场所，有经费保障，有专职工作人员，有专兼职会长轮值，有发展会员目标，有工作制度，有活动开展。商会工作领域不断拓展，围绕经济建设、社会管理、企业发展、壮大商会等内容，开展各类富有创新性的活动，商会凝聚力、社会影响力日益增强，商会作用日益凸显。

3. 商会组织发展空间巨大

截至2018年底，市工商联共有团体会员100余家，仅占全市经济类社会组织的1/3。同时，各商会会员数量占同类企业比例不高，商会发展状况与东莞市蓬勃发展的民营经济并不相称。可以看出，团体商会不论从数量上还是规模上都有很大的发展空间。

（二）东莞统战工作向商会组织覆盖的探索与实践

回顾改革开放四十年来的发展历程，在各级党委政府的高度重视和支持下，工商联充分发挥优势作用，组织引导商会组织以团体会员身份加入工商联，支持商会开展党组织建设、教育培训、组织经济服务、推动行业自律、维护会员权益和组织慈善公益等活动，商会统战工作卓有成效。

1. 抓好中央省市意见落实，为统战工作向商会覆盖奠定制度基础

为适应新时期、新形势下我国非公有制经济发展的要求，切实加强和改进工商联工作，2010年9月，中共中央、国务院出台了《中共中央 国务院关于加强和改进新形势下工商联工作的意见》，2011年6月，广东省委、省人民政府出台《中共广东省委广东省人民政府关于加强和改进新形势下我省工商联工作的意见》。为贯彻落实中央、省文件精神，在广泛调研的基础上，2013年10月，东莞市委、市人民政府出台《中共东莞市委东莞市人民政府关于加强和改进新形势下工商联工作的实施意见》。同年11月，召开了全市加强和改进新形势下工商联工作的会议，对落实实施意见作了具体的要求和部署。文件和会议提出了一系列新的重要观点、政策和举措，为当前和今后一个时期东莞市工商联和商会工作的发展指明了方向。实施意见明确提出工商联要认真履行经济类社会团体业务主管单位职责，以非公有制经济组织为主体的经济类社会团体组建完成后，应引导其以团体会员身份加入工商联，接受工商联的业务指导及监督管理。该文件的出台，为工商联工作提供了明文的政策支持和保障，也为统战工作向商会覆盖奠定了制度基础。2015年5月，中央统战工作会议和《中国共产党统一战线工作条例（试行）》就新形势下统一战线的理论方针政策作出一系列新的阐述，其中鲜明提出工商联所属的商会是工商联的基层组织和工作依托，强调将统战工作向商会组织有效覆盖，要求在新形势下充分发挥工商联对商会组织的指导、引导、服务职能。中央关于商会工作的一系列重要论述，特别是实现统战工作向商会有效覆盖的重要论述，意义重大、影响深远，确立了商会在大统战工作格局中的地位作用，对工商联加强指导、引导和服务工作，建设中国特色商会组织提出更高要求。上述会议与文件精神成为东莞新时期做好商会统战工作的重要工作指引和指南。

2. 抓好商会自身建设，为统战工作向商会覆盖提供组织基础

当前，东莞有经济类商会组织300余家。这些商会是工商联的工作基础和依托，是统战工作的重要工作对象和组织基础。1995年，全国第一家镇（街）商会虎门商会成立，至2005年，十年时间，全市32个镇（街）全部成立商会，实现100%全覆盖。根据省市关于加强和改进新形势下工商联工作的意见精神，2014年在全市32个镇（街）成立了工商联组织，镇（街）工商联与镇（街）商会合署办公。2016年，市委、市人民政府下发关于镇

（街）工商联换届的通知，明文要求镇（街）统战委员分管镇（街）工商联工作，为统战工作向镇（街）商会覆盖提供了保障。近年来，工商联牵头成立了东莞世界莞商联合会、东莞女企业家商会等一批有影响力的综合商会组织，支持和引导成立了数十家异地商会和行业商会。团体会员由镇（街）商会延伸到异地商会、行业商会等，发展到现在有100余家团体会员。在发展壮大会员队伍的同时，注重加强商会组织的规范化、现代化建设。每年组织十多次商会规范化管理现场交流会、商会秘书长、秘书培训交流会。大力探索建立新型的商会运行模式，充分发挥商会宏观与微观的沟通作用，部分基层商会规范化管理水平大幅提高，凝聚力和活力大幅增强。

3. 抓好培训教育，为统战工作向商会覆盖打好思想基础

做好非公经济代表人士思想政治工作是贯彻工商联工作始终的生命线，商会是非公有制经济人士最集中的地方，坚持引导教育与自我教育相结合，团结、引导和教育会员践行社会主义核心价值观，积极投身中华民族伟大复兴的中国梦，既是商会的分内职责，也是实现统战工作向商会覆盖的有效手段。从2012年起，工商联在全市非公经济人士中广泛开展理想信念教育实践活动，以"增强信念、信任、信心、信誉"为重要内容，组织政策宣讲，开展形势分析，开辟专家论坛等活动，引导广大民营企业坚定发展信心，凝聚思想共识，加快转型升级。

实现统战工作向商会组织有效覆盖，会长和秘书长起着关键作用，是"两个关键人"。因此要严格标准选人：会长要做到思想政治强，行业代表性强，参政议政能力强，社会信誉好，热心商会工作；秘书长要做到理想信念坚定，组织协调能力、执行力强，公道正派，讲原则、守规矩。在这个思想认识基础上，东莞工商联非常注重做好对商会会长、副会长以及秘书长、秘书等专职工作人员的培训，充分利用莞商学院、社会主义学院等培训资源，开展业务能力培训、政策理论培训、红色教育和反腐倡廉教育，不断提高领导班子和后备人才队伍的综合素质。同时，积极引导企业家参与慈善公益活动，不断增强企业家社会责任感。据不完全统计，近年来，市工商联及会员企业为各项公益事业捐款超过10亿元。2014年，东莞市工商联被国务院扶贫开发领导小组评为全国社会扶贫先进单位。乐善好施、扶危济贫已深入人心，成为东莞企业家的优良传统。

4. 抓好优化服务，为统战工作向商会覆盖搭好媒介平台

引导基层商会不断探索拓展服务功能，促进各商会在宣传政策、提供服务、反映诉求、维护权益、加强自律等方面不断进步。一是抓维权服务，维护会员的合法权益，协调解决会员在企业发展、项目建设、资金、土地、人才、法律等方面遇到的困难和问题。对会员企业反映的问题做到件件有落实，事事有回应。二是抓外联服务。组织企业参加展销会、交易会，支持企业抱团"走出去"，搭建内引外联交流平台。三是抓宣传服务。连续多年开展和谐会员企业、优秀商会评选表彰工作，树立先进典型，利用东莞商会杂志、东莞商会网站、微信等平台开展广泛的宣传教育，以正能量感染人、感召人。四是做好参政议政服务。推荐优秀企业家进入政协人大队伍，畅通参政议政渠道。组织企业家深入调研非公有制经济发展的热点、难点问题，提高参政议政能力。工商联界别的人大代表、政协委员每年上报提案议案近100份。通过各项服务工作的开展，不断把统战的声音传达到基层商会和企业家，为统战工作向商会覆盖搭好媒介平台。

（三）东莞统战工作向商会有效覆盖的问题和困难

当前，从中央到地方，正稳步推进行业商会与行政机关脱钩工作，加快形成政社分开、权责明确、依法自治的现代社会组织体制。在"去行政化""去垄断化"的大背景下，统战工作向商会全覆盖面临不少新情况和新挑战。

1. 统战工作向商会覆盖的机制体制尚需进一步厘清

近年来，广东省取消社会组织前置审批，取消业务主管单位，实行政社脱钩"去行政化"，为统战工作向商会全覆盖创造了更广阔的空间，也对统战工作全覆盖提出了更高的要求和挑战。工商联作为具有统战性、经济性、民间性的人民团体和社会组织，在"去行政化"的背景下推进统战工作向商会覆盖具有独特优势，但也存在一些体制机制上的障碍。具体表现在以下几个方面。

一是宏观政策尚未形成体系。在目前的政府文件中，对统战工作条例的相关内容体现不多，对商会党组织建设、意识形态工作、政治方向把握等工作，没有形成系统化、有针对性的宏观指导意见，客观上造成商会统战工作的碎片化、随机化，使统战工作全覆盖缺乏强力的政策支撑。

二是对商会管理权限界定不明。中央、省、市加强和改进新形势下工商联工作意见虽然明文指出，工商联要履行经济类社会团体的业务主管单位职责，但是在实际操作中不够重视工商联和商会工作，与社会组织管理局、政法委（原社工委并入政法委）等部门，在职能划分、归口管理、业务范围等方面有一些交叉和模糊的地方，使商会受多头、重叠、分散管理，难以形成统战工作合力。

三是工商联职能有待加强。目前，工商联并没有被赋予商会党建、商会评估、商会经费奖励等职能。工商联工作有被边缘化的情况，这大大增加了全覆盖工作的难度。

同时，社会组织管理局或其他政府职能部门，很难承担起对商会组织的教育引导功能。我们认为，工商联这样一个人民团体作为经济类社会组织业务主管单位与社会组织"去行政化"并不矛盾，而且有利于加强对商会组织的引导和管理。中央、省、市出台的关于加强和改进新形势下工商联工作的意见，都明文提出工商联作为经济类社会团体业务主管单位。当前，东莞对工商联和商会工作还重视不够，市工商联同社会组织管理局就商会的管理权限尚有模糊，同时，很多商会尤其是一些行业商会和原来的业务主管部门存在千丝万缕的联系，游离在总商会之外。这些问题给工商联开展工作带来困难。

2. 商会自身建设薄弱增加了统战工作向商会覆盖的难度

随着商会登记注册门槛放开，东莞商会组织近年飞速发展。截至2018年，东莞市登记注册的经济类商会组织超过300家。但是这些商会大部分自身建设薄弱，客观上阻碍了统战工作向商会的延伸和深入推进。商会自身建设薄弱主要表现如下。

一是商会发展水平参差不齐。东莞市大部分镇（街）商会起步较早，相对管理规范，党组织健全，统战工作覆盖较为到位。但异地商会、行业协会相对覆盖不够，存在代表性不足、凝聚力不强、管理不够规范等问题，部分商会与政府关系疏离，游离在统战工作之外。

二是商会会员覆盖面不够广，会员队伍建设有待加强。根据调研，70%以上镇（街）商会或行业协会会员数量只占本镇（街）民营企业或本行业民营企业的1/10，但一般也吸收了本类企业中的龙头企业，有一定的代表性。以总商会为例，东莞市民营企业73.77万户，其中私营企业22万余户，但总商会的会员企业只有3万余户，虽然囊括了大部分龙头企业，但就所占比例来讲偏小，有少量有代表性的大、中型企业仍然游离在商会之外。这严重影响了商会的话语权和代表性，以及行业自律的有效性。

三是商会经费不足，经济实力有待加强。经费是商会可持续发展的基础和保障。有足够的经费，商会才能可持续发展，才可能打造"百年商会"。当前，有一些商会有一定的经济基础，比如会属物业、会办企业等。但是大部分商会经济渠道单一，仅仅依靠会费和企业捐助勉强维持，而且仅有不到20%的商会可以全部收齐会费。大部分商会存在会费拖欠情况。商会普遍存在经费不足问题导致工作开展难度较大，作用无法体现，形成"无资金—无作为—无吸引力"的恶性循环。

四是商会内部建设有待加强。部分商会对现代新型社会组织建设缺乏基本认识，商会制度不够完善，日常经费难以保障，工作队伍结构老化，特别是部分商会跟不上形势的发展，缺乏创新思维和创新意识，面对新情况、新问题应对能力不足等等。

五是商会发展不平衡，规范化建设有待加强。调研发现，各商会发展不平衡，有的商会制度不健全、管理不规范。有的虽然建立了比较完善的规章制度，但在实际中未能很好执行。有的商会组织比较松散，会员之间平常沟通联系不多，商会与商会之间缺乏横向交流。商会运作一定程度上依赖会长个人魅力，工作存在时紧时松和随意的现象。商会工作人员素质、工资水平参差不齐，队伍不够稳定，这影响基层商会工作连贯性，以及基层商会规范建设和职能作用的发挥。与此同时，行业商会与异地商会、异地驻莞商会和莞籍驻异地商会发展也不平衡。行业商会发展积极性不高，发展速度比异地商会慢。异地驻莞商会蓬勃发展，而莞籍驻异地商会相对来讲不多。

六是参政议政能力有待提高。商会代表在参政议政方面，部分代表积极性不高，履职能力有待提升。相对来讲，参政议政渠道对异地商会覆盖不够，异地商会企业家政治推荐大多在原籍，企业所在地及原籍地多头管理，不仅造成了管理混乱，而且不方便企业家参政议政，给统战工作向商会覆盖带来一定的困难。

3. 新形势下工作对象和工作方式的变化对统战工作向商会覆盖提出了更高要求

新形势下，商会统战工作对象及工作方式发生了很大变化，为商会统战工作提出了更高要求。

一是商会统战工作对象变化很大。新形势下商会组织呈井喷式增长，涌现出一批有鲜明属性的商会，一批新的社会阶层和群体，相较于前人，他们思想观念的独立性、差异性、多样性、多变性明显增强，普遍视野开阔，思想活跃，经常遇到观念的碰撞、思想的波动、思潮的交锋，他们是商会的新鲜血液，也是统战工作的新对象。工作对象的增多和复杂为商会统战工作增加了难度。

二是商会统战工作方式变化很大。一直以来，政治安排是商会统战工作的主要实现形式。经济新常态下，一方面，商会人士不再满足于政治安排，表现出更强烈参与制定政策、规划、标准的愿望，另一方面对党和政府的利益诉求更加多元，不再局限于通过非正式方式影响政策执行，以商会为载体的组织化诉求表达更加凸显。目前，东莞市还没有形成政府与企业、商会常态化的联系机制，商会的意见诉求也很难及时得到党政部门的回应，如何构建更为通畅的常态机制，及时准确地听取利益诉求，提高解决问题困难的实效，这些问题对统战工作向商会覆盖提出了更高的要求。

三 统战工作向商会组织有效覆盖的对策和建议

新形势下，实现统战工作向商会组织有效覆盖，需要按照统战工作条例规定和习近平总书记在全国政协民建工商联联组会上的重要讲话精神，推动相关要求的贯彻落实，牢牢把握好"两个健康"工作主题，确保商会组织始终在党的领导下坚持正确方向发展。

（一）进一步加强党委政府重视，为统战工作向商会覆盖提供强力支撑

建议各级党委政府进一步加强对商会组织的重视和支持，为工商联及商会发展创造良好条件。一是厘清对商会的管理指导权限。在"去行政化"的大背景下，工商联因其三性合一的独特优势，应担负起对商会的管理指导职能，建议赋予工商联开展商会党建以及商会工作评估、考核、表彰、经费奖励等职能。真正把工商联建设成为"三性"合一、政治坚定、特色鲜明、机制健全、服务高效、作风优良的人民团体和商会组织。二是重视

镇（街）工商联和基层商会建设。镇（街）工商联虽挂牌成立，但无编制，人员素质参差不齐，稳定性不够。部分镇（街）工商联经费还没有纳入财政预算，经费来源不稳定，要进一步探索镇（街）工商联机构人员和经费保障可行办法，进一步探索在镇（街）成立总商会的可行办法，为统战工作向镇（街）所有商会覆盖提供保障。

（二）进一步加强思想教育，为统战工作向商会覆盖凝聚力量

商会作为非公有制经济人士和非公有制企业组成的社团组织，数量越来越多，影响越来越大，已成为团结凝聚非公有制经济人士的重要平台，成为开展统战工作的重要阵地。商会作为工商联的组织基础和工作依托，同样具有统战性、经济性和民间性。统战性就要求把对非公有制经济人士的思想政治工作作为贯穿工作始终的生命线。一是要抓好以"四信"为主要内容的理想信念教育实践活动。把非公有制经济人士理想信念教育实践活动作为一项长期任务，作为一种责任和自觉行动坚持不懈抓下去，找准切入点，做到常抓常新，善于运用成功经验，找到结合点，不断创新和完善方式方法。引导非公有制经济人士践行社会主义核心价值体系，树立义利兼顾、以义为先的理念，组织会员企业积极参与光彩事业及其他社会公益慈善事业，自觉履行社会责任，致富思源、回报社会。二是借助世界莞商大会平台，弘扬"厚德务实、敢为人先"的莞商精神，表彰一批先进莞商典型，进一步扩大莞商影响力，增强创业创新发展信心，营造尊重莞商、爱护莞商的良好社会氛围。

（三）进一步加强党建工作，为统战工作向商会覆盖培育抓手

商会党组织是统战工作有效覆盖的重要抓手，要把是否建立党组织，党组织是否发挥作用作为检验统战工作向商会组织有效覆盖的重要标准，要探索建立新时期非公有制经济组织党建工作新机制。一是积极配合组织部门参与指导党建工作。按照标准发展党员，推动具备条件的商会成立党组织，建立阵地，开展活动。对已建立党组织的商会，加强具体指导，激发党组织活力。引导非公有制经济人士支持所在企业建立党组织，不断扩大党组织覆盖面，切实增强党组织的凝聚力和感召力。不能片面追求提升

党在社会组织中的组织覆盖而忽略党组织工作的有效开展。二是指导商会处理好党务和会务的关系。着力强化党组织的政治功能，把党的工作融入商会的组织运行发展，通过党的组织建设推动商会工作的开展，以丰富多彩的会务活动，增强党务的凝聚力、吸引力，使党务、会务双促进、共提高。三是充分发挥商会党组织的引领作用，重视党员出资人的典型示范作用，引导其发自内心支持党建工作。重视对商会党组织负责人的培养，把优秀党组织负责人推荐进入商会领导班子，把商会领导班子中的优秀党员培养成党组织负责人。

（四）进一步创新方式方法，为统战工作向商会覆盖拓宽渠道

要进一步发挥工商联和商会的桥梁纽带作用，不断为统战工作拓宽渠道，寓统战工作于实实在在的服务举措上，把服务行业和会员发展作为统战工作的最终目标。一是按照"亲""清"原则，构建常态化联系机制。构建"亲"的制度和组织体系，建立反映利益诉求的常态渠道，建议每季度各相关职能部门与商会、企业代表座谈交流，深入了解情况，倾听呼声，帮助解决实际困难。与此同时，加强政策宣讲力度，推动政策落地，切实减轻企业负担，降低企业成本。帮助企业"走出去"，协助解决企业经营中的涉法涉诉问题，切实保障企业合法权益，为企业健康发展保驾护航。二是进一步完善非公经济代表人士政治推荐和政治安排工作程序化和制度化建设。建议进一步提高工商联界别政协委员数量和比例，适当向异地商会倾斜，扩大参政议政覆盖面。进一步密切同非公有制经济人士的联系，根据工商联委员的特点，建立常态管理机制，不断培养和提高委员参政议政能力，更好地发挥工商联界别政协委员的作用，帮助其提高参政议政能力，不断改善非公有制经济发展的市场环境、政策环境、法治环境和社会环境。

（五）进一步加强商会建设，为统战工作向商会覆盖夯实基础

商会是统战工作全覆盖的重要组织基础，要进一步加强商会建设，按照全国工商联"五好商会"的发展要求，加强商会领导班子、会员发展、商会建设、作用发挥、工作保障方面的建设，为统战工作向商会覆盖夯实组织基础。一是要抓好领导班子建设。选好配强商会领导班子，切实提高商会会长、秘书长的素质，充分发挥他们的领导和核心作用，在非公有制

经济代表人士政治安排推荐中更多考虑商会班子人选。二是要抓好会员发展。按照广泛性和代表性相结合的原则，将行业中有代表性的人士和有影响力的企业吸纳入会，会员结构逐年优化，不断巩固扩大商会会员队伍。三是要抓好商会自身建设。建立完善的商会工作机制、管理制度和考评机制，规范商会工作程序，搭建有效的服务会员、维护权益、加强自律、促进交流、推动商会健康发展的工作平台。四是要抓好作用发挥。积极开展招商引资、信息服务、技术培训、融资、产品推介、法律维权等服务活动，积极承接政府职能转移，在协调和参与社会管理中发挥积极作用。了解汇总企业和行业前景与方向、发展的实际困难和重大问题，并及时建言献策。五是要抓好工作保障。推动商会有稳定的经费来源，有独立的办公场所、专职工作人员及完善的制度，保障商会可持续发展。

参考文献

[1] 南京市委统战部：《统战工作向商会有效覆盖的实践路径分析》，《江苏省社会主义学院学报》2016年第6期。

[2] 浙江省工商联课题组：《论统战工作有效覆盖下的商会发展导向——以浙江省商会工作为例》，《江苏省社会主义学院学报》2016年第5期。

[3] 曾春：《抓实基层商会组织统战工作的建议与对策》，《湖南社会主义学院学报》2016年第5期。

[4] 华东春：《把握好统战工作向商会有效覆盖的着力重点》，《中国统一战线》2015年第11期。

[5] 高志勇：《商会工作的思考》，《中国统一战线》2011年第10期。

[6] 吕建文：《统战工作向商会组织有效覆盖问题探析》，《经济视野》2016年第23期。

[7] 江苏省工商联课题组：《工商联商会党建工作研究》，《广西社会主义学院学报》2016年第27期。

（课题组成员：刘晋飞、江炎骏、林春香）

新时期政协委员队伍的建设
——以珠三角地区为例

内容提要：政协源于政协委员而成。政协委员之身份角色本质上是一种宝贵的参政议政民主协商的政治资源，故政协委员队伍建设具有重要的意义。本文以珠三角地区的政协委员队伍建设为例，探讨其产生构成、角色定位、履职状况及履职环境等基本情况，以期对政协委员队伍建设有一初步印象。

关键词：政协委员；队伍建设；珠三角地区

一 政协委员队伍建设的意义和实践

（一）政协委员队伍建设的重要性

政协源于政协委员而成。政协委员是各级政协委员会组成和履行职能的主体，是政协社会实践活动的主要承担者；是各党派团体、无党派人士和各族各界的代表。政协委员通常是各自领域的专家、学者，是其所代表阶层的骨干中坚，是社会精英分子；是推进中国文明进步之生产力开拓者，是精神文明产品的生产者和传播者。

政协委员是以普通公民、群众的身份参与民主政治，是直接体现协商民主的主体。人民政协具有"非官非民"的超脱地位，各级政协之间、各个界别之间既没有隶属关系，也没有领导关系，政协委员能够畅所欲言地表达所代表的界别群众的真实想法，为国家与国民的文明进步提供真知灼见。

（二）各地政协委员队伍建设实践

各地政协委员队伍建设既有共性又有个性。共性来自相关制度的统一规定，诸如政协委员的产生方式、界别设置、委员培训方式、履职环境等等；个性来自各地情况千差万别，在实践中的内容不同、遇到的问题不同、解决方式不同；等等。例如，广东省政协曾经撤销数名不能合格履职的政协委员资格，珠三角地区港澳政协委员较多，深圳试水按界别推荐政协委员，深圳市政协通过考核来增强委员为民代言的自觉性，深圳实施对政协委员提案反馈的"一票否决制"，湖南省永州市政协则在全体市政协委员中开展"察民情、集民智、聚民心、解民难"的"四民"活动，推进委员为民代言、服务民众的履职实践。这些实践均对政协委员队伍建设提供了有益的启迪。

二 珠三角地区政协委员队伍建设实践

（一）新时期珠三角地区政协委员的产生准入

依据《政协章程》规定，政协委员的产生是协商产生。要坚持把握政治原则，严格委员的准入条件和标准，在委员产生过程中搞好充分协商，并在形成名单后在一定范围内公示。具体而言，以东莞市政协委员产生准入为例：该市市委统战部是政协委员产生准入的主要担责者，委员换届工作一般按照如下程序进行，统战部做好名额方案，将名额分给各界别，各界别内部酝酿提出推荐人选报给统战部。统战部对继续提名的委员进行全面评价考核，会征求政协意见，看该委员履职情况，确保履职能力强的上届委员安排为新一届的委员；对初步推荐政协委员实行多部门考察制度，广泛征求有关单位、有关行业、有关党组织的意见；对非公经济代表人士同时进行综合评价（诸如纳税状况、户籍、诚信状况及有无违规违法现象），确保委员政治素质过关；中国共产党党员身份的委员则由组织部提名，人员名单通报给统战部。统战部将情况汇总后，上报给市委。市委同意后，公示人员名单，公示后，无异议，人员确定。

在委员产生准入的运行过程中，统战部门会有一定的前置行为，如对潜在对象会有在履行程序之前的摸底与沟通交流，以便更有针对性。深圳市则是在探索一条新的道路，深圳市政协委员的产生准入是通过机制内的改革创新而有自己的特色：其推荐人员名单先由行业内选举出来，然后通过民主选举和协商产生政协委员。这种选举得出的人员，通常是能够反映出本行业本阶层本界别真实真正利益诉求。通过这种选举制度，该市政协委员上对政府负责，下对行业内的群众负责，拉近了人民群众和政协的关系，从实践看，各党派、社会各界、统战部在参与委员协商推荐时，既牢牢把握协商议政所必备的能力要求，又兼顾代表广大人民群众利益的要求，综合考虑知识、年龄等因素，基本能够把综合素质高、有责任心的各界优秀人士吸纳为政协委员。

（二）新时期珠三角地区政协委员的构成状况

珠三角地区是改革开放前沿，是人口净流入地。以东莞市为例，户籍人口为204万，常住人口827万，有七个民主党派（无台盟），三大宗教，56个民族在东莞都有，"两新"人士众多，每10个香港人就有一个籍贯是东莞的，非公企业占企业总数90%以上。因此政协委员的构成也基本上反映此客观状况。以东莞市第十三届政协委员为例：东莞市政协十三届委员会委员为448名，2017年1月换届时安排委员441名，空额7名。①

1. 有关比例情况

（1）中共委员178名，占40.36%；党外委员263名。

（2）继续提名委员191名，占43.31%；新提名的委员250名，占56.69%。

（3）男委员348名，占78.91%；女委员93名，占21.09%。

（4）委员平均年龄为47.59岁，其中40岁及以下的66名，占14.97%；41~54岁的331名，占75.06%；55岁及以上的44名，占9.98%。

（5）学历情况：高中及以下学历的56名，占12.70%；大专学历的50名，占11.34%；本科学历的187名，占42.40%；硕士研究生学历的126名28.57%；博士研究生学历的22名，占4.99%。②

---

① 东莞市政协、市委统战部提供资料。
② 东莞市政协、市委统战部提供资料。

从上述数据可以看到：非中共委员、新提名委员、男委员、中青年委员、本科学历委员占多数。反映出委员们相当的素质和活力。

2. 委员分布情况

（1）民主党派、无党派人士79名。

（2）镇（街）统战委员32名。

（3）市有关单位、国有企事业单位有130名。

（4）非公经济人士有144名。

（5）新社会阶层人士11名，其中新媒体代表人士1名，青年莞商代表1名，归国留学人员2名。

（6）港澳委员45名，其中香港委员43名，澳门委员2名。①

从上述数据可以看到：体制内委员占近1/3。代表性相应广泛。

3. 各界别委员情况

东莞市政协十三届委员会设31个界别，各界别委员人数如下：中国共产党50名、民革8名、民盟9名、民建7名、民进7名、农工党9名、致公党6名、九三学社7名、无党派人士9名、共青团4名、总工会11名、妇联11名、青联7名、工商联31名、科协4名、台联会2名、侨联9名、文化艺术界10名、科学技术界17名、社会科学界30名、经济界44名、农业界13名、教育界15名、体育界5名、新闻出版界3名、医药卫生界11名、对外友好界12名、社会福利和社会保障界6名、少数民族界3名、宗教界3名、特别邀请人士78名（含港澳人士45名）。②

从上述数据可以看到：31个界别中，党派界别最重，其中除综合性的特别邀请人士界别外，中国共产党界别是人数最多的，其次是特别邀请人士界别里的港澳人士，再次是经济界人士。这个数据也反映出珠三角地区经济发达、港澳同胞众多的特征。此外，与东莞市第十二届政协委员相比，因上级要求政协委员数不得超过人大代表数，故总人数减少了22名（东莞市政协十二届为470人）。

（三）新时期珠三角地区政协委员的角色定位

改革开放之前，政协委员是一种政治身份的特性突出且唯一，政协委

---

① 东莞市政协、市委统战部提供资料。
② 东莞市政协、市委统战部提供资料。

员名额作为一种"待遇"来分配,政协委员多来自民主党派成员。改革开放之后,委员个体来自社会各界,往往是其所在社会阶层或业务领域的精英和代表人士,拥有很高的社会认知度。例如,一些各界"名人"或者能够为地方政府带来一定财政收入的企业主就会成为政协委员。珠三角地区作为改革开放的前沿,为政协委员者一方面绝大多数珍惜这种待遇、这种光环、这种头衔;一方面随着社会的发展,人民诉求日多,要求日高,权利意识日益觉醒。在这种背景下,珠三角地区的政协委员逐渐有了"政协委员应该是'职业',而不是'职位',参政议政工作是'专业',而不应是'副业'"的意识。例如,将"为国家办事,为人民服务"印在名片上的广州市政协委员曹志伟,从政协委员是职业的角度看,在2016年,他共主笔撰写提案14份,参加协商会、听证会、咨询会等各类会议46次,参加市内外考察、调研4次,履职得分570分,远超其他委员;换届后,他连任政协委员,已向所在公司请假两年,专注行政审批改革的持续推进提升工作。从政协委员参政议政工作是专业的角度看,他在2014年广州市两会上展出一幅行政审批"万里长征图",①触动了国家简政放权的新一轮改革。据笔者与东莞市政协委员刘锦泉调研时交流所得:刘锦泉是东莞第十二届、第十三届政协委员,第十三届委员名额减少,能否继任,他很关心,因为这是一种荣誉!同时,他也着手做关于治理石碣镇某处的交通堵塞治理提案的准备:《关于解决莞增高速石碣北行出口收费站交通拥堵的建议》。他的提案中列出相关数据:"石碣站北行出口日均车流量现在在7000辆左右(其中一类车:4589辆;二类车:72辆;三类车:685辆;四类车:125辆;五类车:464辆);目前收费站窗口设定4个,两个计重,一个ETC,一个快速通道,与前几年比较增长了25%。由于计重车辆窗口行驶缓慢,造成车道拥堵,小车无法分流。"这些数据也是他利用自己的资源搜集所得。

总体来说,在珠三角地区"政协委员是一种专门参政议政的职业"这种角色定位日益深入人心。

---

① 曹志伟:《广州拥有民主沃土 广州政协很"保护"政协委员》,金羊网,2017年1月2日。

(四) 新时期珠三角地区政协委员的履职培训

在全国政协十二届一次会议上，政协主席俞正声指出："政协委员是政协工作的主体，我们要遵守章程、认真履职，坚持真理、勇于直言，拒绝冷漠和懈怠；要善于学习、勤于思考、深入实际、实事求是，力求客观公正，拒绝浮躁和脱离国情的极端主张；要遵纪守法、克己奉公，厉行节约、勤俭办事，杜绝奢靡和一切利用权力和影响谋取私利的行为。"① 这一段话要求政协委员必须具备良好品格，具备一定的履职能力和参政议政水平。随着时代发展，对政协委员履职的要求也越来越高，除了必须具备一定的专业基础、理性分析的能力外，还需要了解政府工作运行的规律，掌握大量参政所需的信息和知识。因此对政协委员的履职培训势在必行。

珠三角地区各地市普遍重视对政协委员的履职培训，每年都有系统化的培训，例如，东莞市第十一届政协从2007年到2009年三次组织委员到全国政协北戴河培训中心集中学习轮训。委员们认真学习有关宏观经济、国防安全、统战工作、和谐社会建设等方面的专题课程，三年中，共有16位学员代表在结业典礼上作了交流发言，收到委员学习心得330篇，共357名政协委员参加了培训，参加率高达83.6%。② 东莞市第十二届政协五年来组织委员参加各种专题培训11期，合计1100多人次参训。③ 东莞市委统战部、市政协每年除了定期在东莞市社会主义学院安排政协委员培训班次外（如在市委党校举办新晋委员、特聘委员"提高履职能力"培训班，帮助280多名新委员了解政协的性质地位、履职要求，明确自身的权利义务）④，每年亦组织政协委员到广东省外著名高校或者重要培训

---

① 《俞正声在全国政协十二届一次会议闭幕会上的讲话》，人民网，2013年3月12日，www.people.cn。
② 钟淦泉：《中国人民政治协商会议东莞市第十一届委员会常务委员会工作报告（2012年1月6日在政协东莞市第十二届委员会第一次会议上）》。
③ 政协第十三届东莞市委员会第一次会议文件之三：李小梅：《中国人民政治协商会议第十二届东莞市委员会常务委员会工作报告（2017年1月9日在政协第十三届东莞市委员会第一次会议上）》。
④ 政协东莞市第十二届委员会第二次会议文件之三：李毓全：《中国人民政治协商会议东莞市第十二届委员会常务委员会工作报告（2013年1月7日在政协东莞市第十二届委员会第二次会议上）》。

场所学习培训。培训内容多为提案撰写、大政时政等。此外，东莞市所辖的镇（街）及政协各界别亦有自己组织的培训活动，培训内容针对性相应强些。

（五）新时期珠三角地区政协委员的履职状况

政协委员在此身份上的履职状况主要体现在参加政协会议、参加学习培训、撰写及提出提案、专题调研、担任监督员或联络员等。总体来说，珠三角地区政协委员履职意识较强，履职率较高，管理也较严格。例如，东莞市第十一届政协五年中共开展了5次专题议政、70多次专题调研视察，形成75份调研视察报告，（东莞）领导作出重要批示40多条次。[①] 第十一届政协共提交提案1502件，立案1388件，重点提案31件；市长会见政协委员座谈会数次，提交意见建议340篇；"周末访谈"节目共举行110多期，邀请部门负责人、各民主党派成员以及政协委员共600多人次参加访谈；送《社情民意》《政协委员重要建议专报》共46份，[②] 其中许多意见建议被有关部门吸纳到工作决策中去，成功转化为工作实效。2013年东莞市政协组织各类专题视察、调研和议政活动14次，形成报告13份，市领导作出批示17条次。[③] 第十二届政协五年中，委员个人提案达1188件，14名政协委员联名提出的提案《关于东莞实施创新驱动发展战略存在的问题及对策建议》由市长督办，发挥了决策咨询作用。东莞市政协组织委员赴东莞港、广东（石龙）铁路国际物流基地、寮步车检场进行实地视察，助推东莞市参与"一带一路"建设。以"加大'三旧'改造力度，激活城市发展活力"为题进行深入调研，形成的专题报告入选大调研活动成果汇编。以主席会议督办重点提案形式，建言完善东莞市多元化解决争议机制，设立东莞国际经济贸易仲裁委员会，帮助企业以更快速、更经济、更专业的方式解决各种涉外商事争议。东莞市第十二届政协五年中，各党派团体积极

---

① 钟淦泉：《中国人民政治协商会议东莞市第十一届委员会常务委员会工作报告（2012年1月6日在政协东莞市第十二届委员会第一次会议上）》。
② 钟淦泉：《中国人民政治协商会议东莞市第十一届委员会常务委员会工作报告（2012年1月6日在政协东莞市第十二届委员会第一次会议上）》。
③ 李毓全：《中国人民政治协商会议第十二届东莞市委员会常务委员会工作报告（2014年1月6日在政协第十二届东莞市委员会第三次会议上）》。

参政议政，集体及个人共提交提案1090件，其中40件被选作重点提案，69件被评为优秀提案，77件被评为表扬提案。①

（六）新时期珠三角地区政协委员的履职环境

政协委员发挥好作用，需要良好的履职环境。除了系统科学的履职培训，在履职实践中必然会面临组织机构、制度机制等基础方面的履职环境影响。

1. 组织机构日益完善

珠三角地区的东莞和中山是全国五个不设县的地级市中的两个，市下面直接是镇或街道，囿于体制，在镇街这一级不能像县级政府层级一样有县级政协机构。虽自20世纪90年代开始就有文件规定各镇街设立政协工作小组类的机构，②东莞的各镇（街）因机构和人员编制所限，基本是把本镇（街）政协工作放置在统战办，或社会工作办、社会事务局等里面，挂个政协工作机构的名字。2013年3月28日，政协东莞市委员会印发《市政协关于进一步加强镇街政协小组工作的意见》明确要求东莞市各镇（街）要设立镇（街）政协工作办公室。石碣镇这项工作走在全市前面。在2013年即设立石碣镇政协工作办公室，且"有牌子、有人员、有经费、有场所"，为东莞市其他镇（街）树立了榜样。③

2. 制度机制日益完善

完善的制度机制是工作顺利开展取得成效的保证。珠三角地区各市依据各自实际，先后出台一系列制度，建立了配套的机制，推进了政协委员队伍建设。例如，东莞市第十一届、第十二届政协先后出台了一系列制度：制定和完善了《政协东莞市委员会全体会议工作规则》《政协东莞市委员会常务委员会工作规则》《中共东莞市政协党组工作规则》《政协东莞市委员

---

① 政协东莞市第十三届委员会第一次会议文件之三；李小梅：《中国人民政治协商会议第十二届东莞市委员会常务委员会工作报告（2017年1月9日在政协东莞市第十三届东莞市委员会第一次会议上）》。
② 此点系笔者在东莞市政协调研座谈时所得，相关文件未看到，但该市政协工作人员说确有此文件。
③ 调研资料，《石碣镇政协小组工作情况介绍》。

会委员调研视察工作规则》《政协东莞市委员会委员考情管理规定》,① 修订制定《东莞市政协提案工作条例》《东莞市政协重点提案遴选与督办办法》等② 40多项规章制度,努力形成长效机制。东莞市第十二届政协则亦专注于拓展政协委员履职平台。5年来进行了如深化例会协商、创新提案协商、加强对口协商、依托互联网平台等工作。此外,积极探索网络议政和远程协商,拓宽网络民意通道,扩大政治协商参与面。

三 推进珠三角地区政协委员队伍建设的现实路径

新时期珠三角地区政协委员队伍总体来说是一支合格的队伍。但其作用的良好发挥仍有很大的提升空间。

(一)提升东莞、中山两市镇(街)级政协机构地位

东莞、中山两地级市无所辖县级建制县区,其所辖镇(街)的政协工作机构与建制县级区的政协机构差距很大,东莞所辖镇(街)的政协工作机构和人员长期是在镇(街)统战办或社会工作办等机构里挂个牌子安排极少数工作人员办理政协工作事宜,人员甚至都不能专司其职。这种局面制约了政协委员的作用发挥。近年来,镇(街)政协的机构和人员较以往完善和改进,成立了专职的政协工作办公室,但力度依然不够。考虑到实际情况,结合笔者调研时所了解到的信息,可以考虑设立镇(街)人大政协办公室,以推进政协工作,更好地发挥政协委员作用。

(二)严格政协委员准入与退出机制

政协委员之身份是宝贵的参政议政、民主协商的政治资源,应充分发挥其应有作用。但若选人不当,则是极为重大的资源浪费。

---

① 政协第十二届东莞市委员会第二次会议文件之三:李毓全:《中国人民政治协商会议东莞市第十二届委员会常务委员会工作报告(2013年1月7日在政协东莞市第十二届委员会第二次会议上)》。

② 政协东莞市第十三届委员会第一次会议文件之三:李小梅:《中国人民政治协商会议第十二届东莞市委员会常务委员会工作报告(2017年1月9日在政协第十三届东莞市委员会第一次会议上)》。

东莞市政协工作报告里对此有清醒的认识，"我市政协委员队伍的作风是好的，是令人满意的，但也存在着一些不容忽视的问题。比如，有的委员不认识政协的性质、地位和使命，把政协委员只当作一种政治待遇或个人荣誉，委员意识淡薄，履职动力不足。有的委员不愿意接近群众，听不到群众呼声，个人履职缺乏调查研究，发表意见纸上谈兵。有的委员纪律松懈，没有遵守相关规章制度，故缺席一些会议和活动。有的委员不注重个人形象，喜欢讲排场、摆阔气、铺张浪费，在群众中造成了不良的影响。甚至有的委员认为，政协不是党政部门，作风问题无足轻重等。"①

深圳市政协理论研究课题组研究得出，现行政协委员产生方式存在三方面缺陷："1. 准入条件弹性大，不利于保证委员素质；2. 产生过程的公开性和程序化不足，使得部分委员代表性不强；3. 政协自身参与度不够，不利于政协充分履行职能。"②

政协委员的准入应严格。对于继任委员者可以参考其履职情况，履职不力者不得继任。对于新任委员者，则应有履职承诺书，承诺其身为政协委员当勤于履职。此外可以考虑设候选委员制，一定程度的选举制、自荐制，以及退出机制，使适宜者有序进入、不适宜者有序退出。例如，2006年，广东省政协九届常委会第十三次会议以"请辞"的方式免除了包括跳水世界冠军胡佳、孙淑伟等3名体育界人士在内的5名连续三年不参加省政协会议和活动的省政协委员的委员职务和资格。这种请辞的方式只是权宜之计，有名不正言不顺以及事后诸葛之嫌。总之，慎重选择政协委员人选，直接关系到政协委员队伍建设的成效。

参考文献

《中国共产党第十八次全国代表大会文件汇编》，人民出版社，2012。

《周恩来统一战线文选》，人民出版社，1984。

萧超然：《中国多党合作与政治协商制度专题资料汇编（1982年的中国人民政治协

---

① 李毓全：《政协委员也要讲作风——在政协第十二届东莞市委员会第三次会议闭幕大会上的讲话》（2014年1月8日），李毓全时任东莞市政协主席。东莞市政协提供资料。

② 深圳市政协理论研究课题组：《改革政协委员产生方式的思考》，《同舟共济》2003年第8期。

商会议章程)》,华文出版社,1997。

乔传秀:《强化人民政协界别特色优势》,《中国政治》2013 年第 5 期。

汪晖、〔德〕托马斯·迈尔、塞尔吉奥·葛拉西:《世界政治制度中"代表性"的缺失——对话汪晖》,《政治理论动态》2012 年第 8 期。

李东屹:《人民政协界别制度研究的新视角》,《中国政治》2012 年第 12 期。

牛旭光:《对开展协商民主研究的一些看法》,《理论研究》2013 年第 3 期。

(课题组成员:张华军、王金豹、佛见光、王增益)

"东莞模式"的成就、生成逻辑与转型发展
——改革开放四十年中国城市发展典型案例分析

内容提要：改革开放以来，东莞从一个农业县发展为一个工业大市、制造业重镇，经济总量和城市竞争力跃居全国大中城市前列，人民生活实现了较高水平的小康，成为中国改革开放一个精彩而生动的缩影、一个中国奇迹的标志性城市。东莞模式是中国特色社会主义事业发展的一个典型案例，与中国诸多成功崛起的城市相比，既具有一些共性特征，又有其独特的发展方式和发展路径。本文在总结东莞经济社会发展成就的基础上，重点对东莞经济持续发展的内在驱动力及东莞模式生成的内在机理进行阐释，并结合新时代经济社会新环境，分析东莞模式面临的问题与挑战，提出转型发展的思路建议。

关键词：改革开放四十年；东莞模式；经济转型；工业化

肇始于20世纪70年代末的中国改革开放，是在传统社会主义模式经历曲折、遇到困境后，靠"摸着石头过河"，通过"闯""试"，探索出来的。在中国四十年波澜壮阔的改革发展历程中，我国一些地方和城市充分尊重群众的首创精神，结合各自资源禀赋、地理环境、区位条件、人文特点、不同时期的政策，形成了各具特色的发展模式，诸如"苏南模式""温州模式""诸城模式""南街模式""东莞模式"等。这些模式作为中国特色社会主义道路探索的生动案例，具有以推进工业化为基本途径、以市场化改革为基本取向、以提高人民生活水平为根本目标等共性特征，又各有其不同的发展路径、方式和成功密码，形成各自的鲜明特色。这些模式在发展的不同阶段都曾遭遇相应的困境和危机，并在不断探索转型。在诸多发展模式中，"东莞模式"更具独特性、典型性、标志性，东莞工业化的起步方式、经济组织形式、外在环境、发展驱动力等多个方面都可视为中国奇迹

的一个标本,"东莞模式"是中国传奇的一个生动故事,蕴含着诸多中国奇迹的重要信息。解析"东莞模式"的发展过程和生成逻辑,总结其成功经验,不仅可为东莞新时代转型发展提供思路,而且可通过典型案例分析,窥见中国特色社会主义发展规律。

一 东莞模式的辉煌成就

改革开放前,东莞是隶属广东省惠阳地区的一个普通农业县,人口只有111.23万,由于自然资源条件相对较好,农业种植业较为发达,水稻是主产,还有香蕉、荔枝等水果及花卉种植,沿海渔业也占一定比例,是一个典型的田园牧歌式的农业社会、基本自给自足的农业经济体。四十年后的今天,东莞已经成为一个工业大市和世界知名的制造业重镇,一个经济总量上"富可敌省"的"大块头",一个外贸出口在全国大中城市排第四位的进出口强市,一个集聚了500多万名产业工人、实际人口超过千万的特大型城市,也是一个农村集体资产占广东省近1/3、藏富于民的富裕型城市。东莞先后获得全国最佳魅力城市、中国典范品牌城市、中国优秀创新型城市、中国最具经济活力城市、全国社会治安综合治理优秀城市、国家公共文化服务体系示范区等多项荣誉,并四次蝉联国家文明城市称号。东莞是过去四十年来经济社会发展最成功的城市之一,是中国改革开放精彩而生动的缩影。东莞模式的巨大成就可以概括为以下四大方面。

(一)实现了从传统农业经济体向发达工业经济体的跨越

1.经济持续高速增长,经济总量跻身全国经济大市之列

1978年,东莞的经济总量为6.11亿元,财政收入仅6600万元。到2017年,东莞GDP达到7582.12亿元,是1978年的1240多倍,经济总量位居全国各大城市第19位,超过甘肃、海南、青海、宁夏等多个省(区);全年来源于东莞的财政收入达到1647.18亿元,税收总额达2010.57亿元。①

---

① 资料来源于《东莞市统计年鉴》;本文中以下未注明出处的数据资料均引用自历年《东莞市国民经济和社会发展统计公报》与《东莞市统计年鉴》。

2. 实现了较高水平的工业化，经济结构趋于优化

1978年，东莞的三次产业比为44.6∶43.8∶11.6，80%以上的劳动力从事第一产业，是典型的以农业为主的县域经济体。第一产业中水稻、荔枝、香蕉等种植业及部分渔业是主要成分，第二产业中主要是传统的五金机械、烟花爆竹、草织及腊肠、饼干、粽子等食品加工业，包括各类手工业型企业在内的只有377家①。而到2017年，东莞三次产业比重为0.3∶47.4∶52.3，工业企业达15.15万家，规模以上工业企业5907家，规模以上工业企业增加值达3316.97亿元，第一产业在三次产业占比中几乎失去统计意义；第三产业中现代服务业产值为2403.32亿元，占比为60.6%，生产性服务业2064.14亿元，占比为52.1%；从事第三产业的人数为203.82万人，占全社会从业人员比重为30.9%；税收总额为1071.85亿元，占全部税收总额的54.0%。总体看，东莞已进入工业化中后期。

3. 经济增长的动力不断转换，综合竞争力实现了跨越式提升

在推进工业化和经济结构不断调整的过程中，东莞经济增长的动力也在转换。工业化起步阶段东莞经济增长的最大动力源来自廉价的外来劳动力。我国曾长期存在的工农剪刀差及农村劳动力富余，为发展加工贸易的东莞提供了源源不断的劳动力，形成了巨大的人口红利。进入21世纪，随着劳动力成本提升和外贸环境的变化，以"大进大出"为特点的外向型经济动力逐渐衰减，东莞先后推出多项政策措施，如实现加工贸易产品的品牌化、促进产品内销、做大总部经济、引进更多的民营企业和资本、鼓励企业加大研发力度或建立研发中心等，大力发展先进制造业和现代服务业，取得显著成效。科技、人力资本等对经济增长的贡献力上升。2006年，东莞城市竞争力跃居全国（不含港澳台地区）大中城市第8位。近些年来，东莞大力发展现代金融业、房地产业、文化创意产业、信息与科技服务业及生产服务业。到2017年，东莞专利申请量81275件，专利授权量45204件，拥有高新技术企业4058家，总量位居全省地级市第一位，R&D经费占GDP比重达2.48%。新兴产业正在成为东莞经济增长的主要动力。

4. 经济体制高度市场化，现代化经济体系趋于形成

市场化是中国经济改革的一个基本取向，随着对市场认识的不断深化，

---

① 王道平：《东莞30年——一个沿海开放地区建设中国特色社会主义的成功实践》，广东人民出版社，2008，第30页。

中国最终确立了社会主义市场经济体制的目标。改革开放前，东莞同全国其他地方一样，实行高度集中的计划管理，而早在党的十一届三中全会前夕，东莞人似乎就已经感知到了中国即将酝酿的改革大势，1978年9月，东莞率先在全国开办了第一家"三来一补"企业。这既是东莞对外开放的"首秀"，也是在公有制经济一统天下的格局中开凿出了一条非公经济的缝隙，这条缝隙一经开启，就一发而不可收拾。东莞当年即成立了来料加工装配办公室，实现对"三来一补"企业的洽谈、签约、工商登记、报关、办理进口许可证以及香港直通车手续的"一条龙"管理与服务。到1987年底，东莞已有"三来一补"企业2500多家，加工产品有毛纺、服装、电子、玩具等十五大类4000多个品种。

20世纪90年代初邓小平南方谈话及党的十四大中国确立建立社会主义市场经济体制改革的目标后，中国迎来推动新一轮扩大开放，台资、日资等企业大举进入东莞，东莞外资经济规模日益扩大。与此同时，东莞大力推进市属国有企业改制建立现代企业制度、价格改革和社会保障制度建设。到2000年底，东莞全部国有企业完成改制；除少数公益性、自然垄断性和少数与人民生活关系密切的行业进行适度管理外，95%以上的商品和服务价格已实现由市场调节①；并在全国率先建立起了覆盖城乡居民的基本养老保险制度和医疗保险制度。"非公经济"的快速发展、公有经济的转制、社会保障制度的建立及政府调控经济方式的创新等，促进东莞市场化向纵深发展。进入21世纪，东莞又大力推动民营经济快速发展，特别是近年来，东莞大力推动商事登记制度改革，个体私营企业呈现高速增长，现在形成民营经济与外资经济平分秋色的态势。2017年末，东莞全市工商登记注册户数100.09万户，其中，企业工商登记41.33万户，上市公司43家，后备上市公司135家，"新三板"挂牌企业202家；特别是民营经济快速发展已构成东莞经济的"半壁江山"。总体看，东莞已形成民营经济、外资经济、个体经济与公司制改革的公有经济共同发展的格局，逐步支撑起现代化的经济体系。

5. 社会财富快速积累，共同富裕的目标初步实现

1978年，东莞城乡居民储蓄存款余额仅有0.54亿元，农民人均纯收入

---

① 中共广东省委党史研究室：《社会主义市场经济的广东探索》，中共党史出版社，2017，第129页。

只有149元,同全国其他农业县一样,人民生活基本处在温饱线的边缘,不少居民因生活困难甚至选择从深圳河冒险"逃港"谋生。改革开放以来,东莞社会财富快速积累,居民收入不断跃上新台阶。2006年东莞农村居民收入为10661元,是全国第一个农民收入突破万元的城市;2017年东莞全年居民人均可支配收入45451元,居全国大中城市第一位;金融机构各项本外币存款12497.97亿元,其中住户存款余额5160.71亿元。随着居民财富的积累,财产性收入在居民收入占比中越来越高。农村相对富裕也是东莞的一大特点,东莞城乡收入比为1.57∶1,大大低于全国平均水平(2.72∶1);东莞农村集体资产规模达1604亿元,占全省同级集体资产的31%,几乎所有村(社区)都有集体经济分红收入,股份制经济为居民共同富裕提供了重要制度基础。

(二)社会由"乱"向"治",现代移民城市架构逐步形成

伴随着快速推进的工业化进程,东莞经历了一个人口大量涌入、规模快速扩张的时期。东莞人口规模的峰值出现在2006年前后,虽然东莞不同部门(统计、公安、计生及通信行业乃至盐业公司)对人口统计、测算有一定出入,但大体在1500万左右。一个户籍人口只有110万左右的县城,在20多年的时间里涌入1000多万以农民工为主的人口,呈现出"游民社会"的无序状态,形成了极大的治安压力。彼时的东莞,公交上明偷暗抢、街道上的寻衅滋事、出租屋里入室偷盗、马路上飞车抢夺事件时有发生,社会秩序可谓一个"乱"字。为解决经济与社会"一条腿长、一条腿短"的突出矛盾,2007年东莞市第十二次党代会提出了"推进经济社会双转型"战略,把加强社会建设、创新社会治理、推进社会转型作为战略性目标,纳入党委和政府重要议事日程。此后,东莞公安、人力资源、民政、教育、医疗、社保等社会建设相关部门开展了多种形式的社会治理创新探索,取得显著成效和进展,极大地缓解了金融风暴的冲击。有研究分析认为,如果没有东莞在社会建设与治理方面卓有成效的工作,东莞经济可能被金融危机击垮,东莞模式可能走进历史。[①]

[①] 孙霄汉:《东莞流动人口社会融入政策分析与建议》,《广东省社会主义学院学报》2015年第3期,第106~109页。

东莞社会建设与治理的主要成就可概括为以下方面。

1. 民生事业快速发展，人民生活实现了较高水平的小康

不断改善民生是社会建设的重点，也是经济发展的基本目的。东莞在经济快速发展的同时，教育、就业、医疗、养老等基本民生事业得到快速发展。到2017年末，全市已有幼儿园1077所；小学329所，在校学生76.51万人；初中193所，在校学生22.91万人；普通高中41所，在校生8.11万人；中职学校28所（含技工学校7所），在校生8.03万人；普通高等院校9所，在校学生11.84万人，成为"广东省教育强市""教育现代化先进市"，并已实现省教育强镇全覆盖。就业方面，改革开放以来，东莞吸引了数以千万计的农民工来莞就业，为全国吸纳流动人口最多的城市之一，为中国城市化和解决就业问题做出了突出贡献。2017年东莞城镇失业登记率为2.24%，大大低于3.82%的同期全国平均水平。全市现有医疗机构2407家，其中，三级甲等医院8家，门诊部、诊所、医务室、卫生站、社区卫生服务机构等基层医疗机构2308家。全市卫生技术人员5万人，医疗机构的实有病床2.99万张。东莞在全国率先建立城乡一体化保障体系。东莞居民人均生活消费性支出31849元，超出全国平均水平的29.9%，恩格尔系数为32.8%，居民生活水平已跨入较高水平，体育健身、旅游休闲、影视文化、教育提升等现代舒适型、发展型消费方式成为主流，生活质量达到较高水平的小康。

2. 公共服务渐次向移民性群体覆盖，社会融合度不断深化

中国传统社会格局下，地方政府提供公共服务主要以属地户籍居民为对象。在城市化快速推进过程中，东莞外来务工人员规模不断扩大，以至于大大超过了户籍人口，形成了庞大的移民性群体。如何把公共服务覆盖到更多的非户籍常住人口，这是东莞面临的一大压力。为此，东莞出台了多项举措，不仅通过广泛征集社会意见并以市委、市人民政府名义把流动人口改称"新莞人"，而且采取积分制方式对流动人口提供义务教育、医疗、社区文化等各种公共服务。以教育为例，到2016年底，东莞为外来务工人员群体子女提供了18.24万个学位，占东莞义务教育阶段全部学位的53.7%。近年来，东莞多数公共服务项目（如公益性文化设施、体育设施、公园等）取消了户籍限制，实现常住人口的全覆盖。东莞在没有争取国家"吸纳流动人口较多城市"财政转移支付相关政策的条件下，靠自身加大投

入，把公共服务不断覆盖到更多的流动人口，初步解决了流动人口与户籍人口社会政策"两张皮"的问题，促进了城市的融合，也有效留住和集聚了城市发展最重要的人力资源。

3. 基层社会治理改革探索成效显著，治理水平不断提高

特殊的发展轨迹、发展方式形成了东莞特殊的社会结构、社会生态和复杂的社会矛盾。为推进社会生态由乱向治，东莞把基层社会治安和治理创新作为重点，从2007年开始，连续11年把加强社会治安综合治理作为为市民办的"十件实事"之首，着力加强社会治安综合治理。2014年东莞出台《东莞市创新基层社会治理综合改革实施方案》，东莞基层社会系统性的改革探索由此铺开，内容涉及农村集体经济体制与管理、公共服务供给、新型社区建设、流动人口参与社会治理、基层党组织建设等多个方面。这一被称为"莞版综合改革30条"的方案实施也引来媒体和学界关注，并获得当年"中国地方政府创新奖"。社会治理改革措施的实施，推动东莞社会治安持续好转，群众的安全感、幸福感大幅提升。

4. 社会组织快速发展壮大，有效提升了社会组织化程度

社会组织是社会治理的重要主体，培育和发展社会组织是实现社会整合、提升社会组织化程度的重要途径，是实现社会治理体系和治理能力现代化的必然要求。规模庞大的外来流动人口短期内涌入东莞，解构了传统东莞社会，客观上需要提升社会组织化程度。通过传统社会组织方式对东莞的整合力已逐步失效，培育和发展壮大社会组织，发挥社会组织在社会治理中的作用成为东莞的必然选择。根据中央发展社会组织的政策要求，东莞进行了多项改革探索，包括改革社会组织管理方式，取消社会组织"主管部门"；改变社会组织登记审批制为备案制，降低社会组织准入门槛；注重发挥行业协会的作用，在全国率先试行"一业多会"；支持异地商会承接政府服务外包，组织服务外来务工人员，并以此建立政府与社会的联系桥梁；推进社会组织第三方评级管理，促进社会组织规范发展；等等。通过近几年的探索，东莞社会组织获得快速发展，截至2018年7月13日，东莞依法登记的社会组织总数达到4527家（其中社会团体945家，民办非企业单位3549家，基金会33家），居全国地级市第一位。[①] 社会组织已成为

---

① 资料由东莞市社会组织管理局提供。

东莞社会大格局中的一支活跃的主体,在参与社会建设与治理、激发经济社会活力方面发挥着越来越重要的作用。

5. 社会工作亮点纷呈,弱势群体权益保障机制逐步建立

社会工作是以帮助弱势群体为基本目的、以助人自助为核心理念的工作。虽然社会工作在我国开展时间不长,但东莞以民政部试点改革为契机,大胆探索。在起步阶段,东莞通过引入香港督导指导,借鉴香港社会工作经验,形成了有东莞特色的社会工作模式,产生了一批在国内业界和学界被认可、在社会有影响的社工机构和社会工作者,如"大众""星扬""普惠""横沥隔坑社区服务中心",曾获"全国十大社工人物"的徐祥龄先生,已成为东莞城市名片级人物。

如果说,2008年前东莞总体上还是一个户籍人口与流动人口社会政策割裂、文化观念冲突、社会秩序较乱、社会安全感不强的"游民社会",那么经过近十年的社会建设与治理,东莞已经发展成为一个社会政策趋于统一、社会主流价值观逐步融合、社会运转归于有序、居民安全感较高的准现代移民社会。

(三)城市文化建设实现跨越,城市文化软实力有较大提升

有关东莞城市文化曾经是一个引起争议的话题。客观地评价东莞文化发展现状,需要有理性的态度和科学的方法。东莞有着较深的历史文化传统、文化积淀和资源,是岭南文化的重要发祥地;东莞传统农业文化中有着不少以传统节庆为载体的诸如龙舟文化、花灯文化、"卖身节"文化、"乞巧"文化等文化样式;东莞以虎门销烟历史事件成为公认的中国近代史的开篇地。但东莞毕竟是在一个农业县基础上发展起来的,改革开放前的东莞,农业文明是其文化基调和底色,公共文化设施较为简陋,群众文化生活同全国其他农村一样,比较单调、缺乏;与一些省会城市或建市时间长的地级市相比,东莞在文化设施基础、人文要素密度、城市文明积淀、市民文化素养等方面差距明显。城市文化与经济密切关联又各有其发展规律,一个城市的经济可能在产业转移、政府政策、科技因素等因素作用下出现一段时期的高速增长、跨越式跃升,而文化发展则有其自身的规律和轨迹,文化转型发展和质的提升需要更长时间的积淀,不可能如经济发展那样出现20%的增速,甚至无法用数字来量化,东莞文化显著滞后于经济

增长也是客观事实。之所以出现以"文化沙漠"贬损东莞城市文化的观点，主要是两方面原因：一是因为东莞经济快速增长并在不长时间内超过了多数地级市甚至半数以上省会城市，有些人直接把东莞文化与一些老牌大城市乃至省会城市相比，差距当然就会凸显出来；另一个原因可能是或多或少的"酸葡萄"心理。

事实上，东莞在经济快速发展的同时，文化建设和发展也是成效卓著的，总体看已从一个农业文明为主体的县城发展为现代城市文化设施比较齐全、城市公共文化服务体系趋于健全、文化产业规模不断壮大、现代城市精神日益彰显、群众文化生活不断丰富、城市文化软实力快速提升并初具现代文化名城风范的现代大都市。概括起来主要有以下方面。

1. 城市文化设施和公共文化服务体系逐步健全

文化基础设施是现代城市文化发展的重要标志。东莞现已形成市（镇）村三级文化设施网络体系，全市公共文化设施建筑室内面积为652万平方米，有文化广场769个、文化站33个、公共图书馆653个、公共电子阅览室585个、博物馆54个、电影放映单位125个。玉兰大剧院、市图书馆、市博物馆和工人文化宫等大型文化场馆，建设规格高、容量大，已成为丰富群众文化精神生活的重要载体。全市32个镇（街）文广中心均达到省"特级文化站"标准，19个镇（街）文广中心入选"广东省百佳文化站"；全市593个村（社）全部完成"五个有"标准化建设，实现了村（社）公共文化服务设施全覆盖。借助这些良好的公共文化设施和平台，东莞各级政府协同社会组织和团体开展各种面向基层的文化惠民活动，包括组织形成制度化、常态化的惠民演出、惠民培训；推进公益电影下基层、进企业、进社区活动，开展流动图书借阅、流动展览下基层，将优质的公共文化服务产品送到群众家门口，构建便民、高效的文化服务立体网络，有效满足了群众文化精神需求。

2. 文化产业快速成长成为重要的新经济增长点

文化产品在居民消费中占比不断提升是我国居民消费升级的重要趋势，文化产业也因此成为产业升级和经济增长的重要支撑。因应这一形势，东莞把发展文化产业作为推进经济转型升级的重要抓手，出台相关政策大力支持文化产业发展，已取得显著成效。目前，全市拥有8000余家文化企业，其中有36家市级文化产业园区（基地）和重点文化企业。东莞文化产业发展有其基本模式，一是"文化+制造"产业模式，现已形成年产值超百亿元的文化制造业产业门类19个，主要分布于文具、玩具、印刷、舞台设备、音响设备和工艺品制造等行业领域；二是"互联网+文化"发展模式，即促进互联网、大数据、云计算等先进信息科技与文化产业融合，已初步形成以动漫城、创意园和会展中心为阵地，以媒体服务、动漫影视、网络游戏、网络视听开发等为主要内容和形态的文化产业创新发展模式。两种模式的实质是实现传统文化产业向两端拓展：一端是与传统制造业结合，另一端是与现代信息技术结合，形成"两翼齐飞"的态势。到2017年，东莞文化产业实现增加值380.0亿元，占GDP比重5.01%，总量位居广东省第三，仅次于深圳、广州，从业人员30万人①，已成为东莞新的支柱性产业。

3. 传承历史文化与创新城市文化相结合城市品质显著提升

城市传统文化是城市的根脉，文化的传承则是一个城市的精神纽带。作为一个农业县，东莞有着丰富而深厚的传统农业文明样式，在推进工业化城市化的进程中，东莞十分注重对传统文明的保护、传承，并通过加大投入，让传统文化样式在现代城市文明中得到弘扬和发展，成为现代城市市民精神家园的重要组成部分。在传承传统文化方面，东莞做了大量工作。位于莞城的广东近代四大名园之一的可园、茶山镇的"南社古村落"和石排镇的塘尾等国家级明清古建筑群得到修缮和保护；建起了鸦片战争博物馆、海战博物馆、东江纵队博物馆、袁崇焕纪念馆等，这些设施不仅是市民旅游休闲的好去处，而且成为对群众进行历史文化教育的重要基地。近些年来，东莞各地以传统农业节庆文化为基础组织的龙舟节、"卖身节"、花灯节（千角灯）、醒狮节、乞巧节等活动十分活跃，吸引群众广泛参与，形成了传统文化与现代文明交融的新城市文化生态。

在传承历史文化的同时，东莞大力推进文化创新，特别是以打造"音乐剧之都"为突破口，通过政府扶持与市场需求相结合的方式，推出了《蝶》《我爱邓丽君》《妈妈再爱我一次》等多部大型音乐剧，获得极大成功，先后获得梅花奖等多项国内外大奖；仅2014年就有《妈妈再爱我一次》、《百年一梦》和《百年钟声——香港沉思录》三部作品同获"五个一

---

① 《改革开放四十年，东莞文化产业增加值列全省地级市第一位》，南方Plus客户端，2018年10月9日。

工程"奖。这些作品不仅获得了艺术家们的专业性肯定，而且受到观众的热捧，叫好又叫座，如《我爱邓丽君》在包括台湾在内的多地演出时曾出现一票难求的现象。东莞的体育事业也非常兴旺，近年来多次举办篮球、羽毛球、马拉松等国际赛事。特别是篮球方面，曾涌现过三支 CBA 球队，广东宏远篮球俱乐部队更是创造了 8 次夺得 CBA 联赛总冠军的纪录，成为这座"篮球城市"的亮丽名片。

农业文明与工业文明相交会，现代文明与传统文明相传承，构成了东莞这座新兴现代化城市丰富多样、色彩斑斓的文化样式。

4. 城市共同价值不断整合城市精神日益彰显

城市精神是城市之魂，东莞的城市价值与城市精神在工业化快速推进的过程中实际上经历了一个解构、弥散再重新整合、凝练的过程。在传统农业社会及价值观被冲击、外来人口和外来文化元素不断涌入的情况下，东莞的文化和价值观一度呈现弥散状态，推进城市文化的整合、城市共同价值的认同势所必然。为此，东莞市在广泛征求社会各方意见的基础上，将"海纳百川，厚德务实"确定为城市精神，把"每天绽放新精彩"作为城市的宣传语，推动了城市共同价值体系的形成，也为整合城市核心价值、凝聚社会共识提供了精神指引。东莞城市宣传语，反映了东莞的文化特质，既很好地吻合了东莞人传统的道德取向和处事风格，又生动反映了东莞这座城市作为改革开放先行地快速发展的历程和精神风范。城市核心价值提炼，不仅为市民提升了行为规范指引，而且成为城市重要的精神支撑。

（四）环境经历"被污染后治理"过程，美丽生态已然重现

在东莞工业化初期，造纸、漂染、电镀、制革等高污染产业占了很大比重，当时整个社会环境意识还比较淡薄，有关环境保护的法律法规不太健全，对污染企业的监管也存在很大漏洞，城市环保设施很不健全，一些地方片面强调经济增长，甚至对企业违法排污行为睁一只眼闭一只眼，使得东莞经济高速发展的同时付出了极大的环境代价。不少地方的河流、土壤、空气被严重污染，有的地方垃圾遍地、污水横流，恶臭难闻，如运河的莞城区段，本是岸柳依依，河水清澈，可见鱼乐虾戏，不仅是东莞老城居民们的生活水源，而且是一道美丽的风景，但一度被污染至劣 V 类水质以下，散发出让人不能近前的恶臭。进入 21 世纪，人们的环境保护意识显

著增强，"两山"意识逐步深入人心，政府加强环境保护的措施力度也越来越大，环境监察执法越来越严，东莞的蓝天碧水正在重现。

东莞保护和整治环境的重大措施主要包括几大方面。一是坚决淘汰部分高污染企业，特别是小型造纸、电镀、制革、印染等企业。二是加强对企业排放行为的监管，加大对违法排污企业的处罚力度。三是加强环保设施建设，大力整治环境，如兴建污水处理厂、对河涌进行整治清污、建设截污管网等。目前，东莞污水处理总规模已达356.5万吨/日，已累计建成截污管网3589公里。四是建设城市森林公园，提高绿色覆盖率。

经过不懈努力，东莞的城市环境与生态有了显著改善。2011年，东莞成功获得国家环保模范城市称号；2013年，东莞成功入围国家级改革试点"节能减排财政政策综合示范城市"并于2016年通过国家考核；2016年，东莞全社会能源消费量2894.92万吨标准煤，单位GDP能耗0.427吨标准煤/万元，比2012年下降21.8%，降幅居广东省第一位；化学需氧量、氨氮、二氧化硫和氮氧化物等四项主要污染物排放量与2010年相比分别下降42.47%、34.18%、41.58%、39.67%，较好地完成了国家减排任务；近十年来东莞SO_2、NO_2、PM10三项大气质量指标均有不同程度的下降，SO_2年均浓度由2007年的41μg/m³下降至2017年的12μg/m³，降幅达70.7%，NO_2年均浓度降幅达14.6%，PM10年均浓度降幅达29.2%；全年城市环境空气质量达标天数301天，空气质量达到国家二级标准的比例为82.5%；优良水质比例（达到或者优于Ⅲ类）为40.0%，城市集中式饮用水源地水质达标率保持100%。全市已建成88平方公里的市级自然保护区6个，建设开放总面积达370.84平方公里的森林公园22个，森林覆盖率达40.53%；全市湿地总面积302.5平方公里，建成湿地公园16个，其中东莞生态园是珠三角地区首个国家级城市湿地公园；建设休闲游憩绿地1287处，建成绿道1154.65公里，人均公共绿地面积24.23平方米；全市拥有省级生态乡镇28个、市级生态村503个，覆盖率达90.3%和84.8%；"省宜居社区"218个，"省宜居示范村庄"16个，3个项目获得"广东省宜居环境范例奖"，全国绿色村庄111个，1个镇入选全国美丽宜居小镇。全市共有"绿色学校"460所、"绿色社区"109个[①]；一些镇（街）在发展绿色经济中成效显著，

---

① 资料由东莞市环境保护局提供。

如麻涌镇通过发展休闲旅游业，打造的华阳湖休闲旅游风景区已成为又一张城市新名片。东莞市先后获得国际花园城市、国家园林城市、国家卫生城市、国家森林城市等众多荣誉称号。

二　国内几种主要发展模式简析

改革开放以来，我国不少地方从自身实际出发，成功探索出各具鲜明特色的发展路子，被人们关注较多的有苏南模式、温州模式、南海模式等，这些模式既是地域概念，又是特定的阶段性概念。经过改革开放四十年的演变发展，各地原有的模式出现了不同程度的转型升级，对这些模式进行简要分析，可以为东莞模式的研究提供镜鉴。

（一）苏南模式：集体企业的主导、壮大与转型

苏南模式的主导者是乡镇集体企业，即乡镇政府、村集体直接建立或足以控制干预经营的企业。在改革开放初期，地方政府表现出"公司化"的特征，政府官员如同企业家，对企业的经费来源、人事安排、活动开展给予大力的支持。苏南的集体企业抓住市场机会，与上海的大型企业建立联结，为其进行产品配套，迅速壮大起来，带动了工业化和城市化，涌现出华西村、永联村等风靡一时的典型。而得益于政府的支持和与先进企业的关联，苏南的集体企业起步时就具有产业结构高级化、企业组织规模化的优势，创造了"离土不离乡、进厂不进城"的城镇化经验。

但是，由于政府与集体的干预，苏南模式也存在产权不清晰、企业社会负担重、个人激励不足、经营决策不灵活等缺陷，随着短缺经济的终结，原集体型企业逐渐陷入困境，于是开始改制。大多数集体企业通过产权量化、界定、流转改制为民营企业或股份制企业，重新焕发出活力。这又使得集体经济不可避免地受到影响。

在后来的改革探索中，苏南模式中的集体经济要素又重新找到壮大的途径，主要形式是专业合作社、土地股份合作社和社区股份合作社。这三大合作社从一开始就注意产权清晰，责、权、利明确，集体、企业、个人有效整合，较好地适应了农村的经济社会资源特点。苏南模式演进到今天，形成了由改制而来的民营企业、以苏州工业园为载体发展起来的外资经济

和农村合作社三大经济主体。

（二）温州模式：自发的民营经济与城乡统筹

温州模式与苏南模式形成了鲜明的对比。改革开放初期，温州在市场机制的驱动下，以自发的家庭作坊、个体民营经济起步，专注于生产规模、技术含量和运输成本都较低的小商品，逐步建立起专业化市场，进而在全国和世界范围内构筑市场网络，形成小商品、大市场的格局。这里诞生了国内最大的纽扣市场、打火机市场、低压电器市场等，后来的受温州模式影响而发展起来的义乌小商品批发市场更是享誉全球。

受2008年金融危机影响，温州爆发了资金链断裂风波，温州模式遇到严峻挑战。暴露出的主要问题，一是产业低端，技术含量低，附加值有限，转型升级任务艰巨；二是企业规模小，家族式管理，依靠熟人社会结成的内部关系，极易放大风险，向现代化转型艰难；三是土地等要素资源约束收紧，早期的发展模式需要转型，寻求新的空间等。

近年来，温州一方面在农村领域推行"三分三改"重大改革，实行政经分开、资地分开、户产分开和股改、地改、户改，以此促进要素的市场化配置和流转，力图从根本上破除城乡二元结构，统筹城乡发展，加快推进新型城市化，也为区域发展提供集中连片土地；另一方面是促进市场体制规范健全，如建立现代企业制度、引入高素质人才和企业、推行"最多跑一次"等营商环境改革。通过这些改革，温州模式迎来了较好的转型前景。

（三）南海模式：集体资产、外向型经济与转型升级

广东南海市与东莞地域相近，曾与东莞同被称为"广东四小虎"。南海模式与东莞模式也有一些相似之处，都是依托邻近港澳的区位，承接国际产业转移，在20世纪70年代末发展起大量"三来一补"企业。南海模式的重要特征也是"两头在外"，融入全球产业分工链条，即利用外来资金、技术、原料，产品对外销售，本地承担加工环节，提供劳动力与土地等要素。随着工业化和城市化的进一步发展，南海诞生了新的土地制度——土地的股份合作。基本做法主要有三点。一是分区规划。根据土地的自然条件、地理位置、使用用途将土地划分为三种类型：农田保护区、工业发展区和商业住宅区。二是土地与其他集体财产作价入股。将土地、房屋、鱼塘、积累资金等按照评估核算价格后入股，在村小组一级成立经济社，在行政村一级成立经联社。土地由经济社或经联社实施统一规划，建设标准厂房对外出租，集体收益承担起公共服务的职能。农民也通过出租屋的形式分享城镇化的发展成果。三是股利分配和股权管理。按股权比例分红，以股份多少决定权利多少。这样，南海农民的土地承包经营权大部分转变为在农村集体经济中的财产权和收益权，农民的土地权利从实物形态转变为价值形态，兴建标准厂房、工业园区，从引进零散的"三来一补"企业发展到引进先进产业，开启了自下而上、集体土地直接入市、农民和集体参与其中的城镇化进程。

进入21世纪后，随着国内外经济环境的变化，南海开始寻求经济转型升级。一方面，把基层经济发展和社会管理体制改革作为重点，试图通过制度的变革为经济转型提供支撑，如南海在农村开展以政经分离为核心的综合改革，明确基层党组织、自治组织和集体经济组织的职能与关系，重构基层治理格局。另一方面是顺应市场变化，积极推动企业转型升级，由传统制造业向更高端的先进制造业转变。这些改革也已取得不错成效，其经济发展保持了较好势头。

综上分析，可以对上述三种模式的基本要素进行比较，见表1。

表1 三种模式的特点比较

特点 模式	主导企业	产权 清晰度	政府 作用	市场联结	近期改革 重点
苏南模式	集体企业	不清	强	上海的国有企业	三大合作社、创新驱动
温州模式	个体民营企业	清晰	弱	本地人开拓的市场网络	三分三改、创新驱动
南海模式	外资企业	比较清晰	中	全球产业分工链条	政经分离、创新驱动

三 传统东莞模式及其内在动力分析

（一）东莞模式的基本轨迹

东莞模式的巨大成就体现在经济、社会、文化、生态多个领域的发展上，但东莞模式的主要支撑也是其最突出的成就还是经济发展，或者说东莞模式主要还是指东莞经济发展模式。改革开放初期，与全国众多的农业县相比，东莞并不具备发展经济的特殊条件和优势：没有工业基础，没有国家大项目投资，没有人才优势和文化优势，也没有诸如特区政策，一定要说有什么优势，也仅仅是其区位上毗邻广州、香港两大城市和当时刚刚设立的深圳经济特区。就是这样一个几乎没有任何优势条件的农业县，在不长的时间里成长为综合实力居全国地级市前列的经济强市，其成功发展的内在机理值得深入探讨。

东莞模式发展大体可分为两个阶段。第一个阶段是1978年至2008年前的30年，这是东莞经济高速增长阶段，也可称为"传统东莞模式"阶段。在这30年里，东莞经济总量从6.11亿元增长到2007年的3151.91亿元，实现年均经济增长18.0%，经济总量跃居全国大中城市第16位，进出口总额排第三位，成就了这座改革开放以来中国经济发展的明星城市。第二阶段是2008年至今，是东莞模式的转型升级阶段。2008年后，受金融危机的影响和冲击，东莞经济增速急剧下滑，2009年第一季度甚至出现了负增长；经济总量也很快跌出了大中城市排名的前20位。2008年后，经过近10年的转型探索，东莞开始企稳恢复，尤其近几年，回升势头明显，2016年经济总量重回大中城市前20位之列，已连续两年列第19位，城市竞争力回升至第18位。目前，东莞模式的转型升级还在继续。

（二）传统东莞模式的主要驱动力

中外经济学家在分析经济增长动力方面形成了林林总总的增长和发展理论。钱纳里（H. B. Chenery，1975）认为，产业结构转变是经济增长的基本动力，经济发展就是经济结构的成功转变，其核心是传统农业经济结构转变为现代工业经济结构。塞尔昆（Moises Syrquin，1995）使用结构变化和要素重置效应概念解释经济动力，认为这种效应是增长的关键因素。卢卡斯（Lucas，1993）和沃斯帕根（Verspagen，1993）分别从供给和需求层面强调了工业发展模型中结构变化对生产率提高的重要影响。林毅夫（2012）认为一国政策特别是产业政策对经济发展有决定性影响。库兹涅茨（S. S. Kuznets，1979）把知识力量和生产要素与结构因素联系起来，强调结构因素对经济增长的影响，认为增长因素应归结于知识存量的增长、生产率的提高和结构的变化。这些理论观点和分析框架,对解析东莞模式的内在机理有重要价值。

传统"东莞模式"的生成也是多方面因素综合作用的结果,借助已有的经济理论,结合东莞的实践,可以把东莞经济持续发展的驱动力归纳为四大方面:要素驱动、市场驱动、制度驱动、利益驱动。

1. 要素驱动

按照钱纳里(H. B. Chenery)的产业结构转变论,一个以传统农业为主体的经济体要实现经济快速增长,首要的就是推进工业化。而土地、资本和劳动力等三大传统要素的完美性集聚,恰恰形成了东莞农村工业化的强大推力,支撑起了传统东莞模式。东莞作为一个农业县,其土地资源相对丰裕,当时国家土地政策对农用地发展工业政策比较宽松,东莞人抓住机会,形成了"村村点火、户户冒烟"的农村工业化态势。东莞与香港地缘相近,文化相亲,70年代末至80年代,在当时国门初开的背景下,一些香港企业家乘势来东莞开厂,形成第一波港资流入潮。全国第一家"三来一补"企业——太平手袋厂就是香港人1978年9月在虎门镇开办的。仅仅一年后的1979年,东莞就签订来料加工项目140多宗;到1991年底,东莞"三资"企业(含"三来一补"企业)已达7824家,实际引进外资1374.9亿美元。1992年邓小平南方谈话后,在中国扩大开放的大政策背景下,台资企业开始涌入东莞,形成东莞第二波资本流入潮。到90年代后期,东莞台资企业有5000多家,成为全国台资企业最集中的城市。第三大要素就是来自全国各地源源不断的以农民工为主体的劳动力。如前所述,东莞至2007年人口峰值时外来务工人员规模在1500万以上,成为全国吸纳农民工最多的城市之一,也形成城市经济增长的最大人口红利。上述土地、资本和劳动力等三大要素的集聚与结合,成为东莞前30年经济增长的基本支撑和驱动力。

需要特别指出的是,三大要素中除土地外,资本、劳动力都是输入性的。东莞之所以能够吸引这两大域外性要素,除了其与香港特殊的历史渊源联系和一定区位优势外,最重要的应当是东莞人诚信务实的社会环境和人文环境。东莞人重商不奸、趋利不诈、低调务实,奉行"有钱一起赚"的原则,这与我国改革开放初期某些地方把引进后的外商当"吃、拿、卡、要"的对象现象形成鲜明对比。

2. 市场驱动

20世纪60年代至70年代，由跨国公司主导的国际产业转移中出现了新的分工模式，即生产过程内的分工。由于模块化产品设计理念日益深入，生产过程被划分为零部件生产和整件组装两个环节，其中前者的生产较为复杂，技术含量较高，后者主要是劳动密集型环节。跨国公司为了最大限度地降低成本，根据各国资源、劳动力与技术差异情况，在全球范围内布局产品设计、各零部件的生产与组装环节，这种现象使得产品生产的各个工序在全球布点的情况成为普遍。同时，随着世界产业发展和梯度转移趋势，二战后第一波快速发展起来的日本、"亚洲四小龙"等国家和地区因为成本上升，其劳动力密集型为主的生产加工贸易环节亟须寻找新的空间。东莞把握了这一机会，顺势承接了大量加工贸易产业。东莞早期主要承接的是家电、五金、纺织服装、鞋业、皮革箱包等，到90年代又大力发展电子、玩具、鞋业等。20世纪70年代后期、整个80年代以至90年代上半期，全球经济和贸易进入一个较长的黄金增长周期，在国际市场的巨大拉力下，东莞加工贸易出口迎来了一个爆发式增长时期，成就了东莞外贸大市的地位。到1997年亚洲金融危机前，东莞的外贸进出口已达2129885万美元，飙升至全国第三位，"外向型"经济也成为东莞鲜明的特征。2017年，东莞的出口额仍居全国大中城市第4位。没有与国际市场有效对接形成的市场强大拉动力，就不可能有东莞模式。

3. 制度驱动

诺贝尔经济学奖获得者、美国著名经济学家道格拉斯·塞西尔·诺斯（Douglass Cecil North）十分强调制度在经济发展中的重要作用。他认为，"技术进步、投资增加、专业化和分工的发展等，并不是经济增长的决定性因素，决定经济增长的因素是制度。"这种观点对解释东莞模式有很强的说服力。东莞经济的制度驱动力因素主要可归结为两大方面：一是"统分结合、双层经营"的经济体制；二是"市直管镇"的行政体制。

我国实行的以家庭联产承包责任制为主要内容的农村经济体制改革一开始就很明确，就是有"统"有"分"，农村实行"统分结合"的双层经营的体制也写进了《宪法》。但在相当长一段时间里人们似乎更关注"分"而忽略了"统"。分析东莞发展的经营方式不难发现，"统分结合"恰恰是东莞模式成功的重要密码。早在推动家庭联产承包责任制时，东莞就对集体资产进行分类处理，将适宜分户使用的耕牛、农具等分配到户，将会堂、仓库等适合统一经营的资产保留在集体。对外开放后，东莞各镇及村组充分利用这些保留下来的集体资产，通过土地开发、建厂出租和门面（商铺）出租等方式获取收益，形成了经济中的"统"的成分。

东莞集体经济的"统"体现在三个层面。一是镇一级层面。东莞各镇（街）都有集体投资公司，其经营收益主要用于镇一级投资发展和公共事业。二是村（社区）一级的"统"，主要方式和载体是"村（社区）经济股份合作社"，村民以股东身份参加，入股的基础是村集体资产和土地，全体村民都是股东。三是村民小组一级股份合作社，全体村小组村民也都是股东。

"分"的成分也呈现多种形式，包括通过制度安排实现经济发展后的"红利"分享，村民利用其承包地自建厂房、出租屋等，或出租，或搞加工、养殖业，或从事餐饮等服务业，各显神通。

"统分结合、双层经营"的方式，使东莞农村集体经济和集体资产持续快速增长，形成了强大的集体经济实力。2017年，东莞农村集体资产规模为1604亿元，占广东省同级资产的31%。东莞原农村户籍居民中，几乎人人都有集体经济股份，集体经济收益分红是他们每年收益的重要来源，一些比较富裕的村人均年分红甚至能达到数万元。

行政体制和管理模式作为连接政府与市场的制度纽带，对经济社会发展具有非常重要的影响，结构合理、行政高效的体制机制会极大地促进经济增长和社会进步，反之则会阻碍经济社会的发展。自1998年升格为地级市以来，东莞一直实行"市直管镇"体制，不设区和县，比一般的地级市少了县（区）一级架构。这种扁平化的行政架构政令传递快捷，政务成本低，大大地提高了行政效率。

除上述两大方面外，东莞还进行了诸多制度创新，如在全国第一个组建政府所属的"加工贸易办公室"，实现对外资企业"一条龙"服务，成为当时广受推崇的高效管理经验；第一个以向社会募集资金建桥、通过收过桥费偿还投资的方式，建起了著名的"高埗大桥"，这一方式后来被全国各地广泛复制，使"集资修桥（路）、收费还贷"成为当时盛行的建设方式等。

4. 利益驱动

改革开放前东莞实行的是"三级所有、队为基础"的人民公社体制，平均主义的分配方式挫伤了群众创造财富的积极性。党的十一届三中全会后，中国传统农村体制开始松动，家庭联产承包责任制和"多劳多得"的分配环境逐步形成，东莞人由此开始在原村落空间开办加工贸易厂（东莞人称为"三堂经济"：礼堂、饭堂、祠堂），探索农村工业化路子，并让群众及时分享发展的收益。虽然利益驱动是中国改革开放的共性因素，但东莞人把发展成果与发展利益主体紧密挂钩的方式却是具独特性的。从宏观利益激励上，东莞实行市、镇、村三级联动，对属地企业税收和利润实行按比例分成，极大地调动了各镇、村发展的积极性。从微观制度上，东莞各村（社区）普遍实行股份合作制，让全体村民入股集体经济股份合作社，共享村组经济发展成果。这一制度安排消除了东莞村一级经济发展的阻力，各类主体包括居民利益获得的共同性形成了强大的发展合力，也极大地激活了农村能人创富的动能。这也是今天东莞农村集体经济强大并藏富于民的主要原因。

图 1 呈现了传统东莞模式的驱动力模型：

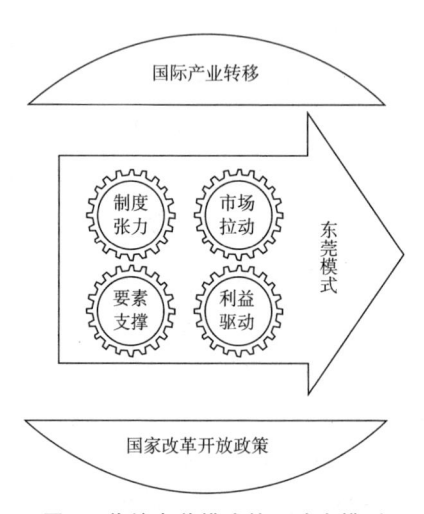

图 1 传统东莞模式的驱动力模型

四 东莞模式的转型探索

从 1978 年起步到 2008 年前，东莞工业化和经济经历了长达 30 年年均 18.0% 的高速增长。进入 2008 年，在国内外多种因素特别是全球金融危机的冲击，东莞经济增速出现较大幅度的下滑。虽然因传统模式的惯性推力及金融危机冲击的时差滞后性使东莞在2008年经济增长仍然保持了14%（比2007年低4.1个百分点），但随后经济增速呈现出"断崖式"下滑，2009年第一季度甚至一度出现负增长，2009年仅增长5.3%；2010年度由于中央和地方投资的"强刺激"政策一度出现过10.3%的增长，但终未能持久。此后，东莞经济增速再没有达到两位数，2008~2017年间平均增速为8.3%，比前30年下降了近10个百分点。2008年是东莞传统模式的告别年，也成为转型的起始年。

（一）东莞模式转型轨迹与必然性逻辑

任何一种发展模式都不会是一种静态的、固化的要素组合，再成功的发展模式也不可能长盛不衰，事实上，东莞从走向工业化道路或者说东莞模式从其产生以来，其发展的理念、政策举措就一直在调整。20世纪80年代初期，在工业化起步并取得一定成效后，东莞就提出了"农业商品化"的战略，这在当时来说是非常大胆且超前的观念；此后，1984年提出了"向农村工业化进军"的战略；1988年提出"大搞基础设施建设"；1992年提出了"按现代化城市格局建设东莞"；1994年提出"推进第二次工业革命"的战略；1999年提出了"争取率先基本实现现代化"战略；2001年提出"一网两区三张牌"的发展战略；2004年提出了"一城三创五争先"的发展战略。回过头来看，东莞历次发展思路与政策调整更新正是较好地吻合了世界经济发展和产业转移的趋势，准确地把握了中国改革开放的政策大势，而每一次调整都使得东莞经济跃上了一个新的台阶。换个角度看，东莞经济持续高速增长，也是源于东莞历届党委政府在经济发展思路和政策选择方面较好地把握了世界经济大势和国内改革政策，善于抓住重大发展机遇，及时制定与适时调整更新发展思路和政策，没有出现大的决策失误。2008年的调整，则是带有全局性和根本性的，是传统模式的终结，是新发展方式探索的开始，是"转型"。

推动传统东莞模式转型有着内外诸多方面的因素。从外部看，一是国际经济环境因素，由于美国次贷危机引发的全球性金融危机，使以外向型经济为主导、以出口贸易为重要支撑的东莞模式遭遇了30年来从未有过的冲击。二是国内政策因素。进入21世纪以来，党中央提出了科学发展观，

"以人为本，全面协调可持续发展"的理论逐步深入人心，也成为各级党委政府的重要执政理念和政策取向。从东莞模式自身看，传统东莞模式的主要动力已渐次弱化：一是随着城市化水平不断提高，东莞的城市空间日益压缩，土地成本的快速上升使粗放式的土地开发利用方式不可持续；二是劳动力成本快速上升，使靠低劳动力成本竞争的方式难以为继。曾被誉为"打工者天堂"的东莞一度出现"用工荒"。在这种情况下，传统东莞模式的出路就只有转型。正如时任中共中央政治局委员、广东省委书记汪洋2008年3月26日在东莞考察调研时指出的："今天不主动调整产业结构，明天就会被产业结构调整。"这就是东莞模式转型的必然性逻辑。

（二）东莞推进转型的基本思路与主要措施

作为一种发展模式，东莞的转型总体上是从2008年开始的，但提出转型的理念和政策要更早一些。在危机来临前的2007年，东莞市第十二次党代会就提出了"推进经济社会双转型"战略，这再次体现了东莞决策层未雨绸缪、对经济大势的感知能力。按照这次会议的定义，"双转型"就是要推进资源主导型经济向创新主导型经济、初级城市化社会向高级城市化社会转型。具体来说，在经济转型方面，要推进经济增长方式从粗放型、外延型向集约型、内涵型转型，经济体制从初级市场经济向更具活力、更加开放的市场经济转变，经济结构从外源型经济为主向内外源经济并重转变，对外开放从"引进来"为主向"引进来""走出去"并举转变，产业结构从加工制造环节为主的纺锤形向加工制造与研发服务环节协调发展的哑铃形转变，资源利用从线型经济向循环经济转变；在社会转型方面，要从城乡二元冲突型社会向城乡协调型社会转变，从本地与外地户籍人口分割型社会向本地与外地人口融合型社会转变，从矛盾多发的不稳定社会向阶层稳定的和谐社会转变，从不协调、不全面发展的社会向以人为本、全面协调发展的社会转变。①

从经济发展特质看，与其说东莞传统经济是"资源主导型经济"，不如说是"要素主导型"更准确，但这些并不影响其推进转型的大方向和效果。确定转型的大方向后，东莞先后出台了《关于推进产业结构调整、促进产

---

① 参见《推进经济社会双转型　建设富强和谐新东莞——中国共产党东莞市第十二次代表大会报告》。

业转型升级的实施意见》以及26个相关配套文件，重点就产业升级和企业扶持、推进加工贸易转型升级、支持科技创新优化推出了一系列转型举措，并通过提高最低工资标准、调整税费标准、调整投资结构、加强科技研发、加强公共就业培训等措施来支撑上述转型目标。

2011年底，东莞市召开第十三次党代会，大会报告《加快转型升级、建设幸福东莞，为实现高水平崛起而努力奋斗》在总结前五年转型成效的基础上，提出了转型的更高目标，强调要大力推进产业高级化、积极推动创新、加强城市建设管理、完善公共服务、实施人才强市战略等重大举措，这可以说是2007年第十二次党代会转型战略的升级版。

经过近十年的探索，东莞的经济转型取得了成效。2016年底东莞市第十四次党代会认为东莞已经"站到了更高起点上"，并提出了"高水平发展"的理念，但核心任务依然是转型。

结合东莞提出转型战略以来的相关政策文件，可以梳理出其基本思路。

1. 推进企业经营模式转型，激发企业新活力

一是促进传统加工贸易企业向"三资"企业转变。2007年底，东莞已有外商投资企业15035家，其中加工贸易企业7602家，占比超过50%。受金融危机冲击、人民币升值、劳动力成本上升及原材料价格上涨等因素综合影响，加工贸易企业经营陷入困境，企业要生存必须转型。2008年，东莞抓住被确立为广东省"加工贸易转型升级试点城市"的机会，出台了《东莞市"来料加工"企业就地不停产转"三资"企业操作流程及指引》等相关政策措施，并设立10亿元的"加工贸易转型升级专项资金"，对企业转型过程中发生的行政性收费等全额资助。到2010年底，累计有2065家企业成功转型。[①] 二是在吸引内资上下功夫，大力支持民营企业发展，较好地承接了深圳、广州及国内其他地区民营企业的转入，民营经济在整个经济中的分量日益提升，逐步形成了与外资经济并驾齐驱的格局。三是推进企业由贴牌生产为主向创建自主品牌转型。加工贸易型经济的基本特点就是以产品生产加工制造环节为主，产品的研发和营销"两头在外"，缺乏自主品牌，而加工制造环节又处在整个价值链"微笑曲线"的底部。为克服

---

① 王道平：《东莞30年——一个沿海开放地区建设中国特色社会主义的成功实践》，广东人民出版社，2008，第33页。

加工贸易经济的短板，东莞在2001年和2004年即分别提出过"品牌立市""品牌强市"战略。彼时东莞加工贸易企业还凭借着低廉的劳动力成本和兴旺的国际市场，享受着较丰厚的利润。而随着国际市场格局的变化，加工贸易企业的利润空间不断被压缩，不少加工贸易企业和民营企业开始寻求创建自主品牌。政府也加大了对企业创建自主品牌的支持力度，2008年底东莞市政府出台政策，对新获得中国名牌产品和中国驰名商标的企业一次性给予100万元奖励，对获得国家免检产品和"商务部重点培育和发展的出口品牌"称号的，一次性奖励50万元，并对这些企业在能源、税收、土地、贷款、技术改造、政府采购等方面给予政策扶持和倾斜；一些镇（街）还在市政府奖励的基础上对本镇域内的品牌性企业给予相应的奖励。在内部压力和外部政策环境的双重作用下，东莞品牌企业快速增长，到2017年，东莞已有中国驰名商标77个，省著名商标264个，省级农业类名牌产品51个，经济结构显著优化。

2. 调整产业结构提升产业竞争力

传统的东莞制造以服装、毛纺、鞋业、家具、玩具、造纸、模具、化工、电镀等为主，90年代后，电子加工产业大举进入，一度有所谓"东莞塞车、世界缺货"的说法。但进入21世纪，这些传统产业乃至电子加工行业市场逐步出现饱和趋势，低端产品供大于需的问题日益突出。为此，东莞提出了"腾笼换鸟"思路，开始有计划地淘汰部分高投入、高能耗、高污染、低产出的落后产业，出台了《关于促进东莞市战略性新兴产业发展的实施方案》等文件，把引进战略性新兴产业作为重点，力争发展高端新型电子信息、电动汽车、半导体照明（LED）、信息家电、电子商务、新一代通信及新能源、新材料等产业；近年来又提出"打造智能制造新高地"的目标，把新一代通信技术（5G）、无人机、机器人等产业作为发展的重点。同时，大力推进文化创意产业及金融、物流、信息、咨询、法律服务等现代服务业发展，取得显著成效。近年来，以华为、OPPO、易事特、生益科技等为代表的一批高端制造、生物科技企业快速成长，成为东莞新经济的重要支撑；东莞现代服务业也获得较快增长，2017年，东莞现代服务业产值为2403亿元，在第三产业中占比为60.6%。①

---

① 资料由东莞市文广新局提供。

3. 创新人口政策提升城市人力资本

规模庞大的外来流动人口流入形成的巨大人口红利是传统东莞模式的重要支撑。但外来人口的流入，也会因为对东莞公共产品和公共资源的需求形成与户籍人口利益上的冲突；外来人口群体各有其自身的文化观念和行为方式，这也形成东莞社会文化和价值观的冲突。如何对待外来务工人员，在东莞社会形成一些不同看法。少数人看不到外来务工人员对东莞发展的贡献，片面强调流动人口对东莞社会管理的冲击和公共服务形成的压力，出现对流动人口歧视和排斥倾向，形成了一定程度的群体对立情绪，对城市留住和吸引人口资源产生了负面影响。东莞决策层比较清醒地认识到了这一点，进行了多项流动人口政策创新。一是从称谓上入手。2007 年 4 月，经过广泛的社会讨论，东莞市委、市人民政府确定将外来务工人员统一称为"新莞人"，以消除称谓上的歧视性，并在全国率先成立了专门服务异地务工人员的政府部门"新莞人服务管理局"。二是尽力为"新莞人"提供公共服务，特别是通过积分入学的方式，让更多的新莞人子女能够享受公立教育。三是逐步放宽入户政策，让一些优秀的和在东莞务工时间较长的"新莞人"能够入户东莞。四是出台一些措施，为"新莞人"提供更多参政议政的渠道和机会，参与东莞的社会治理，如给予"新莞人"党代表、人大代表、政协委员专门名额，在全市公开选拔"新莞人"任团市委副书记、妇联副主席等。今天的东莞，"新莞人"这个概念已经逐步淡化，实质上反映了东莞本外群体间的界限已淡化。东莞人口创新政策使得其对流动人口保持了较强的吸引力，近年来，东莞的人口规模又逐步回升，人口的整体程度也有一定提高。

4. 加大科技和研发投入积聚发展的创新驱动力

作为一个以加工贸易起家的城市，东莞在企业研发投入和创新力等方面存在着先天不足。为解决这一问题，东莞在 2006 年即提出并开始实施"科技东莞"战略，出台了《关于实施"科技东莞"工程建设创新型城市的意见》，市财政每年出资 10 亿元，支持企业加大技术研发力度，提高产品的技术含量和市场竞争力；2007 年底又出台《东莞市关于加强产业技术创新、推进产业技术和集群发展实施办法》。其主要做法，一是以松山湖科技产业园和科技创新平台为重点，依托东莞优势产业集群，创建行业性技术创新平台，加强新产品新技术研发，提升产品的科技含量和行业整体竞争力；二是鼓励企业把研发机构放在东莞，对相关企业直接给予资金补贴、税收优惠、金融支持等；三是扶持一些高校在东莞创办以生产服务为主的专门性研发机构，也鼓励一些科技型企业加强与这些研究机构的合作，促进产、学、研的结合及与市场的对接，已先后有华中科技大学、华南理工大学等100多所高校在东莞建立了研究院；四是对科技人员、科技团队的重要技术发明给予奖励。这些措施取得了较显著成效，促进了东莞科技产业发展。2010年，东莞高新技术产业产值达到2368亿元，比实施"科技东莞"工程前的2005年增长123%；全市专利申请量和授权量分别为21654件和20397件，均跃居广东省第二位。到2017年，东莞已拥有高新技术企业4058家，数量居全省第一位；R&D占GDP的比重为2.48%。

5. 加强城市文化建设提升城市文化软实力

文化是一个城市发展的重要动力源。为了弥补作为一个从农业县发展起来的城市文化短板，东莞把城市文化建设放在一个非常突出的位置。东莞的文化建设可从两个大的方面来看。其一是文化设施建设或者说"工程"建设。早在2001年，东莞市委、市人民政府就提出要以抓经济建设的劲头抓文化建设，强调要以实施学习型城市创建工程、现代市民塑造工程、城市亲和力工程、城市文化品牌打造工程、现代传媒建设工程等"五大工程"为抓手，打造"三城一都"（图书馆之城、博物馆之城、文化广场之城、音乐剧之都）。2010年，东莞又提出了"建设文化名城"的战略，计划用10年时间，把东莞打造成全国公共文化服务名城、国家历史文化名城、全国现代文化产业名城和岭南文化精品名城。这些提法和举措体现了东莞人在经济快速发展后对提升城市文化的迫切愿望，也对东莞文化发展产生了极大的促进作用。近年来东莞市、镇两级的公共文化服务体系建设，已初步构筑起东莞作为一个现代城市的基本设施，充盈了城市文化内容，让公众能够便利地享受到政府的文化服务，丰富了基层群众文化精神生活。

其二是观念形态的文化建设。传统东莞文化呈现出务实、包容、厚道、敬规等鲜明特征，快速推进的工业化和城市化，改变着城市的文化观念和文化生态，如何弘扬传统东莞文化，吸纳外来流动人口群体中的优秀成分，整合为东莞新的城市文化，是东莞文化发展的重要课题。为此，东莞于2006年即组织全市社会各界广泛讨论，提炼形成了"海纳百川、厚德务实"的城市精神，其内涵较好地吻合了东莞的人文传统、开放的气魄、包容的胸怀，也较好地体现了东莞人的价值追求。在城市形象整体宣传上，东莞以"每天绽放新精彩"向外推介东莞。这个宣传语融会了"创富""创梦""创造""幸福"等精神元素，展示了城市的核心价值"活力"。东莞的城市精神和核心价值提炼得到了市民的较高认同。通过这些观念文化的构建与宣传，东莞城市凝聚力、市民对城市的认同感及城市的美誉度得到了显著提升。

经过近十年的转型，东莞经济构成、社会结构、文化品质、生态环境等在渐次的量变中酝酿着质量的跃升，可望迎来一个高质量发展时代。

五　东莞模式面临的挑战与转型思路

东莞模式转型已卓有成效，但要说转型完成却为时尚早。东莞正处于从传统社会向现代城市转变的关键期，要迈上社会主义现代化新征程，还面临着诸多发展不平衡不充分的突出矛盾和问题。这也是一个矛盾交错的阵痛期：一方面是传统模式的后遗症还未消除，特别是由于制度惯性形成的对传统发展路径的依赖；另一方面，东莞经济社会各领域呈现一些显著的短板，不平衡不充分的发展已成为东莞向高水平跨越必须解决的问题。

（一）东莞城市转型发展新要求与传统模式的深层矛盾

从发展主体看，传统东莞模式是以村集体为开发单位、以乡镇为基本统筹单位的相对分散化的开发格局，"股份合作制""市直管镇"等恰恰是与这种分散化的开发格局相适应的制度形式。在早期，正是这种分散的发展格局，为东莞吸纳资本、要素与市场机会提供了巨大的社会动力与灵活性。同时，传统东莞模式本质上是一种要素驱动型的工业化类型，其发展关键是要能够实现土地、基础性公共物品的低价供给，而当时分散化的利益分配模式与经济开发模式、行政管理体制，与要素驱动型的工业化模式是相匹配的。而转型到目前，东莞已日益脱离简单的要素驱动这一粗放型的工业发展模式，经济发展渐次从粗放型、外延型向集约型、内涵型转型，后一类型的发展方式日益需要以城市整体作为经济发展的依托，以供给大规模的、复杂的公共物品，为经济发展提供配套性的且高效的、高水平的、专业化的政务、决策、技术、智力等服务体系。经济发展进入集约性阶段，需要更为集约的经济开发单元、经济统筹单元。正是在这一新的经济发展格局下，东莞模式原有的分散化的土地开发模式、行政体系、零散化的公共服务供给变得不再适用，甚至严重制约了城市经济的发展。也正是在经济转型的需求下，东莞的经济体制、行政体制、城市体制的改革方向也必须从分散化的格局向更为集中的格局转型，需要政府管理与发展体制上的统筹能力，以及公共物品与公共服务供给上的统筹能力，改变原有的以集体为单位的分散化的利益分配与发展格局，为更高水平的城市化、市场化和工业化提供支撑。如果不突破传统模式的制度框架，摆脱对传统发展路径的依赖，东莞模式转型就难以完成。

（二）制约东莞发展的主要短板

1. 人力资本不足

城市的人力资本是城市发展的最重要基础，一个城市的人口整体素质很大程度上决定其经济结构、文化水平、城市品位等。东莞的人口构成有两大基本来源，一是东莞本地"洗脚上田"的农民，二是外来全国各地的"农民工"。虽然农民工在城市化过程中文化水平和文明素养会有一定程度的提高，而且近年来进入东莞的"新生代农民工"相对老一代农民工文化程度总体也提升了不少，但这些进入东莞的外来务工人员总体学历层次和文化程度在全国同龄人中还是显著偏低的，东莞人口统计数据显示，东莞在岗人口中初中及初中以下文化程度的仍然超过60%，东莞很大程度上仍然是一个"打工城市"，吸纳的创新型人才较少。在人才观念上，东莞还有一个普遍性的认识误区就是对人文社科人才的轻视或忽视。东莞近年来出台的多项有关人才吸引、奖励的政策，均把人文社科人才排斥在外。东莞的人文社科人才规模小，比较弱势，对城市的决策影响力不够。整体看，东莞的人文社科人才与其城市现代化水平、要求和趋势显得极不匹配。

2. 管理体制与城市发展不适应

东莞在1988年由原东莞县级市直接升格为地级市，行政级别升格了，但镇（街）一级的基本框架没有大的变动，行政架构实质上还是"县级"格局。这种体制在初期对降低管理成本、提升行政管理效能起到了重要作用，相当于享受了地级的权限，而地级行政指令又可直接传导到镇（街）一级。但随着东莞经济体量和社会容量及管理事务的不断膨胀，由市一级管理33个庞大的经济体［32个镇（街）+松山湖高新技术产业园区］已显得力不从心，只能把相当部分职能和权力下放，为此，2001年东莞专门进行过"扩权强镇"改革。而改革过程中从承接职能和权力镇（街）一方看，由于受镇级政府机构和人员编制限制，难以实现有效的和专业化的管理，特别是在城市规划与建设方面，过于分散的城市格局和低水平的重复建设使东莞与现代化大都市建设格局要求甚远。

3. 公共服务对流动人口覆盖还存在较大缺口

对居民提供公共服务特别是基本公共服务是政府的基本职责。但庞大的外来务工人员流入使东莞很难单纯通过自身的财力来解决流动人口的公共服务问题。比较突出的是义务教育、基本公共医疗等问题。以教育为例，虽然近年来东莞在教育方面不断加大投入，不断增加对流动人口子女的公立学位供给，在全部义务教育学位中80%以上的供给了流动人口，但流动人口公立学位仍然存在巨大的缺口，目前义务教育供给对流动人口覆盖不足40%，超过六成的外来务工人员子女不能享受公立教育，不得不缴纳较为昂贵的学费去民办学校就读。

4. 城市基础设施建设格局不足

一个城市的基础设施建设是城市发展的"硬件"，城市基础设施应当与城市的人口规模、经济发展要求相适应，能够较好满足城市经济社会文化发展需要，便利于市民生活。相对于40年前的东莞县，今天东莞的城市建设已是"面目全非"，但东莞城市基础设施与其千万级的人口规模、庞大的经济体量及日益增长的市民需求相比，则显得越来越不适应。东莞城市基础设施建设格局和管理思维总体上还没有完全摆脱"县域"型格局和管理思维，城市建设与规划理念、公共交通、服务设施、管理水平等与现代大城市发展要求还有很大差距。

5. 文化软实力不强

城市软实力包含多个方面的元素，城市价值观整合、形象（美誉度）、发展理念、人文社会科学发展水平等是其重要支撑。东莞文化软实力不强表现为以下两个方面。一是社会融合和文化整合还不够。社会融合体现在不同群体的社会交往无障碍性、活动共同性、参与的主动性等方面。东莞市统计部门的调查显示，新莞人"经常参加"所在社区（村）组织活动的仅为3.5%，"偶尔参加"的为31.9%，64.6%"没有参加过"。这表明东莞外来务工群体在东莞的社会交往、活动的参与性等还非常低。二是发展理念的封闭性、保守性。东莞人崇尚厚道包容，凡事凡人尽管往好里说，对讲问题比较忌讳；一些政府部门甚至把本应对社会公开的信息也当成保密材料，怕公开后产生"负面影响"，使得一些问题难以被正视和解决。从城市文化特质看，农业文明仍然是东莞的文化的底色和基调，经济的开放性特别是市场的开放性与其传统农业文明遗存的封闭性、保守性，使这个城市呈现出特有的文化二元性、矛盾性；前30年发展的巨大成功使这个城市产生强烈自豪感的同时也伴生出某种程度的自满感、自负感、偏执感，以致满足现状，固守成见，不太容易正视问题，创新意愿不强，创新动力不足。

6. 社会发展的关键性动力显疲软

党政干部是经济社会发展的决策者、组织者、引领者和关键性动力。东莞党政干部在推动经济社会发展中发挥了至关重要的作用，毋庸讳言，他们也是经济社会发展的受益者和重要的财富群体。在东莞发展的早期，干部有制度化的利益激励，有基于对市场机会把握的个人投资获利，还有部分"灰色收入"。这些获利方式和收益在当时具有合理性而且较普遍，但用今天的标准来看，有些已是违规，有的甚至违法。今天，国家公职人员在国家政策法规规定的工资收入以外，已没有额外的利益激励。在这种情况下，相当部分干部失去了改革创新的动力，呈现精神疲软之态。

（三）东莞模式转型跃升的基本路径

2018年，东莞提出建设"创新型一线城市"的目标，应当说这是符合东莞城市转型发展要求的。要实现这一目标，东莞需要遵循现代化城市发展要求并对标世界一流城市，谋划建设未来东莞城市基本设施，对城市功能进行科学布局。需要重点考虑以下设施和规划：经济发展设施体系、城市基础设施特别是现代城市交通体系、城市公共服务供给体系、城市社区治理体系、城市生态环境体系。具体思路如下。

1. 着力推进产业转型升级，构筑起能够吸引、容纳先进产业的经济设施和服务体系

以先进制造业、现代服务业、新能源新材料及新一代信息技术等战略新兴产业逐步替代东莞传统产业；产业空间布局上，要从根本上打破镇街

诸侯经济格局，在更高层面上规划经济发展，突破经济发展的区域界限和束缚，形成以优势产业、支柱性产业为主导的新经济地理格局。

2. 以千万级人口现代城市格局规划城市基础设施建设

重点是加快建设城市轨道交通、公共交通、城际轻轨、空港交通及相互接驳通畅的城市交通体系。要从根本上改变以镇（街）间连接主目标、以营利性为动机的公共交通格局，以非营利性公共产品理念、以城市功能性人流交通为导向规划建设东莞城市公共交通系统；要用特大城市级的铁路站标准加快东莞高铁站改造提升，高铁虎门站宜更名为"东莞南站"；调整完善城市轨道交通格局，并加快建设进度；启动谋划建设东莞商务机场。

3. 以"移民社会"管理思维规划城市公共服务供给体系

"移民社会"的基本管理思维是实现政府公共服务对常住人口的全覆盖。而目前东莞在对流动性常住人口的公共服务供给方面还存在巨大的短板和压力。以比较突出的义务教育问题为例，因义务教育属于"纯公共产品"，应该体现无偿性、全覆盖要求，目标应当是让想上公立学校的常住人口子女都能上公立学校。不能以财力不够、学位难测算等借口回避这个问题。要在加大政府投入的基础上，重点争取中央和省关于对"吸纳流动人口较多城市"的财政转移支付政策；要落实义务教育阶段民办教育非营利化的要求。通过多种措施尽快解决公立学位短缺问题。

4. 以现代城市管理要求，重构城市行政体制和社区治理体制

行政体制调整可以说是东莞过去"想办而没办成的大事"。国内外一些比东莞规模大或相当的城市一般设8~10个区。东莞如果不进行行政格局调整，以现行一个镇（街）为独立行政体和经济体（"32+1"个小城市）的发展方式，一个镇（街）公务员不足百人，管理水平、资源配置的科学性和效率难以根本提升，也难以有大格局、高水平的规划和管理。比较易行的办法是在目前六个统筹性区域基础上设置六个行政区，行使区一级政府经济社会管理权，参照上海城市管理体制安排，上收原各镇（街）的财政权、规划权等，把原镇（街）政府作为区政府的派出机构、执行机构。

与此相关的还有东莞城市社区治理格局问题。快速推进的工业化已打破东莞传统村落式社区格局，东莞已经整体上非农业化、非农村化，城市社区形态已然初步成型，如果仍囿于传统的村治型格局，难以适应东莞作为一个现代化城市社区管理的要求。以新型城市居民小区为基本主体重构

东莞城市社区及治理体系势在必行。在这方面东莞2012年开始的社区建设实践特别是"样板社区建设"探索已取得重要经验,需要在总结经验的基础上继续推进。

5. 以现代城市文化发展要求,推进东莞文化脱胎换骨式的更新发展,建设创新型、开放型、法治型、包容性城市文化

一是深入实施农民市民化工程,通过对农民进行文化教育、知识技能培训、思想更新等持续提升农民文化程度、城市意识、法治观念。二是进一步实施产业工人素质提升工程。可以工人文化宫为主载体和平台,并在各镇(街)(如行政区域调整后应当是相应的"区")设立分馆、分平台,形成以工人文化为主要内容的公共文化服务体系,让数以百万计的产业工人、市民成为文化活动参与的主体。三是实施企业家文化和创业文化建设工程。改革开放以来东莞涌现了一大批企业家,成为东莞发展的中流砥柱。东莞企业家以低调、务实著称,为弘扬东莞企业家文化和创新文化,需要政府和社会把关注的焦点更多地对准企业家,让企业家走到社会的前台,总结其成功经验,传承其精神,使他们成为社会的明星,激励新一代青年人创业创新。四是以人才集聚为引领,推进城市人口素质的整体提升,构建合理的现代城市人口结构。东莞知识阶层规模比较小、相对弱势。东莞近年来出台的人才政策配套性、可达性还不够,需要调整完善。要下大力气补齐东莞的人文社科人才的短板,扶持城市智库发展,为城市决策提供智力支撑。

6. 把干部人事制度改革的有关要求措施落到实处,形成贤者上、平者让、庸者下的机制和争相干事创业的环境

目前,相当部分干部面对东莞新时代的发展形势、问题认识不够,缺乏提出新思路、解决新问题的能力、意志力和担当精神;少数干部的水平、能力乃至境界、精神面貌等,与其岗位角色要求严重不匹配。需要健全更科学、公平、开放的选人、用干部的机制,让德能与岗位匹配,形成对干事创业者有效激励的用人环境。

参考文献

[1] 迟福林、傅治平:《转型中国——中国未来发展大走向》,人民出版社,2010。

［2］贺雪峰：《新乡土中国》，北京大学出版社，2013。
［3］中共东莞市委政策研究室编《东莞转型》，人民出版社，2010。
［4］孙霄汉：《东莞模式的成就、挑战与未来》，《广东行政学院学报》2009年第1期。
［5］王道平主编《东莞30年——一个沿海开放地区建设中国特色社会主义的成功实践》，广东人民出版社，2008。
［6］何雪松：《社会问题导论：以转型为视角》，华东理工大学出版社，2007。
［7］戴宏伟：《国际产业转型与中国制造业发展》，人民出版社，2006。
［8］周薇、田根胜、夏辉等：《铸就城市之魂——东莞文化软实力研究》，广东人民出版社，2008。
［9］陈立平：《东莞改革发展研究》，中共党史出版社，2008。
［10］邓宇鹏、王思煜主编《2009年东莞城市发展报告——金融危机下的产业升级和社会热点》，中国经济出版社，2010。
［11］达蕃钦：《推进基本公共服务均等化研究》，广东人民出版社，2010。
［12］中共东莞市委宣传部、东莞市社会科学界联合会、中共东莞市委党校合编《推进双转型、建设新东莞》，2007。
［13］陈健秋、孙霄汉等：《东莞社会管理创新研究》，广东人民出版社，2012。
［14］东莞市统计局编《跨越——数说东莞改革开放30年》，东莞市统计局，2008。
［15］舒元：《广东发展模式——广东经济发展30年》，广东人民出版社，2008。
［16］蒋兵、梁桂全：《敢为人先——广东改革开放30年研究总论》，广东人民出版社，2008。

（课题组成员：孙霄汉、刘晋飞、郑超华、万磊、袁淑贞）

运用大数据加强市场监管

——以东莞为例

内容提要：加强市场监管是深化"放管服"改革的必然要求，是推进经济高质量发展、实现治理能力现代化的重要举措。要积极探索大数据、云计算等技术在市场监管中的运用，构建监管部门、主管部门、行业组织、经营者、消费者等多元主体参与的社会共治体系。本部分以东莞市为例，分析了市场监管面临的新挑战、大数据运用于市场监管的技术逻辑及积极影响，介绍了东莞在运用大数据加强市场监管方面的实践探索，提炼其经验及启示、分析其问题与短板，最后提出了统筹规划后续改革、加强数据的全方位归集与共享、提高数据质量、建设完整规范的数据库及数据仓库、完善模块功能、加强数据安全管理、加强人才队伍建设、加强与第三方平台合作等建议。

关键词：治理；现代化；市场监管；大数据；东莞实践

进一步加强市场监管是深化"放管服"改革的必然要求，是推进经济高质量发展、实现治理能力现代化的重要举措。国家市场监管总局提出，要积极探索"互联网+监管"，充分利用大数据、云计算等智慧监管手段，整合监管信息平台，逐步构建监管部门、主管部门、行业组织、经营者、消费者、群众共同参与的社会共治体系，建立"用数据说话、用数据决策、用数据管理、用数据创新"的监管新机制。东莞作为率先在全国进行商事制度改革的地级市，从先行试点到样本示范，其探索结果得到国务院的通报表扬，并作为唯一一个地级市代表参与全国商改方案的起草。其中，"大数据市场主体监管新模式"作为全国构建开放型经济新体制综合试点试验首批典型经验在全国复制推广。

一　商事登记制度改革后东莞市场监管面临的新挑战

东莞推行商事制度改革，践行"宽进严管"理念，释放改革红利的同时，也带来了对监管的新挑战。

（一）市场主体快速增长与监管力量不足矛盾突出

东莞在没有地方立法权和现成经验可借鉴的情况下，在现有体制框架下进行"微创式"改革，摸索出一条独具特色的改革路径，形成了便捷登记、审批提速和协同监管"三位一体"的商改体系，用政府的"权力减法"和"责任加法"，换来了"市场乘法"，改革红利层层叠加并充分释放，最直接、最显著的成效是激发了市场活力。商改推行六年来，东莞市场主体连续保持10万户以上级别的增长，且增幅呈直线上升趋势。2013年新登记市场主体10.6万户，到了2016年，新登记17.39万户，2017年达到22.3万户。截至2018年10月底，全市实有各类市场主体112.79万户，同比增长17.15%，实有各类企业49.08万户，同比增长23.37%，个体工商户63.64万户，同比增长12.79%。市场主体总量和新增量、企业总量和新增量均位居广东省地级市首位。统计数据显示，东莞的市场主体从50万增长到60万，用了3年时间；从60万到70万，耗时16个月；从70万到80万，耗时10个月；从80万到90万，耗时9个月；从90万到100万，仅6个月就完成了历史性跨越。市场主体呈井喷式增长，但监管人员数量并未相应增长，监管人员履职压力与日俱增。以大朗工商分局为例，32名干部职工、6辆执法车辆，需负责对5万余市场主体的监管，监管力量严重不足。

（二）传统监管思维与当前市场监管要求不匹配

第一，商事登记制度改革前，对市场主体重审批轻监管，在前端设置一系列门槛和条件，但后端的监管却比较宽松。商事登记制度改革后，前端门槛放开，工作重点需落在后端的监管与服务，由重在管资质转变为重在管行为，更加注重对其生产及经营行为的监管。

第二，商改前，市场监管部门重在巡查是否有注册资本抽逃、超范围经营等情况；商改后，对监管执法的要求逐渐转向为对产品质量的把关、对知识产权的保护以及对垄断与不正当竞争行为的规制，其本质是增强对企业的服务。

（三）传统监管手段与日益复杂的市场环境不相适应

一是传统监管依靠人工监管，容易受制于监管力量和监管人员知识结构等因素的局限。传统监管主要采用"人盯人"、排查检查的监管方式，监管数据的采集量有限，真实度及精准度不够，数据难以实现动态更新，监管底数不清、手段不足的情况较为突出。而且受制于监管人员知识结构和专业能力、技术设备等的制约，更多的是形式大于内容的走流程检查，监管部门屡屡陷入"按下葫芦浮起瓢"的尴尬境地。二是随着经济社会的不断发展，新技术、新模式、新业态不断涌现，各类市场主体的设立和经营行为越来越多地从线下转移到线上，违法行为更加隐蔽，如互联网虚假广告、微信传销等，给市场监管带来新的挑战。在传统经济模式下，往往由特定生产者在特定场所组织特定生产要素，通过特定的生产流程，制造出特定的产品。要素与流程相对固化，往往只需对生产者进行身份认证和许可，对生产场所进行规范，对产品质量严格把关，即可比较顺利地完成监管任务。而当前活跃于线上的市场主体，其生产者、生产场所、生产要素、生产流程以及产品与服务都难以在事前确定形态和边界，传统的经营者身份核准、业务范围限定和产品形态界定等监管手段无法完全发挥作用。当前的监管还面临一个新问题：为减少对合法经营企业的干扰，切实减少对经济微观领域的直接干预，国家要求采取"双随机、一公开"方式监管，每年抽查比例不低于5%，抽查结果在国家企业信用信息公示系统公示。但"双随机、一公开"只是日常监管，抽查面小，且目前只针对市场主体中的企业，东莞市场主体总量已迈入"百万户时代"，企业超过50%，对企业个体而言，抽中的概率非常小，实际上对企业的威慑力并不大。如何消除监管盲区？如何倒逼企业提高自律性？这都是传统监管模式所遇到的难题。

（四）合力不足影响监管效果

部分社区（村）、部门对商改认识不足或存在误解，认为商改（尤其是"先照后证"改革）减轻了工商部门的工作量及责任风险，却增加了他们的工作负担，减损了他们的利益及权力，因此对改革存有抵触，造成合力不足，影响监管效果。比如，部分社区（村）协管队伍对市场主体的检查存在敷衍的情形，实地检查不认真，反馈结果不准确不及时等，直接影响其他后续监管部门的监管效力和效率。再如，市协同监管平台以工商部门登记信息为基础，其他部门监管信息较少，部门之间信息共享不顺畅，"一处失信，处处受限"的信用监管无法落到实处。

二 大数据运用于市场监管的技术逻辑及积极影响

传统监管靠人，新型监管则需要靠大数据。用大数据为监管赋能，形成"用数据说话、用数据决策、用数据管理、用数据创新"的监管新机制。

（一）大数据运用于市场监管的技术逻辑

1. 大数据及其特征

根据 2015 年 8 月国务院颁布的《促进大数据发展行动纲要》的界定：大数据是以容量大、类型多、存取速度快、应用价值高为主要特征的数据集合，正快速发展为对数量巨大、来源分散、格式多样的数据进行采集、存储和关联分析，从中发现新知识、创造新价值、提升新能力的新一代信息技术和服务业态。业界普遍认为大数据具有 Volume（海量性）、Variety（多样性）、Velocity（高速性）、Value（低密性）等"4V"特征。关于海量性，大致认为是具有 PB（至少达到 TB）规模的数据才能称为大数据。多样性是指大数据类型多样，既包括结构化的（SQL 等传统数据库）数据，也包括文档、图片、XML（可扩展标记语言）、HTML（超文本标记语言）、图像和音频及视频信息等在内的非结构化数据和复杂数据。高速性指传统信息技术手段难以有效处理，对数据处理和响应速度要求较高。低密性指大数据价值大、密度低，对于大量的数据不可能在短时间内分析，但蕴藏巨大价值，需要"沙里淘金"，从中提取有价值的信息。

2. 大数据运用于市场监管的技术逻辑

大数据运用于市场监管，是通过多元化的数据融合、应用模型的建立、知识能力和服务能力的支撑来实现。数据融合：大数据体系下的数据融合并非简单的数据堆叠，而是能实现多源异构数据的汇聚，形成面向应用的专业化元数据集市。通过汇聚工商数据（工商登记基本信息、变更信息、投诉举报信息、案件信息）、族谱信息、其他行政部门数据（经营许可、资质认证、体系认证、产品认证、荣获奖项、欠税信息）、企业经营信息（产品信息、项目信息、资金募集信息、推广宣传信息、招聘信息）、知识产权信息（专利信息、商标信息、网站信息、软件著作权、作品著作权）、司法信息（法院诉讼、失信人）、网络舆情信息（新闻报道、论坛、微博、微信、行业垂直网站评价）等，构建企业全景多维画像，将企业信息全方位展现出来，为模型构建提供数据支撑。应用模型：应用大数据挖掘算法、工具，根据应用场景设计模型数据边界、元数据阈值、权重等，构建业务应用模型。知识能力：基于模型实现对业务的研判与预测，提供 BI 分析、智能报告、AI 辅助等知识系统，实现可视化、模块化、系统化的支撑能力。服务能力：通用类服务包含数据统计、分析报告、趋势监测、异常预警；研判类服务包含辅助决策、动态预测、全局研判；智能类服务包含智能画像、关系探寻、靶向性精准驱动；共享类服务包含数据共享、应用共享、能力共享、成果共享。

3. 支撑大数据运用于市场监管的信息系统架构

支撑大数据运用于市场监管的信息系统架构主要包括以下四方面：采用物联网技术建设移动工作支撑环境和无边界工作模式；实现外勤人员与办公室人员的协同工作环境；利用大数据技术实现监管数据的智能检索和外部数据关联分析；后期基于人工智能平台实现市场监管业务的智能化建模和应用。体系架构如图 1 所示：由客户端层、应用层、大数据分析与 AI 层等组成。客户端层主要包括移动端业务处理系统和应用层的用户接口。移动端业务处理系统主要包括经济户口管理、政策法规、任务管理、移动办公四大模块。应用层即业务处理管理平台由管理人员使用，用户接口为纯 HTML，它是移动端业务处理系统的数据支撑，完成系统中有关数据的维护、统计、分配等功能。大数据分析与 AI 层为本系统的"大脑"和数据存储层。该层提供大数据存储、计算、分析、机器学习服务，主要对大量元数据清洗、挖掘分析（见图 2）。

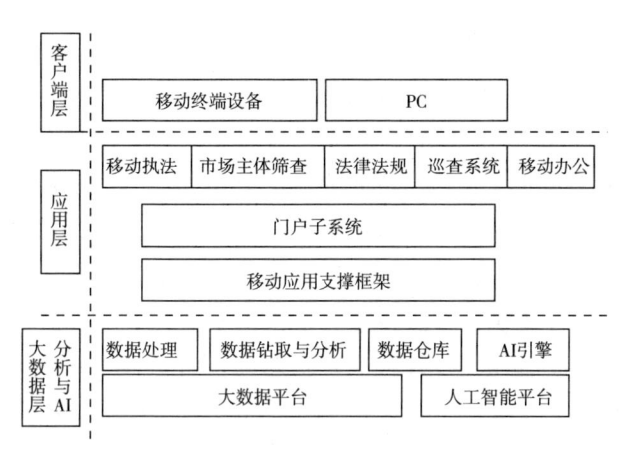

图 1　支撑大数据运用于市场监管的信息系统架构

（二）大数据对市场监管的积极影响

在大数据的支撑下，动态监管、协同监管、风险监管、信用监管等模式将弥补传统市场监管模式的弊端，市场监管朝着精细化、协同化、共治化、预见型方向发展。具体而言，将带来以下积极影响。

1. 可更新市场监管思维

大数据运用于市场监管，将由注重因果关系转而关注相关关系。在市场监管活动中，大数据本身并不能做出任何预测，在充分分析某类案件的基础上，通过给关键信息"贴标签"、提炼出"相关性"来寻求突破口。某一事件高概率出现往往预示着另一种相应事件的出现，数据系统分析寻找并抓住有价值的相关信息，以此能够精准预测某些企业行为。例如某企业大量招聘与其合法业务明显不匹配的人员，或发布了违犯相关法律法规的宣传广告，系统可通过这些信息提示确定为高危企业，从而提高事中事后监管的时效性和靶向性。简单来说，就是借助大数据的分析，监管部门不需要知道企业为什么违法，而只需关注哪类企业更容易违法、哪类经营行为更容易产生风险。监管者可放弃过去常用的经营者身份核准、业务范围限定和产品形态界定等手段，转为实行底线式监控和园丁式管理。一方面，能及时锁定已明晰的各种风险点，另一方面，避免过当严管，让市场主体自由发展、平等竞争，让诚信守法主体有做强的动力、做大的空间，激发经济活力，从而破除"一管就死，一放就乱"的两难困境。

2. 可消除信息不对称

信息不对称是监管中的最大痛点。从博弈理论视域来看，市场主体与政府、政府与社会公众、经营者和消费者之间，由于信息不对称导致彼此信任度降低，从而形成非合作博弈模式。具体表现为：一是经营者之间出于自身利益考虑采取价格战、商业诋毁等恶性竞争行为；二是由于经营者与消费者之间处于信息不对称地位，经营者采取销售假冒伪劣商品或者虚假宣传等行为侵害消费者合法权益；三是由于监管者与经营者之间也处于信息不对称状态，加剧了经营者的投机心理；四是政府部门之间为追求本部门利益的最大化，在信息壁垒重重的情况下，产生各自为政、多头管理、互相推诿等问题。从市场主体（经营者）的角度而言，在博弈中，其诚信策略的确立与否主要取决于以下两个因素：第一，信息是否完整。如果博弈双方处于信息对称状态，即处于完全信息博弈状态，则交易相对方能基于完全理性做出策略选择，并且能够根据一方的行动及时调整策略。此时，经营者只有选择诚信才能有利可图。第二，失信成本。在交易过程中，经营者在诚信和不诚信之间进行博弈，当选择诚信获取的利益大于选择不诚信时，经营者就会自律守法、诚信经营，反之，经营者就会选择不诚信。如果惩罚的力度足够大，并且这是双方的共同认知，惩罚又是可信的，那么即使是一次性的博弈，也会形成双方都选择诚信的纳什均衡。大数据的运用，有利于打破信息不对称，提升博弈过程的透明度，提升市场主体违法成本；借助大数据完善市场主体信用体系，用重复博弈取代一次性博弈，提高诚信策略的收益预期，让诚信成为大多数市场主体选择的稳定策略。这样，即使市场中存在少数不诚信市场主体，为了确保自己不出局，经营者最终也会选择诚信策略；大数据运用于市场监管，实现全程动态性、广覆盖性以及系统模块的自动分析与甄别，可有效消除监管盲区。

3. 可增强监管合力

一是增强政府监管部门合力。信息的互联互通及数据的价值重现将不断提升信息数据的使用效能、效益和效率，推动部门协同与合作，构建一体化的跨部门协同治理体系，实现无缝对接。此轮党和国家机构改革是非常好的契机，在机构及职能方面构建了更加科学的大市场监管体系。接下来，构建市场监管大数据资源体系将更加顺畅，从根源上解决监管资源碎片化问题，形成监管合力。二是增强社会力量与政府监管部门合力。通过数据公开、信息公示等手段，建立社会共治体系，为"社会监督"提供途径，利用社会化监督取代单纯的行政监督，形成信息充分共享的全方位监管，倒逼"企业自律"，将企业对政府负责转变为企业对社会负责。如此，以信用监管体系为纽带，大数据监管模式构建起全过程、立体化的监管体系。"纵向"构建全过程监管链：从资格监管、行为监管、专业监管、消费维权四大监管领域开发应用，实现对市场主体从准入、经营到退出的全过程监管覆盖。"横向"构建社会共治的监管维度：联合多个监管部门，引导社会力量，形成"企业自治、行业自律、社会监督、政府监管"社会共治的市场监管体系。

4. 可解决监管力量落差问题

即解决有限的监管力量和海量的监管需求之间的不对称。问题导向下的大数据监管模式仅对通过数据分析筛选出来的异常市场主体进行实地检查等重点监管，监管任务大大压缩，将大量的监管资源从对市场主体登记事项的浅层次检查中解放出来，监管力量可重点投入查处侵害消费者权益、不正当竞争、商标广告违法等核心职能中来，对市场主体的经营行为进行深层次监管，实现小队伍对大市场的精准、高效监管，既是市场主体不断增长，该监管模式也可持续。

5. 可降低监管成本

任何形式的监管必定产生一定的成本：直接成本及间接成本。大数据的运用可从以下几方面降低成本。第一，可使与市场主体相关的数据和信息成为公共财产，供所有监管主体使用。第二，通过跨部门的信息共享与整合、监管上的协同与联动，减少人力、财力、物力以及时间等各种政府管理要素的支出，直接降低监管成本。比如年报问题，各地工商和市场监管部门每年都要花费大量精力和资源督促企业报送年报，如果通过对企业年报数据深入分析，掌握企业年报与企业年龄的关系、参报企业与失联企业的关系、企业历次报送年报的时间规律等信息，对未及时报送年报的企业进行筛选排序，可以极大提高年报督报的靶向性，减少资源过度投入。第三，可降低因多头执法造成的轮番检查、轮番收费、层层审批等社会成本和企业成本。第四，可极大地提高市场监管有效性，营造健康、有序、诚信的市场环境，既能充分保障消费者的知情权，也可降低交易双方彼此监督合同履行的成本。

三 运用大数据加强市场监管之东莞实践

2012年12月,东莞市全面启动商改,紧抓"宽进"与"严管"两个关键词。商事登记制度改革的成功,市场主体井喷式增长,"宽进"改革效果显现,极大地激活了市场活力。但随之而来出现了新的监管难题,倒逼东莞在后续监管方面进行紧锣密鼓的探索与创新。经过几年的探索,东莞市以网格化为基础、以"互联网+"为牵引,形成了"平台+应用"的新型市场监管模式,建立了以信息归集共享为基础、以信息公示为手段、以信用监管为核心的新型市场监管机制。即以东莞市政务信息资源共享平台为基本载体,开发出全程电子化登记系统、协同监管信息化系统、智慧监管系统(智网工程信息系统)、信用监管系统及东莞市科学市场监管体系数据分析展示平台等子系统,构建了较为完备的市场监管信息化体系。将市场主体工商前端登记到部门、村(社区)后续监管中产生的海量、动态、多样化的业务数据有效整合,并与地理信息关联起来,初步形成了市场监管的基础数据库,并开始探索数据分析应用。下面具体介绍东莞运用大数据加强市场监管的体系框架及运行机制。

(一) 以市政务信息资源共享平台为基础载体

东莞市政务信息资源共享平台是以政务信息资源目录为基础,依托全市电子政务网络而建成的跨部门政务信息共享交换平台。平台通过对各部门政务信息资源的梳理整合,对相关的政务信息资源展开收集、交换、开发、利用,逐步实现了跨部门政务信息资源的集中管理、有序共享和综合利用,形成了全市的"政务大数据汇聚中心",为东莞市各项改革的顺利实施提供基础数据支撑。2010年,东莞市政务资源信息共享平台正式上线资源目录系统;2013年,政务资源信息共享平台二期扩容建设;2014年,政务资源信息共享平台支持信用监管;2015年,政务资源信息共享平台进行三期扩容建设;2016年,政务资源信息共享平台开发上线人口资源共享系统。2017年以来,平台的数据增量平均每天超过10万条。截至2018年9月底,市政务资源信息共享平台共归集了93个部门2161个目录共9.57亿条数据,比是2010年的191倍。各部门、各镇(街)可按需随时下载调用平台上的政务信息平台功能，资源使用率高达90.8%。平台的主要功能如下：一是数据标准管理。由各部门根据自身职能在政务服务与管理活动中产生的信息资源进行分类，确定公开范围与更新频率，编制目录，注册到平台上。二是数据归集管理。各部门把业务中产生的信息资源按照目录与规定的时限，将结构化数据及非结构化数据通过手工录入、Excel导入、前置机交换、接口调用、数据抓取、数据集成、数据填报等方式提供到平台中。三是数据应用管理。提供数据下载、数据推送、资源订阅、全文检索、主题定制、易录入工具、易查询工具、资源展现门户、市场主体发展情况分析、法人信息库、电子证照库、办事过程库、标准地址库、多证联办、信息对外公示、行政许可与行政处罚双公示等多种利用手段。四是数据安全管理。提供数据加密传输及存储、数据脱敏应用、数据数字签名、按角色设定数据利用级别、数据访问日志、旁路数据审计、数据异地备份等工具，实现对越来越多的政务信息资源的安全可控管理，保障各部门放心、安全地将数据归集到共享平台中（见图2）。

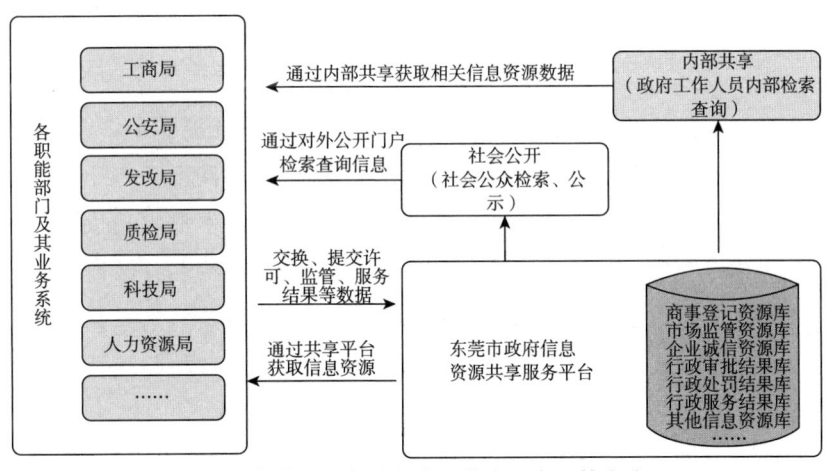

图2 东莞市政务信息资源共享平台运转方式

（二）运用大数据创新准入监管模式

准入监管是对市场主体进行源头管理，在市场主体登记注册阶段进行监管。

1. 实现全程电子化工商登记

全程电子化工商登记，是指申请人登陆全程电子化工商登记系统，依托银行证书进行身份认证，采用全电子表单的形式填报申请资料、提交注册申请，登记机关在网上审核和颁发营业执照的登记方式。东莞自主研发的全程电子化登记系统包括业务登记申请、业务受理审批、电子档案管理、数据异地容灾备份等四个模块。电子化全流程包括 6 个环节（见图 3）：第一步，证书登录。使用银行 U 盾登录系统（系统已接入中国建设银行、中国农业银行、广发银行、东莞农商行、东莞银行、中国工商银行、中国银行等）。第二步，填报信息。智能填报，自动生成 PDF 文件。全部申请文书电子表单化，包括表格、章程、股东会决议、任职文件、住所证明等文件电子表单化。第三步，电子签名。第四步，确认提交。第五步，网上审核。第六步，颁发营业执照。

图 3　全程电子化登记流程

全程电子化工商登记有四个特点。一是便利。系统提供 7×24 小时不间断服务，不论在办公时间还是非办公时间，随时接受网上业务申请。二是简单。系统引导申请人，填报格式化申请资料，自动生成申请表、任职证明、公司章程等材料。三是安全。数字证书进行电子签名，保证签名的有效性和安全性，防范假冒身份、签名等不法行为。四是信息采集规范、完整。整个流程完成后，系统将自动生成电子档案，并自动归档，积淀下大量市场主体基本信息，成为支撑后续监管的大数据基础。

2016 年 3 月 1 日，东莞市工商行政管理局网上审批中心成立，主要承担全市市场主体的全程电子化名称预先核准、设立、变更、注销等登记审批职能。对全程电子化工商登记申请实行一站式审批，为企业和群众提供便捷、高效的登记审批服务。截至 2018 年 10 月，网上审批中心共办理网上业务 89.69 万宗，占同类型业务总量的 90.77%。至少为群众减少往返窗口 200 万人次，平均每天减少约 3200 人次，为企业节约了时间和交通成本。2016 年 11 月，东莞"全程电子化工商登记管理系统"成功入选第二届中国

"互联网+政务"50强优秀实践案例。

2. 实现企业登记注册一网通

企业登记注册一网通是"一站受理、一表填报、同步审核、限时办结、同步发证、分头领取"模式，依托政务信息资源共享平台、市网上办事大厅，建设了多证联办辅助系统，实现外资企业开设的网上联办。具体包括市级权限内外商（台港澳）投资企业批准证书和批复文件、营业执照、组织机构代码证、国税税务登记证、地税税务登记证、社会保险登记证、新设外商投资企业外汇信息登记、财政登记证、海关报关单位注册登记证、检验检疫自理报检单位备案登记证，以及企业公章刻制许可等相关事项的联办，涉及商务局、工商局、质监局、国税局、地税局、社保局、财政局、东莞海关、东莞检验检疫局、东莞外汇管理局等多个部门。具体流程如下：企业在一网通中申请多个业务事项登记备案，共享平台将企业的申请信息传递给各联办的部门，部门即时将办理的结果上传至共享平台，共享平台再将数据推送给一网通，引导企业办理相关事项。

全程电子化工商登记管理系统与市"一网通"系统无缝对接，实现部门间的信息共享与审批联动。

（三）运用大数据创新事中事后监管模式

依托东莞市政务信息资源共享平台，开发了协同监管系统、智慧监管系统、信用监管系统，系统间实现了对接，支撑以协同监管工程、智慧监管工程、信用监管工程为核心的事中事后监管模式。

1. 大数据系统支撑协同监管

2015年9月1日，东莞在全国率先开通"东莞市协同监管信息化系统"，为东莞市商事登记后续监管提供了工作协同平台。该系统依托电子政务外网、云平台和政务信息资源共享平台等政务信息化基础设施进行开发，其数据的共享与交换均依托于东莞市政务信息资源共享平台实现，避免了重复建设，合理提高了现有软硬件基础的利用率。

东莞市协同监管信息化系统由以下七个子系统构成。一是智能推送子系统。系统自动将工商登记的市场主体信息按照设定的监管事项推送给相关职能部门及镇街商改办，以0.5小时为周期。二是信息反馈子系统。信息推送给相关部门、镇（街）后，后者履行监管职责并将监管结果及时反馈至本系统。可手工输入进行逐条反馈,也可与部门业务系统进行对接,实现系统自动实时反馈。三是信息警示子系统。利用提醒警示,有效促进各部门与镇(街)按照预设流程、时限进行后续监管。自信息主动推送到部门开始,至部门为市场主体办理完证照或进行了行政处罚结束,对每个环节均有提醒警示。四是线索移交子系统。各镇级部门、各村(社区)在日常监管中发现市场主体有涉及其他监管部门管辖的违法行为的,将线索上报给镇商改办,由镇商改办按职责分工指定给对应监管部门进行处理,并由接收的监管部门负责反馈回系统。五是报表统计子系统。利用数据展示后续监管成果。各单位按照规定要求进行后续监管后,系统自动利用统计报表、列表、数据归集等数据分析方法,实现工作的全程管理。六是接口管理子系统。考虑系统的成长性,将来必定还需与相关的应用系统进行数据耦合,因此定制了统一标准,开发标准接口。七是效能监察子系统。行政审批电子监察系统与本系统对接,市监察委直接获取系统报表统计功能的数据结果,并在全市进行后续监管效能监测通报。

七个子系统业务流转程序见图 4。

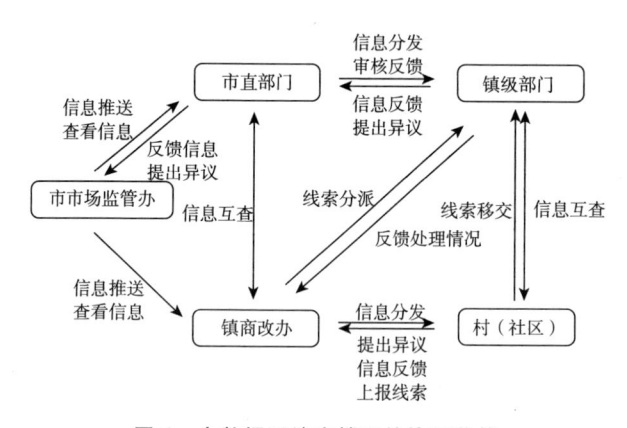

图 4 大数据系统支撑下的协同监管

系统按照"信息互通、协同监管、限时办结"的原则,实现线索线上移交,全程痕迹化管理。截至 2018 年 10 月,系统已覆盖全市 43 个市级部门、33 个镇街(园区)、1003 个镇级部门以及 593 个村(社区),累计推送市场主体登记信息 106.9 万条,收到反馈信息 189.4 万条次。

具体而言,协同监管模式(见图 5)的协同性体现如下。一是加强了部门间协同。商改后,"先证后照"改为"先照后证",负面清单之外的监管事项都由前置审批改为后置审批,这就需要工商的登记注册信息及时推送到其他相关监管部门,才可能使后续监管及时到位。为此,东莞在协同监管信息化系统中设计了一个按关键词推送制度。参照《广东省商事登记后置审批事项目录》,对应全市 43 个后续监管部门进行经营范围、规范用语梳理,形成信息推送关键词,依关键词精准推送,同时设定格式化的反馈选项,明确部门的反馈时限及内容要求,实现双向互动。二是加强了公众协同。建设 12345 政府服务热线,整合全市以"123"开头的特服热线和部门设立的咨询投诉举报固定电话,建立了集话务、网络、掌上 APP、微信和多媒体坐席等多位一体的一站式综合服务平台,为群众提供政务服务咨询、消费维权、经济违法举报和行政效能投诉等综合服务。2014 年 12 月底开通,至 2018 年 10 月,接听来电 620 万个,日均接听 4492 个。

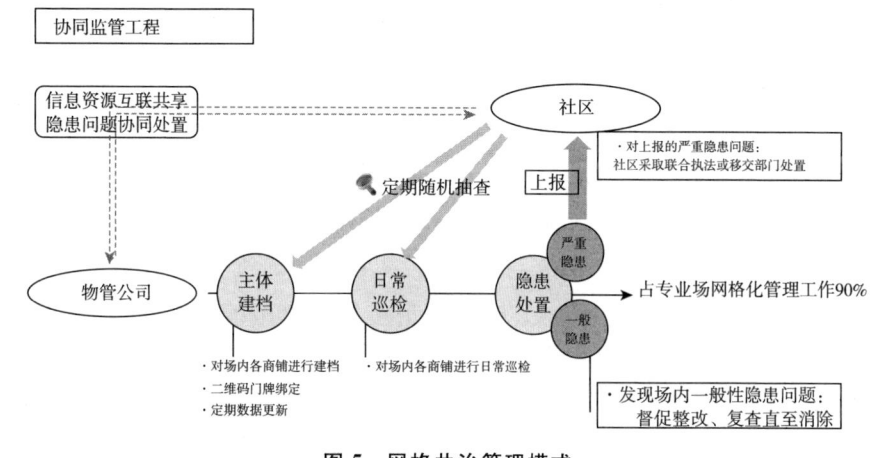

图 5　网格共治管理模式

2. 大数据系统支撑智慧监管

协同监管信息化系统畅通了市、镇、村(社区)的纵向监管信息流、部门间的横向监管信息流,但基层的"毛细血管网"即采集信息、发现问题线索的"触角"还不够密集和灵敏。面对日趋庞大的市场主体增量,原有的市场监管协管员力量不足,东莞市"智网工程"的建成,及时弥补了这一短板。"网格化管理、信息化支撑、精细化服务、法治化保障"特质,使得"智网工程"成为社会治理新模式的基本载体。

系统介绍：一是建立了统一的指挥调度系统和网格工作系统。建成市指挥调度中心1个、镇街（园区）指挥调度中心33个、村（社区）指挥调度工作站593个，建立起市、镇、村（社区）三级指挥调度平台。将全市593个村（社区）划分为2958个基础网格。

二是建立统一的运行机制。成立网格化管理运行机构，提供相应的人员、经费等保障，整合现有网格员队伍，建立相对稳定的专职网格信息员队伍，整编到位网格员9756人。对人员统一培训、信息统一采集、系统统一管理，实现市、镇街道、村（社区）、网格等四级联动。将不同职能部门之间的入格事项进行整合，实现"平台统一、标准统一、资源统一、保障统一"等四个统一。建立了"有人巡查，有人报告，有人负责，有人解决"的闭环运行机制。2017年12月4日东莞市商改后续监管正式对接融入"智网工程"，初步融入"4+2"事项，即市场主体登记地址信息核查、开业经营情况核查、许可办理情况核查、无证照经营线索巡查与督促年报、亮照经营。地方机构改革工作完成后，将逐步融入三局合一后的市场监管事项。全市9756名网格员充当起商改后续监管的"哨兵"和"服务员"，利用手机APP接收商改后续监管巡检任务，履行信息采集核查、问题发现上报、政策宣传引导、简易问题处置等职责。其业务流程如下：市场主体办理设立登记、变更地址或经营范围后，1小时内登记信息推送至属地村（社区），由社区调度员分派到具体网格。村（社区）网格员通过手机APP接收监管任务，10个工作日内上门实地首检。发现市场主体存在地址不符、无证经营等违法行为，网格员将有关情况录入系统，并派发书面告知书，提醒经营者限期改正有关问题，10个工作日内再次针对问题进行复查。日常巡检中发现网格内存在其他无证照经营线索，也将通过手机APP实时采集上报，并进行前期政策宣传和引导办理。当网格员完成"首检+复检"规定流程后，问题仍旧没有得到解决，由村（社区）组织处置队伍联合处置。若问题仍不能解决，属于地址类、一般行业无照经营线索者，由系统智能推送至工商部门跟踪处理；属于许可行业的无证无照经营线索，按照"谁许可，谁监管"原则，推送至各后续监管部门处理。截至2018年9月底，东莞"智网工程"信息系统共向各镇街（园区）推送监管任务27.67万条，已反馈27.25万条，反馈率98.52%。网格员通过APP登记日常巡检发现的无证照线索2.16万条。

具体流程见图6。

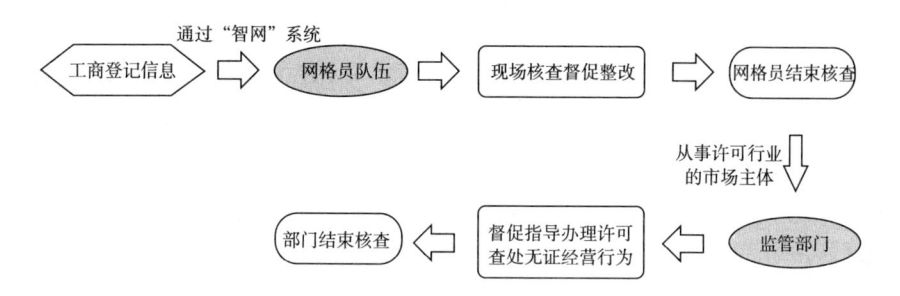

```
工商登记信息 →(通过"智网"系统)→ 网格员队伍 → 现场核查督促整改 → 网格员结束核查
                                                              ↓(从事许可行业的市场主体)
部门结束核查 ← 督促指导办理许可查处无证经营行为 ← 监管部门
```

闭环工作机制：网格巡查员采集上报、社区处置员先行处理、镇街分类移交、部门协同处置

图6　大数据系统支撑下的智慧监管模式

三是建立数据共享共用服务体系。以市政务信息资源共享平台为依托，将数据信息资源归集入资源共享平台，使数据共享服务在统一平台上实现，各部门之间"信息孤岛""数据烟囱"问题开始破解，真正实现全覆盖、精细化、多元化的管理服务，形成"党政主导""多部门协同""资源共享"的管理服务体系。

四是为基层网格化管理绩效考评工作提供有效的技术支撑，通过信息系统对网格员工作进行不定期检查、抽查、督查，建立健全网格化管理运行考核机制。

五是建立市民上报反馈意见的多渠道机制。建立对外门户网站，通过政策法规、数据统计、自主申报等栏目满足社会公众深入了解、参与"智网工程"的需要；同时建立微信公众号"我是网格员"专栏，提供发现问题、上报问题的渠道。

3. 大数据系统支撑信用监管

2017年5月4日，依托公共信用信息管理系统，东莞构建科学市场监管体系三大工程之一的企业信用监管工程全面启动。东莞市公共信用信息管理系统是在市政务信息资源共享平台上开发的一个重要应用模块，由一套信用目录体系、两个数据处理平台、一个应用服务系统、四个公共信用信息数据库及相关的基础设施和标准规范组成。

东莞市公共信用信息管理系统其业务流程如下：第一环节，各信用信息数据源单位根据信息公示清单向市政务信息资源共享平台提供信用信息。

比如涉企信息，根据《企业信息公示清单》，明确公示项目、信息类别、产生周期、归集时限、公示期限等内容，将涉企信息上传至市政务信息资源共享平台。第二环节，市政务信息资源共享平台对照信用信息资源目录，将提供过来的并纳入目录的信用信息传输至市公共信用信息管理系统数据归集平台前端的原始库中。第三环节，市公共信用信息管理系统数据归集平台对原始库中的增量信用信息进行数据校验、清洗、比对等一系列操作。第四环节，符合系统数据质量要求的信用数据将存储到核心库中，不符合要求的信用数据通过市政务信息资源共享平台返回给数据源单位。第五环节，利用"信用东莞"网实现"一站式"信息服务。一为信用数据的公开公示，主要包括各政府部门可对公众公开的资质许可、行政处罚、失信曝光、优良信誉等。二为数据查询，主要包括企业信用、事业单位信用、社会组织信誉、重点人群信用等信用数据的查询功能，支持用户查询相关信用主体在网站上的所有相关联信用数据。开发应用市企业信用信息公示系统及微信端，对接全国统一数据标准，将企业的基本信息和奖惩信息整合归集记于同一企业名下，面向公众提供"一站式"信息查询、证明打印服务，面向政府提供企业信用信息的应用服务。三为信用相关政策法规、新闻、公共类信息的展示栏目，包括政策法规、信用资讯、镇街信用等。涉企信用信息同时经由市政务信息资源共享平台推送至国家、省、市企业信用公示系统及东莞市网上办事大厅企业专属网页等渠道进行公示。第六环节，信用等级结果运用。对信用等级高的诚信企业，实行"绿色通道""容缺受理"等便利措施，优化行政监管检查安排，优先提供公共服务便利。对失信主体依法予以限制或禁止，对严重违法失信主体实施市场禁入。依据《企业信用约束管理清单》及"信息化+备忘录"的联合惩戒模式，部门间通过签署合作备忘录或联合印发规范性文件等方式建立联合惩戒机制，实现联合惩戒的发起响应、信息推送、执行反馈等动态协同功能。发起部门负责确定联合惩戒实施对象，将失信企业信息按照备忘录的范围共享给各参与部门；实施部门负责对有关主体采取相应的约束限制措施，在业务办理时，及时查询验证失信企业信息后，根据签署的备忘录对失信企业实施惩戒管理。市工商局已会同17个部门签订《东莞市经营异常名录及严重违法失信企业联合惩戒工作备忘录》，率先在联合惩戒模块注册运作。累计共享经营异常名录信息12.7万条，至今已有1.9万户企业改正有关问题后申请并被移出了经营异常名录,初步探索了"备忘录+信息化"的联合惩戒经验。

4. 科学市场监管体系数据分析展示平台

2018年5月28日,东莞市科学市场监管体系数据分析展示平台正式上线运行,标志着东莞运用大数据搭建科学监管协同创新平台取得初步成效。平台共分市场主体发展情况、镇街工作情况、市级部门工作情况和信用监管工作情况等四大板块,将全市市场主体发展情况、基层网格化作业情况、部门后续监管情况和信用监管工作情况等进行归集并统一对内展示。通过对工商业务系统、市协同监管信息化系统、市"智网工程"信息系统和市企业信用信息公示系统等系统实现数据关联分析统计,以报表、图表等方式多元化展示市场主体发展趋势、商改后续监管网格化作业情况,各部门行政许可办理及无证照线索处理情况以及涉企信用归集公示情况等,企业想隐瞒某一种信息将难以实现。部门、镇街可利用平台分析统计功能及数据督促指导下属各单位履行基层网格化和许可监管职责,推动工作整体协调推进。系统归集53个部门、33个镇街(园区)共1003个镇级部门、593个村(社区)的后续监管数据,设计实施分析展示数据模型,提升市场监管体系的统筹规划和协同创新能力(见图7)。

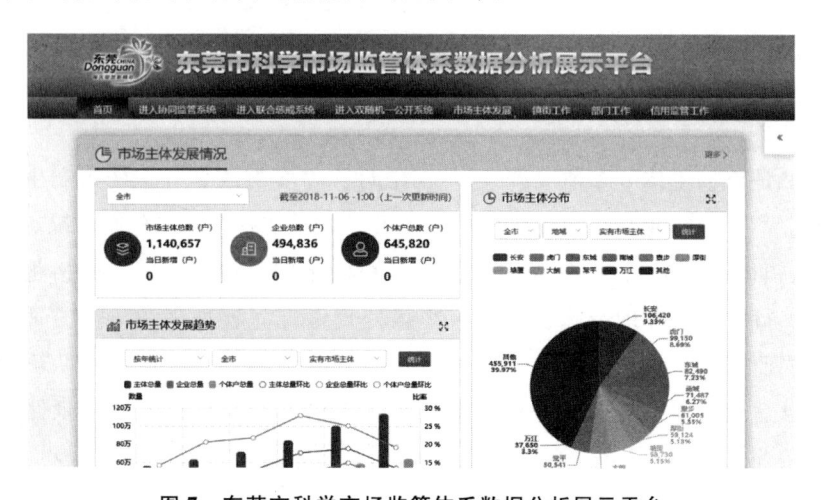

图7 东莞市科学市场监管体系数据分析展示平台

"市场主体发展情况":即时显示全市市场主体实有量和每天新增量,分为总量、企业和个体户,这些数据来自市政务信息资源共享平台中市工商局的目录，更新频率为每小时一次。包括两个板块：一是市场主体发展趋势图（见图8），将历年来（默认显示近5年）全市市场主体情况以柱状图形式进行展示。同时展示六个指标，总量、企业量、个体户数量及各自的环比增长率。可以通过筛选条件，简化界面，显示需了解的数据；通过拉动下方的滚动条可以调整展示的区间。比如，把区间拉长，可以发现从2012年（商改启动以来），全市市场主体总量进入一个较快增长的趋势，增长的速度一年比一年快，在2017年年底环比增长率达到18.74%。除了统计全市情况外，也可以统计某一个镇的情况；另外，也可以按月份统计和按新登记市场主体统计，可以根据需要，从不同维度进行市场主体数据统计并归类。

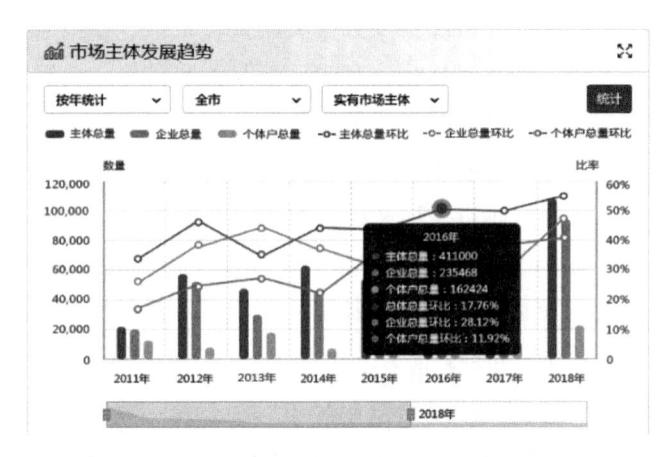

图8 市场主体发展趋势

二是市场主体分布情况统计（见图9）。将实有或新登记的市场主体按地域、产业、行业和结构进行分类；还可以查看某一个镇的分布情况。

"镇街工作情况"：分为四个板块，网格化作业情况总览、网格化作业情况、行政许可办理情况、无证照线索处理情况。数据来源于两方面：一是协同监管信息化系统推送给各镇街网格员队伍和特殊区域协管队伍的监管任务后续反馈情况；二是各镇街的监管部门许可办理情况和无证照线索处理情况。

第一个板块：网格化作业情况总览。把统计表中比较重要的指标抽出来进行展示（见图10）。

第二个板块：网格化作业情况（见图11）。将工作情况以柱状图进行展示，默认情况下是展示本年度各镇街推送量、反馈量、办结量、反馈率和

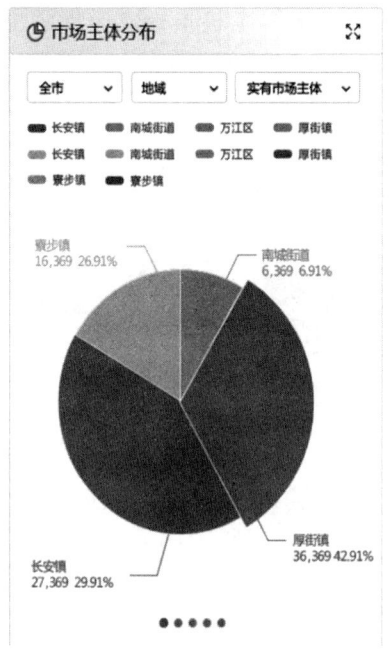

图 9　市场主体分布

图 10　网格化作业情况总览

办结率，也可以按月份来展示；还可查看某个镇下面社区的工作情况。

第三个板块：行政许可办理情况（见图 12）。展示各镇街的"办证率"，可分别按应办证量、已办证量和办证率排序。另外，可以查看某个镇的办证情况，选择了镇街后，展示各镇级部门的具体情况。

第四板块：无证照线索处理情况（见图 13）。展示各镇街"清无率"，默认按接收量排序，还可以按处理量和处理率排序。选择某个镇街时，可以查看该镇各部门的线索处理情况，查询使用方式跟市一致。以上两部分其实是将"科学市场监管水平"考核指标实时展示出来,可以很直观了解这两个镇街执行效果,更利于抓好统筹和督促。

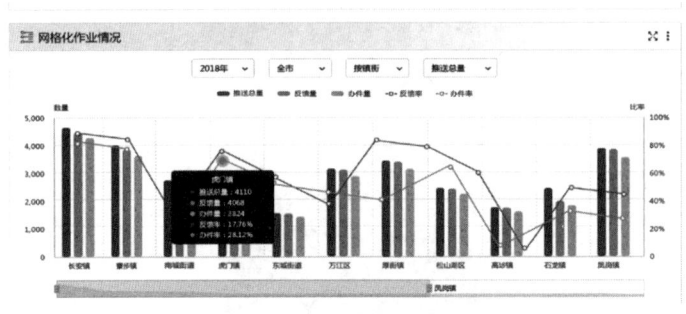

图 11　网格化作业情况

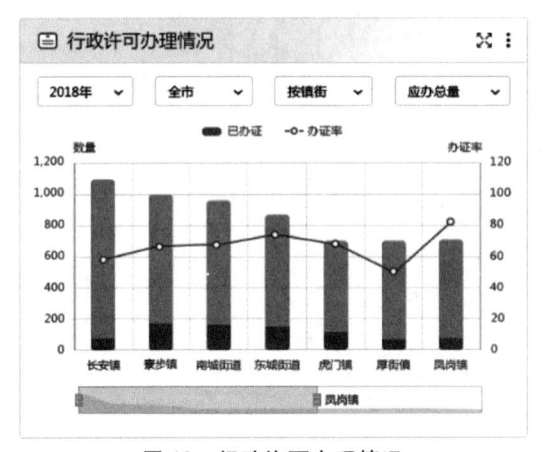

图 12　行政许可办理情况

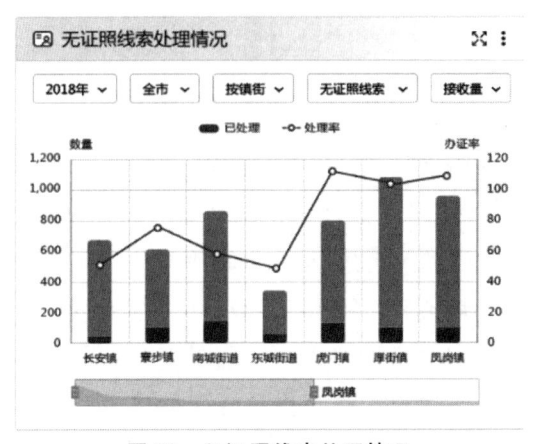

图 13　无证照线索处理情况

"部门工作情况"：这部分也包括四大板块，与镇街工作情况类似，包括后续监管总览、后续监管情况、行政许可办理情况、无证照线索处理情况。展示的是系统推送给各市级部门的监管任务处理情况和接收的无证照线索处理情况。

第一板块：后续监管总览。是各市级部门处理推送任务的一些重要指标（见图14）。

图 14　后续监管总览

第二板块：后续监管情况（见图15）。将各部门指标用柱状图的形式展示，默认按部门进行展示，也可以选择按月份，后面还可按推送量、反馈量、办结量、反馈率和办结率排序。另外，也可查看某一个市级部门的具体情况。

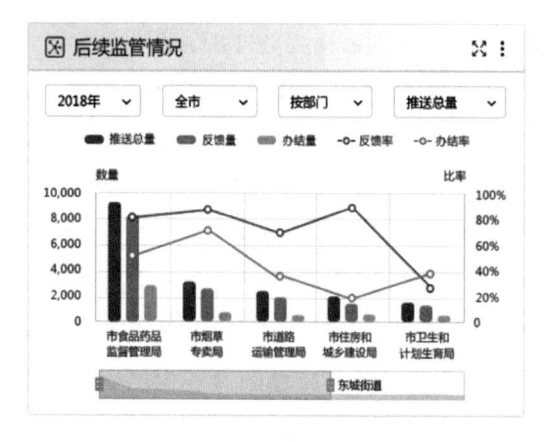

图 15　后续监管情况

第三板块：行政许可办理情况（见图16）。展示各市级部门办证率，也可以细分到各市级部门下属镇级分局。

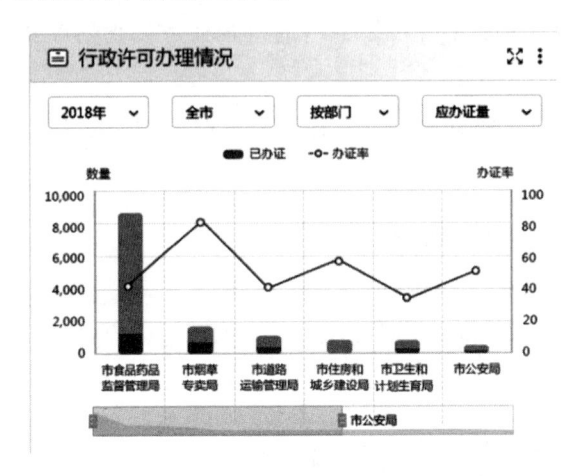

图 16 行政许可办理情况

第四板块：无证照线索处理情况。展示各部门线索处理情况。

四 对东莞运用大数据加强市场 监管实践探索的审视

（一）经验及启示

1. 以完备的网络和信息基础设施提供基础支撑

东莞经济发展水平相对较高，政府信息化起步早、发展快，尤其自2013年成为广东智慧城市建设试点城市以来，加强了网络和信息基础设施建设。东莞电信城域网出口带宽已达800G，位居全省第一；市电子政务外网已全面覆盖全市各单位、各镇街（园区），并逐步延伸至村（居）一级，联网专线达300多条，镇街（园区）骨干节点带宽实现双千兆线路连接，OA用户涵盖全市各级机关单位及各类群团组织工作人员，注册用户达36144人，互联网出口带宽10G；市电子政务内网（属涉密网）也于2017年完成保密测评并正式投入运行；全市统一建设的电子政务云计算平台集中提供159个计算节点服务器，集成共4688核CPU、20T内存、云存储容量共720TB，已支撑全市123个部门及镇街（园区）的1252个业务应用。2018年4月12日腾讯研究院公布的《中国"互联网"指数报告（2018）》显示，数字政务前四强均来自广东，分别是广州、深圳、佛山和东莞，佐证了东莞"互联网"指数高的事实，这是东莞运用大数据加强市场监管得以实现的基础支撑。

2. 以丰富的数据资源提供关键性支撑

早在2010年，东莞市政务资源信息共享平台就已归集数据达501.05万条，这是实现大数据运用于市场监管的重要基础，尤其是工商数据。2015年12月1日，东莞市自主开发的全程电子化工商登记管理系统正式建成运行，市场主体基本信息收集更加全面、及时、准确。立竿见影的效果是：2016年东莞市工商数据大幅增长，截至2016年底，全市工商系统共计存储了1476291户市场主体信息，违法失信信息138939条，认定商品交易市场194个（市场内经营户18772户），16671条户外广告记录，认定10556户广告企业和30446户商标印刷户，电子档案系统总计可查询到户数为1346889户，已形成较为翔实的市场主体基础数据库。截至2018年9月底，市政务信息资源共享平台已归集全市93个部门2161个目录共9.57亿条数据，是2016年的10倍，2010年的191倍。丰厚的数据资源，支撑着市网上办事大厅、"五证合一"、信用体系建设、智网工程、协同监管等30个跨部门、跨层级的业务应用。

3. 以成功的试点经验明晰需求与应用的结合点

（1）石龙镇的持续试点，在探索企业风险预警及企业大数据综合运用方面积累了经验。

2010年，石龙试点实行"企业风险预警应急系统"，实现了对全镇各经营单位（企业、个体工商户及其他）的预警、监控、防范、帮扶，无论是社区服务、企业运行、信用体系类应用，在石龙镇都已深入开展，并形成较成熟的模式。2015年东莞市石龙镇成为全国首个国家信息化试点城镇，2017年成为广东省唯一的企业大数据综合运用应用试点镇，在原有的企业风险预警应急管理信息系统基础上，很快建成了企业大数据基础平台，建立镇级数据资源池。该平台以广东省企业情况、东莞市政务信息资源为基础数据，对接采集了省、市、镇有关部门及单位的企业数据，并形成统一的企业信息资源库。目前，平台已成功对接了工商、税务、水电、社保等114个部门及单位，实现全镇企业数据资源共享利用。该系统还构建开发了企业画像及分析、企业风险预警监测、企业信用（金融）服务、"一带一路"贸易运行分析等四类大数据应用模块，为下一步全面提高政府服务企业水平和监管效率提供有力支撑和保障。在企业画像及分析方面，石龙镇通过数据挖掘分析，利用多维度数据，提取出企业信息特征，建立不同信息之间的关联，探索建立描画企业形态的指数项或状态值，逐步勾画出立体化、全方位的企业画像。通过企业画像，支撑政府部门及单位从宏观和微观角度实时掌握企业有关工业总产值、商业营业收入、税收、社保缴纳、工业固定资产投资、工业用工情况、用电和用水等关键情况，有利于推进基于企业数据资源的行政审批、减负服务、人才服务、要素供给等领域创新应用。在企业风险预警监测方面，石龙镇依托企业信息资源库，对企业准入登记、纳税、社保、缴房租、薪费、能耗等数据进行综合比对、分析、监测，科学筛查，预判和评定风险级别，支撑监管部门对企业风险进行综合预警、智能分级、协同防范、给力帮扶和系统应急，把控停产倒闭、欠薪逃匿、劳资纠纷等企业风险，有效降低企业风险造成的经济损失和社会危害。

（2）市级层面，主动争取到商改试点，获得更大改革空间

商事制度改革涉及面广，从国家层面直接推动难度比较大，因此，中央决定先从基层进行改革探索寻求突破，再逐步上升到国家层面的顶层制度设计。改革探索的任务又历史性地落到改革前沿的广东身上。2012年，国务院常务会议批准广东省开展行政审批制度改革试点，深圳、东莞、珠海、顺德成为最早推行商事制度改革的试点城市。本来，东莞并未被纳入试点范围，是东莞市委、市政府主动作为，努力争取到了试点机会。获得试点意味着拥有更大的改革空间和较低的改革成本，东莞由此屡获试点政策支持，先后被赋予了全程电子化工商登记、电子营业执照、简易注销等省级乃至国家级的试点任务。商事登记制度改革的成功，一方面给予东莞继续深化改革的底气，另一方面，商事登记制度改革后市场主体井喷式的增长，带来了对监管的新挑战，倒逼东莞在监管理念、监管模式、监管方法诸方面寻求新的突破。2017年3月，道滘、厚街、大朗、横沥等四个镇启动了科学市场监管体系建设试点工作，在总结试点经验基础上，形成"1+N"系列政策文件，为全市推广提供了制度保障。

试点过程中，东莞结合自身需求，逐步找到了一些应用模块开发的方

向，并有了初步的应用尝试。比如，石龙的企业画像及分析、企业风险预警监测、企业信用（金融）服务、"一带一路"贸易运行分析等4类大数据应用模块，有监管也有服务，并且将二者很好地结合了起来，有值得推广的价值，为全市乃至其他地方提供一定思路的启发及经验的借鉴。

4. 能够及时把握政策逻辑，顺势而为，获得制度保障

政策的支持力度直接反映了国家的重视程度，是改革的制度性保障。东莞在大数据发展及运用方面（包括将大数据运用于市场监管），能够准确把握政策逻辑，顺势而为进行探索，或直接将政策落实到改革探索中，或出台相应的文件用以指导实施。这样，使得改革方向更明确，改革思路更清晰，降低了改革的内耗性成本。

2013年以来，国家高度重视大数据、互联网、云计算等新兴产业发展，"大数据"作为重要关键词，开始出现在国务院《政府工作报告》中。同年6月，启动商改一年后，东莞率先建立电子营业执照应用平台，发放了全国首批电子营业执照。电子营业执照除具有企业网上悬照、网上执照验证、网上年检、分类监管、网上盖章等功能，还通用电子政务一证通的所有功能，包括税务局网上纳税申报、劳动局劳动网上年检、统计局统计数据网上直报等功能。同年10月，利用东莞市政务信息资源共享平台开设"商改后续监管模块"，实现了工商登记信息定时智能推送、部门监管信息反馈等功能。2014年5月，东莞市在大朗镇试点住所信息申报及基层网格化监管。同年7月，全市协同监管信息化系统正式运转，实现各部门、各镇（街）之间信息互通、共享和应用，为后续监管提供了工作协同平台。

2015~2016年间，我国关于大数据及大数据监管的政策密集出台。2015年，国务院连出重拳：发布《关于运用大数据加强对市场主体服务和监管的若干意见》，这是重视运用大数据理念和技术推进简政放权、放管结合及优化服务的重要政策文件，强调要充分运用大数据的先进理念、技术和资源加强事中事后监管；出台了《关于积极推进"互联网+"行动的指导意见》，要求推动数据资源开放，研究出台国家大数据战略；印发了《促进大数据发展行动纲要》，明确要建设数据强国，这是第一份从国家层面对大数据发展做出全面系统部署的顶层设计，对推动中国大数据发展具有里程碑式意义；同年10月，党的十八届五中全会将大数据上升为国家战略。2016年3月发布的《中华人民共和国国民经济和社会发展第十三个五年规划纲

要》，多处提及大数据，并在第六篇"拓展网络经济空间"第二十七章专门提出实施国家大数据战略，要求全面实施促进大数据发展行动，助力产业转型升级和社会治理创新；2016年7月印发《国家信息化发展战略纲要》，要求实施国家大数据战略，推进"互联网"行动计划，以信息化驱动现代化；2016年9月，《工商总局关于新形势下推进监管方式改革创新的意见》印发，明确了工商部门依托大数据支撑监管的路径。

在此期间，东莞迅速响应。2015年7月出台了《东莞大数据行动计划（2015—2016年）》；2016年1月实施企业登记注册"一网通"改革，提高企业登记便捷性的同时，自动采集并积淀企业基础数据；2016年3月，成立全国首个网上审批中心，全面推开"全程电子化+审批中心"登记注册改革；2016年10月出台《东莞市大数据发展实施方案》，11月出台《东莞市市场监管现代化"十三五"规划》，强调大数据在市场监管中的支撑作用，12月出台《东莞市企业信息公示和信用约束管理暂行办法》；2017年3月，道滘、厚街、大朗、横沥四镇启动科学市场监管体系建设试点工作；同年7月，东莞市企业信用信息公示系统上线，8月，东莞市政府召开全市深化商事制度改革构建科学市场监管体系工作会议，以《关于深化商事制度改革构建科学市场监管体系的实施意见》为核心，配套印发了《东莞市商改后续监管和"智网工程"对接融合工作方案》《东莞市建立新型清理无证照经营长效机制工作方案》等6个子方案，形成"1+6"政策体系；2017年12月，东莞市商改后续监管事项正式融入"智网工程"作业；2018年5月，东莞市科学市场监管体系数据分析展示平台上线，标志着东莞运用大数据搭建科学监管协同创新平台取得初步成效。

5. 能够充分发挥企业及专家团队作用，提供专业方案及技术支持

东莞本地相关企业有较强的服务能力。东莞大数据产业链环节齐备，产业形成一定的规模，具有较强的服务能力。目前，东莞从事数据平台及软件服务的企业超过1000家，其中，华为成为政府重要合作伙伴，国云科技等企业也积极参与；从事大数据、云计算技术研发标准、咨询及监理等方面的企业约50家，从事大数据基础设施服务等方面的企业超过60家；东莞的大数据存储能力也日趋增强，先后筹建了中科院云计算中心等，并重点支持联通IDC基地等云计算项目落地东莞。

企业及高校的专家团队提供了大力支持。比如华为、中科院云计算中

心、中山大学、华南理工大学、华南师范大学等。其中，华南师范大学的赵淦森教授团队尤为突出。赵淦森教授是计算机安全博士，毕业于英国肯特大学。在英国期间曾任英国 Nexor 公司的兼职高级安全技术顾问、甲骨文英国（Oracle UK）终身高级工程师。2008 年由中山大学作为海外人才引进，2010 年由华南师范大学作为优秀人才引进，现任华南师范大学计算机学院副院长、教授、博士生导师，中国云计算专家委员会专家委员、中国云计算研究中心专家、中国电子政务与办公自动化专委会委员、广东省计算机学会理事、广东省服务计算工程中心副主任，主要的研究方向是信息安全、云计算和大数据、物联网技术等。作为土生土长的东莞人，赵教授多年来一直不遗余力地支持家乡。前文所述的石龙镇系列试点，长安、东城的智慧城市建设试点，大朗的基层协同综合监管试点，市工商的协同监管，市政法委牵头的"智慧工程"建设及运行等，赵教授团队都在方案制定、技术支持诸方面进行主导及支持。

（二）问题及反思

尽管东莞在大数据运用于市场监管的探索有了初步成效，获得了一些经验，但总体上仍处于起步阶段，还存在诸多亟待完善的地方，尤其在大数据采集、归集、共享、价值挖掘等方面遇到不少瓶颈。

1. 基础信息采集难度大

加强基础信息采集和数据共享应用，是大数据运用于市场监管的有力支撑。但市场监管"大数据"生成的来源多元化、动态化使得"大数据"的采集、归集和挖掘都面临较大的困难。从采集方面看，信息采集难体现如下。一是"智网工程"系统通过网格员采集的信息很有限，只是对市场主体的经营场所、证照等静态信息进行核实，对于市场主体经营行为过程中的动态信息无法采集，网格员也不具备专业能力。二是基层监管部门人手短缺但监管对象体量庞大，数据采集难以及时到位。三是企业配合程度不高。比如食品、农产品溯源系统，要求企业从原料、生产、运输到最后的消费终端各个环节的数据都要录入相关系统，企业需要安装相关软件，还要专门去参加培训，找第三方机构维护系统，然后企业还要指定专人天天录数据，企业被迫增加了额外的工作量，对于一些大企业来说，生产流程、原料都比较繁多，要是把所有的原料录入溯源系统里面，工作量巨大，而对于小型企业来说没有多余的人力和精力去做，而且涉及商业秘密的问题，因此普遍来说，企业的配合程度较低，有抵触情绪，因此想实现这种全过程的追溯，在落实上有很多困难。四是市场经营的特殊或现实因素增加了数据收集的难度，进而影响到数据的准确度。如餐饮企业的动态性太强，特别是一些店铺经常关闭或者季节性开门的情况，对信息的准确把握很难。五是"二标四实"信息采集难度大。所谓"二标"，指的是标准作业图、标准地址库；"四实"指的是实有人口、实有房屋、实有单位、实有设施。在2018年启动"二标四实"基础信息采集工作之前，全市77%的道路名未经民政审批，35%的房屋没有门牌，就算有门牌，绝大多数也是未由公安编制的，极大地影响了市场主体经营场所数据的标准化，因为市场主体经营场所不规范就无法归集其关联数据。

2. 数据质量堪忧

正确的数据才能反映客观事物的本来面目，数据信息的采集质量很重要，在实践中，市场监管部门数据来源存在质量不高的问题。一是对大数据的监管模式和理念还没有很好地适应，对数据的重视不足。目前的信息主要以注册登记等为主，行政执法、网络交易市场监管、商标侵权、广告监管、消费维权、投诉举报信息数据归集成度低，散落在公共事业、电信、房地产、医疗、电子商务平台、社交网站、地理位置、网络消费舆情等大量与经营行为有关的外部信息被视为无价值信息而忽略，对市场交易方选择的指导价值不高。数据采集多集中在结构化数据，结构单一；大量的非结构化数据没有被充分利用，甚至被束之高阁。同时，主观方面，基层虚报数据的问题也依然存在，客观方面，系统人工录入不可避免地会产生一些错误，导致数据污染。二是由于对采集的数据缺少严格的事前审核，初始信息资料录入不规范，关联性和逻辑性不强，数据"新陈代谢"不够，或多或少存在水分。三是有的企业为规避监管，对数据造假。比如注册信息，"书式审查为主、实质审查为辅"的注册登记原则下，有的企业提供虚假信息和材料，如临时借用甚至造假的地址证明等，也可能成功注册。这些含有造假的数据与实际情况脱节，导致信息失真，无法为后续的监管提供有效、精准的数据作为支撑，使得大数据监管所带来的成效大打折扣。企业年检制度改为年报公示制度后，企业向监管部门负责转变为企业通过有关信息公示向社会负责。此时，数据的有效性更取决于企业自觉性和态度。工商（市场监管）部门采取随机抽样方式对企业年报情况进行抽查，但仍不能保证数据的可信度。此外，根据《企业信息公示暂行条例》规定，企业除应报送和公示年度报告信息外，还应依法在变动之日起20个工作日内公示"即时信息"，内容包括出资变动、行政许可、行政处罚等。但在实际抽查中发现，企业即时信息公示率偏低，企业自行申报数据可信度不高，内容错误率较高。更需要引起注意的是，个别企业了解了政府的整个监管过程，会按照监管的方法做很多的形态让监管者难以辨别。

3. 数据归集及共享不充分

目前，虽然东莞的"智网工程"网格化管理系统已将市场主体与地理信息、房屋建筑物信息进行关联，依托东莞市政务信息资源共享平台，以及各部门业务系统、协同监管信息化系统、企业信用信息公示系统，也初步实现了监管数据的归集和共享，但共享还很不充分。主要原因有两方面。一是客观难以共享。首先，数据标准和格式规范不统一。东莞政府各部门信息化建设起步早，在当初确实起到了提高行政效率的作用，但到了当前的大数据时代，则成为最突出的瓶颈。由于东莞市电子政务建设初期没有建立统一的数据标准和业务标准，各部门、镇街（园区）都是根据自己的需要来建自己的应用系统，系统平台建设重复分散，普遍重立项搞建设、轻运行维护和推广应用，表现为系统设计复杂、功能重复。各部门不同的系统产生了各自的数据库、各自的操作系统、独自开发的应用软件和用户界面，在信息资源的采集、格式、发布、交换、组织等方面形式多样，且彼此间完全独立，不仅造成资源严重浪费，还由于标准不一等原因对整合带来极大的阻碍。2018年6月数据显示：全市共有政务信息系统3067个（建设20个以上系统的部门4个，部门系统数最多的公安部门达57个），其中，国家级垂直系统119个，省级垂直系统178个，市本级系统1357个，镇（街）（园区）系统1413个。市一级共有76个单位部门的577个系统部署在其业务专网上，有99个单位部门的905个系统部署在单位自建的机房，其中，755个系统采用外包方式维护，362个系统由部门自行维护，37个系统已无维护；镇（街）（园区）一级有866个系统由镇（街）（园区）自有资金建设，179个系统由市财政或其他资金建设，基本部署在镇内单位机房，由各单位采取外包方式进行维护。由于缺乏统一的标准，造成互不兼容的情况，形成互不相连的"信息孤岛"。其次，数据权限受制约，部分数据集中在上级部门，也是阻碍信息难以共享的一个重要客观原因。再是主观不愿共享。长期以来，由于体制的原因和部门利益的驱使，造成数据资源由部门分头控制、条块分割，并被视为单位自有资产，不愿意与其他部门共享。部分部门以数据安全、信息敏感为理由，其业务系统与市政务信息资源共享平台不互通，也不向政务数据共享系统开放业务数据接口。由于数据安全责任界定不够清晰，有些部门也有顾虑，担心共享数据带来风险。

4. 数据挖掘及运用水平低

"大量数据"并不等同于"大数据"，大数据的重要意义不在于占有，而在于价值运用。数据的服务模式可分为三类：数据即服务（data as service, DaaS）、挖掘即服务（mining as service, MaaS）、分析即服务（analytics as service, AaaS）。就东莞现状而言，主要存在以下问题：一是东莞政务信息，包括市场监管信息，只能说初步形成了"信息池"，数据大多以离散、毫无关联的方式沉淀，还不是严格意义上的数据库，在源头上影响了监管大数据的运用。现有的各类业务平台主要是数据管理平台，以数据采集和统计为主，尚未达到数据分析、整合、控制等云计算应用的层次，存在"重建库轻使用、重存储轻应用"的现象。对市场监管数据的分析也多处于"加减比对，表象描述"的粗放型状态，缺乏数据特征有序化、归类专题化、处理结构化的分析意识以及整合碎片化数据的能力。比如信用随机抽查对象选取泛而不专，对有限的监管资源调配不合理；无差异监管模式导致多数违规企业成为漏网之鱼，奖优惩劣效果不明显，监管风险防范能力不足。二是不同平台的数据存在"各自为战"问题，难以自动关联建模或关联应用，数据分析结果仅限于内部静态查询，社会化应用效果不佳，比如东莞市科学市场监管体系数据分析展示平台，还处于数据统计结果展示的初级阶段。再比如食品药品投诉举报信息分散在多个系统：省、市、区的12331系统、12345系统、云信访系统、网格化系统，由于各个系统的数据标准、办理时限及要求不一致，致使投诉举报的信息目前仍需要依靠人工在不同系统之间进行导出、录入数据，不仅浪费人力资源，而且与大数据技术的高效便捷的预期目标相悖。三是发展不均衡问题。东莞各镇街发展不平衡，影响全市统筹推进。部分镇（街）起步较早，石龙、横沥、塘厦各自建设了企业信息汇总和分析的相关平台，但部分镇（街）在大数据方面参与度较低，70%以上的镇（街）政府的大数据工作由办公室兼管，信息技术对业务流程的涵盖面在30%以下。

5. "智慧监管"未实现智能化

东莞的"智慧监管"还不符合其内涵，称之为"智慧监管"，只是因为依托在东莞"智网"工程信息系统上，并未实现真正的智慧监管。智慧监管，是需要利用新一代信息技术，通过互联化、物联化、感知化、智能化手段，收集、整合、分析监管业务关键信息，让监管全链条各个功能协调运作，让监管工作能够对需求做出智能响应。当前各个领域的智慧建设各具特色，有的侧重于移动互联技术，用各种APP方便群众办事；有的侧重于物联网技术，实现全天候监测和管控；有的侧重于人工智能。

五 探索大数据运用于市场监管之东莞后续发力点

结合自身建设情况及技术发展态势，在运用大数据加强市场监管方面，课题组建议东莞可在以下诸方面发力。

（一）利用机构改革契机整合职能，统筹规划后续改革

大数据应用涉及全局、全业务及未来发展方向，不是某一个部门、一个条线或几个人的事情，需要各部门统筹推进，各部门的统筹推进就需要一个强有力的牵头部门，这个部门要具备很强的统筹职权及统筹能力。此次机构改革将工商、食药监、质监"三合一"，在组织架构上形成了市场监管大格局。一方面有利于规划的统一，避免各自为政的碎片化改革，避免各自为政改革给后续改革造成新的壁垒，提高规划的合理性、可控性和开放性，也可避免重复建设导致的资源浪费。另一方面，有利于资源的整合，尤其可倒逼信息共享的提速。但涉及者不限于工商、食药监、质监三家，还包括商务、经信、海关、税务、环保、司法机关、金融机构等部门。因此，需要成立独立于各监管部门的专门机构，加大对数据的管理及开发统筹力度，畅通各监管部门与市场监管局的对接，减少协调的时间成本及行政成本，增强改革的整体性、系统性、协同性。

此次机构改革，广东省成立了省政务服务数据管理局，主要职责是推

进政务信息化集约化建设，加强统筹协调。在加强政府监管方面，数据管理局明确了以下具体任务：加快建设广东信用信息系统，实现信用信息嵌入各级政务服务和审批系统，加强"互联网+市场监管"系统建设，形成企业综合监管档案，实现大数据支撑下的行业监管、协同监管和主题监管。实现这些目标核心还要打通"数据壁垒"，消灭"信息孤岛"，建设全省一体化政务大数据中心。东莞也应该设置相应机构，目前设置在经信部门的大数据管理科职能划归给新成立的大数据管理局。经信部门的大数据管理科毕竟只是内设机构，其权限非常有限，统筹力必然大受影响。几年前，东莞市长安镇根据实际需求，率先试点成立了大数据管理与发展局，实践效果不错，但没能拥有合法的"出生证"，市级层面也没有对应机构，导致其实践经验无法在全市推广，实际工作也受诸多牵制，并且由于身份的不合法，存在很多风险点。此次机构改革是非常好的契机，构建起完善的大数据管理与发展统筹体系。

（二）加强信息的全方位归集与共享

大数据时代监管信息增值的关键在于整合，东莞在信息融合和共享方面，还有很多可开拓的空间，要推动更高水平的跨部门数据共享共用。每一个政府部门，既是数据的供给方，也是数据的需求方，一定要承认信息的公共资源性质，增强共享意识。建议以市场主体生命周期为主线，引导信息的全方位归集与共享。一要拓宽基础信息采集范畴。借鉴东莞石龙镇模式及经验，在协同监管信息平台上，除了现有的监管部门信息，还应加载公安"二标四实"数据，税务、社保、供水供电、金融机构、征信机构等基础信息。加强各单位及平台监管数据的信息融合共享，推动各业务条线监管数据和平台的互联互通，丰富数据来源。二要引入社会和互联网数据资源。引导企业、行业协会、科研机构、社会组织等第三方数据加入数据开放平台，并逐步向社会开放部分政务数据资源。借鉴江苏，与阿里巴巴集团制定战略合作协议实施方案，以市工商局网络商品交易监管平台为基础，打通网络市场主体数据库与阿里系平台数据云的连接通道，通过监管数据与平台数据的在线交互，实现信息共享和精准监管，并在合作模式建立及试用成熟后进一步推广开来。三要完善数据采集目录动态管理机制。资源目录是一个为部门提供政务数据资源归集、共享和交换的菜单，可支持全市范围内跨部门、跨区域的政务数据共享。随着信息共享需求的升级和信息共享程度的推进，数据采集的范畴不仅仅包括基础信息，增量信息更多地将会是监管工程中产生的反馈信息，为更好地衔接需求与供给，为更及时地使信息归集到位，也为了更好地规范信息采集行为，需要对信息采集目录进行动态管理，完善全市统一的政务数据资源目录，制定目录服务规范，建立数据资源目录更新机制，对《政府部门涉企信息归集资源目录》和《政府部门涉企信息归集格式规范》进行定期调整与更新，保证政务数据资源目录使用者能够及时准确获取到所需的数据资源。可借鉴杭州数据资源管理局发布的杭州市政务数据资源目录（2018版）模式，随时为全市各部门提供最新的政务数据同步共享。四要进一步明确信息归集路径。国务院《政府部门涉企信息统一归集公示工作实施方案》明确规定，凡是能通过全国或地方信用信息共享平台交换信息的，应充分利用现有资源，避免重复建设和重复采集。东莞各部门、各镇（街）要通过政务外网、互联网或其他信息传递方式，将本部门、本镇（街）产生或归集的企业信息传递至东莞市政务资源共享平台，并通过平台的"信用东莞"系统及时交换至全国信用信息共享平台和"信用中国"网站并动态更新。五要充分发挥企业信用监管核心作用，优化企业信用信息公示系统服务功能。优化界面展示、优化搜索引擎、优化证明打印模块、接入支付宝城市服务等，改进系统体验。推动数据归集、校验、公示、异议处理制度化，实现企业信息一网归集、多向公示，真正构建起市场主体360度立体画像。这方面可借鉴深圳经验：深圳市市场和质量监督管理委员会围绕进一步创新监管方式，加强信用监管创新监管方式，引入大数据、云计算、机器学习等技术，针对信息获取不对称导致的信用问题，聚焦商事主体，开发了"深圳市商事信用及事中事后智慧监管系统"。该系统整合了公共信用信息、商业信用信息、社会信用信息、网络舆情信息等，归集全市商事主体登记、纳税、信贷、诉讼等信用信息近4500万条信用数据量，日均完成约300万条数据同步，同时，通过计算各单位信用信息报送率，实施信用体系建设绩效考核。该系统还连通了信用中国、信用广东数据接口，可实现社会公众对全国1亿家商事主体，8000万种商品信息的"一站式"免费查询。系统还可跟踪分析经营异常名录企业分布及被载入记录，从局部到微观分析，帮助管理者了解企业信用异常现状，为决策提供依据，是打造全市统一、权威征信平台的基础,在这一系统的支持下,庞大的监管数据得到有效处理和应用,有效提升监管精准化和智能化水平。"深圳市商事信用信息全视通"作为该系统的可视化大屏模块,分为四个功能演示区,实时更新全市现有世界500强、中国500强及上市公司数量,商事主体数量与GDP、税收等曲线图,企业活跃度,企业生命周期与活跃度。直观形象、生动翔实地展示了深圳商事登记及信用监管对城市治理和经济社会发展的拉动作用。数据图示的背后是深圳市场和质量监督管理委员会对"大数据"分析技术的充分运用,对智慧信用监管工作的创新实践,有效推动形成智能预警防范、智能联动监管、智能联合奖惩的"宽进智管"新模式。

(三)提高数据质量

一是将静态数据与动态数据相结合,确保数据的广泛性。丰富信息收集的层次,除了收集行政许可信息、财务、人事等静态信息,还应该重视对企业交易习惯、行为特征等动态数据的归整运用,包括企业为职工缴纳各项保险、提供各种福利的数据以及企业参与社会公益活动、落实社会责任的数据,这些数据看似分散且单位机制低,但通过数据的交叉处理,能提取企业信用的直观表征。将市场主体信用与个人信用相关联。结合个人征信建立健全个人信用与市场主体信用关联制度,实施员工失信比例警示公示,特别要突出市场主体的投资人、股东等直接利益关联人的个人信用,对市场主体信用信息形成有效补充。二是强化数据导入和预处理以确保数据的时效性。数据时效性是数据富有价值的基础先决条件,怎么保障数据的时效性,建立数据联动更新机制是夯实信用信息数据基础所必须解决的问题。庞大的信用信息数据多渠道汇集之后,就需要强化数据的导入和预处理工艺,从数据逻辑规则、标准体系、框架结构等方面完善数据操作规程,形成层次清晰、功能完善的分类数据库;加强对业务系统及数据的掌握和理解,确保原始数据信息规范准确,尽量减少后续纠错工作;提高信息化工具的专业性和交互友好性,从操作上贴合用户的使用习惯,从逻辑上杜绝操作上的失误;加强业务人员的技术培训工作,探索新的数据衍生分析指标,尝试构建新的分析模型,及时掌握市场运行状况。三是建立定期抽查监督机制以确保数据的准确性。信用信息数据的准确性直接影响数据挖掘应用效果,在确保数据多源性和时效性的同时,数据的准确性也不能忽视，需要采取相应有效的措施和建立抽查监督机制来保障。在规范信用信息接入渠道基础上要强化数据质检流程，建立随机抽查监督机制与反向追溯机制，按"谁审批、谁监管，谁主管、谁监管"原则实行网格化监管，在定期与不定期检查中及时发现、修补问题，并做好痕迹管理。明确数据抽查监督工作的内容、程序及要求，不断提高数据的规范性和准确性以确保后处理质量，抽查组织应定期对督查情况进行通报，树立起检查的权威。

（四）建设完整规范的数据库及数据仓库

将归集的数据进行清洗、整理、集成，下一步就可建设市场监管和服务数据仓库。数据仓库（Data Warehouse）是一个面向主题的（Subject Oriented）、集成的（Integrated）、相对稳定的（Non-Volatile）、反映历史变化（Time Variant）的数据集合，用于支持管理决策（Decision Making Support），是决策支持系统（DSS）和联机分析应用数据源的结构化数据环境。数据仓库研究和解决从数据库中获取信息的问题。进行大规模的数据挖掘前先要建立数据仓库。数据库与数据仓库的具体区别：数据仓库需要集成多种数据源，数据结构比较复杂，有各种结构以适合业务处理系统的需要，数据库一般是单一结构的，没办法集成异构源去做一个统一接口；数据库面向事务，数据仓库面向主题，事务是数据记录查询的单一任务，主题是数据分析目标的相关数据范畴；数据库只存放当前值，数据仓库存放历史值；数据库内数据是动态变化的，只要有业务发生，数据就会被更新，而数据仓库则是静态的历史数据，只能定期添加、刷新；数据库中数据访问频率较高，但访问量较少，而数据仓库的访问频率低但访问量却很高；数据库中数据的目标是面向业务处理人员的，为业务处理人员提供信息处理的支持，而数据仓库则是面向高层管理人员的，为其提供决策支持；数据库在访问数据时要求响应速度快，其响应时间一般在几秒内，而数据仓库的响应时间则可长达数小时。在此方面，可借鉴杭州"祥云"DRMS建设经验：2017年底，杭州推出全国首个人工智能数据平台"祥云"DRMS，这个系统由市数据资源管理局和阿里云联合开发，是全国首个基于人工智能的数据资源平台，相当于杭州城市数据大脑的"数据总仓库"。通过该平台，能够在几乎无人工干预的情况下，自动对全市政务信息资源进行全量数据摸底、核心业务数据筛选识别、数据主题归类,并且实现百万级数据表的秒级即时同步归集,让数据真正具有了支撑实时业务的能力。

(五) 基于数理统计及数据挖掘技术完善模块功能

数据分析的任务是总结过去,发现规律,预测未来,解决痛点。当前,东莞市场监管的大数据运用还停留在"数据统计及展示"阶段。接下来,要坚持以数据为中心,构建数据仓库基础上的内外部数据分析研判平台,注重数理统计及数据挖掘,挖掘数据的潜在价值,努力提高市场监管智能化水平。

1. 数理统计及数据挖掘的基本原理

"数据分析"的重点是观察数据,而"数据挖掘"的重点是从数据中发现"知识规则";"数据分析"得出的结论是人的智能活动结果,而"数据挖掘"得出的结论是机器从学习集(或训练集、样本集)发现的知识规则,可以直接应用到预测;"数据分析"不能建立数学模型,需要人工建模,而"数据挖掘"直接完成了数学建模。数理统计的基础之一就是概率论,在对数据进行数理统计分析时,分析人员需要对数据分布和变量间的关系作假设,确定用什么概率函数来描述变量间的关系,以及如何检验参数的统计显著性;在数据挖掘的应用中,分析人员不需要对数据分布做任何假设,数据挖掘中的算法会自动寻找变量间的关系,让挖掘工具中的算法自动寻找数据中隐藏的关系或规律。因此,相对于海量、杂乱的数据,数据挖掘技术有明显的应用优势。但是在实践应用中,两者无法割裂。正确的思路和方法应该是:针对具体的业务分析需求,先确定分析思路,然后根据这个分析思路去挑选和匹配合适的分析算法、分析技术,而且一个具体的分析需求一般会有两种以上不同的思路和算法可以去探索,最后可以根据验证的效果和资源匹配等一系列因素进行综合权衡,从而决定最终的思路、算法和解决方案。

2. 亟待开发或深化的功能模块

一是构建市场准入监管模型。要探索建立市场准入预警机制,配备监控分析软件,对注册登记数据进行统计分析和深度研判,形成市场准入监测报告,对异常大额投资、行业异常变更、注册短期集中等异常情形进行实时监控。从严审查出现异常数据的原因,及时发现并防控市场准入中的风险隐患，有效遏制虚假注册、非法集资等违法行为。

二是企业活跃度数据分析和风险预警。企业活跃度数据分析，分析僵尸企业的行业分布状况及其原因；对区域内企业情况综合数据和经济形势运行数据进行分析，实现互联网资源利用和信息服务，建立宏观调控决策支持、风险预警和执法监督大数据应用模型。通过多维度数据关联与挖掘，形成市场主体发展报告分析、市场主体信用状况及经营风险预警分析报告、市场秩序分析报告等。

三是违法及失信企业报告与分析。通过投诉举报问题企业数据分析，运用建立机器学习模型，对市场主体信息的核查和对涉嫌违法主体进行检查，生成涉嫌违法主体地图；通过工商海量数据智能识别，判断其多次被查询和投诉举报的原因；通过对市场主体统一信用数据及失联企业数据分析，建立失联失信企业模型，科学评估行政区域内的营商环境。

四是构建消费维权监管模型。以12315投诉举报以及商品抽检等数据为基础，结合市场主体数据和部门共享数据，综合考虑消费环境、市场监管、供需结构等多方面影响因素，发布各行业领域消费环境报告及消费维权分析报告。通过推动信息技术与市场监管深度融合，为上级制定合理消费政策、积极改善消费环境提供智力支持，以消费拉动内需，服务经济发展；同时，有针对性地发布消费提示，指导消费者理性消费，进一步打造安全放心的消费环境。

五是构建网络交易市场监管模型。优化电子证据取证硬件配置，提升网络违法行为取证存证技术及网上虚拟身份的远程定位技术，有力支持网络违法行为查处工作。对网络市场开展定向监测，重点加强对网络市场主体信息、交易行为信息、商品信息的监测核查，加强对商品质量的检查、抽查和结果处置。针对重点行业、流通领域重要商品和监管关键时段，实施重点跟踪监测，加强网络交易商品质量抽检工作的深度和针对性，对于监测发现的不合格商品违法线索，依情节予以相应惩处。加强网络交易市场信息采集和分析，指导开展电子商务网站信用认证、信用分级服务，推广应用网站诚信标示。建立健全电子商务领域失信行为联合惩戒机制，推动信用核查、信用评估、信用担保等第三方信用服务和产品在电子商务中的推广应用。

（六）加强数据安全管理

大数据安全保障包含大数据信息内容的安全保障和大数据的安全保障。

一要规范数据采集、录入、储存、传输、共享、公示的标准和流程。编制《政务数据资源归集共享安全规范》地方性标准，明确市场监管部门大数据采集、使用的原则，特别要明确收集、使用敏感数据的权力界限。二要加大技术攻关力度。实现操作、下载全部留痕；建立数据运维备份机制，不仅在技术上做到分布式存储多节点备份，还要能在管理上做到数据运转形成安全闭合环。三要加强政企合作，共同建立安全运营体系。充分发挥基础电信运营商和骨干信息技术企业在资金、技术、人才方面的优势，共同建立包括系统安全等级保护、涉密信息分级保护、系统灾难恢复和可信服务认证等的立体防护的安全运营体系。组织开展信息安全风险评估，制定技术上自主可控的信息安全解决方案，实现异地备份、实时备份，避免系统性风险和突发性风险。四要科学制定"管运分离"的风险防控管理措施和网络安全等突发事件的应急预案。根据紧急程度和重要程度的不同，建立多层次、多形式的信息沟通渠道和会商机制，确保系统建设、管理和运维全流程有规可依、有章可循。

（七）加强人才队伍建设

运用数据实施监管是一门交叉学科，涉及法律、会计、数学、统计学、计算机科学、数据可视化技术等领域专业知识。无论是基础建设还是数据分析与系统的维护，都需要专业的人才。尤其大数据的挖掘分析是当前最热门也是未来"爆炸性增长"的大数据时代的技术发展趋势，但目前专业人才资源严重缺乏。因此，必须下大力气抓好大数据人才的引进与培养。一要加大高层次专业对口的人才引进力度。二要充分利用粤港澳大湾区建设中的资源，通过柔性引进人才机制，组建大数据专家队伍。三要注重培养自己的大数据应用人才。大数据应用的主力军是广大业务干部，操作使用要靠每一名监管干部。积极开展大数据管理技术培训，建立完善自我培养机制，从每一个业务条线抓起，培养各类大数据应用人才，让他们在探索实践中形成数据直觉，对大数据应用始终保持敏感，锤炼大数据应用本领，"在战争中学会打仗"。杭州数据资源管理局在此方面有成功的经验值得借鉴，2017年6月该局成立伊始，就发动数据资源局全体干部开展攻关，设立了16项攻关课题，实施扁平化团队式管理，要求各团队围绕课题进行技术攻关，研究解决方案并大胆实施。

（八）加强与第三方平台的合作

借助体制外资源，可延伸监管半径，提升监管效能，还将降低监管成本。过去几年，各地已经有不少合作成功的案例。其中，阿里巴巴平台积累了与行政机关协同共治的丰富经验：大数据打假"云剑联盟"已覆盖浙江、上海、江苏、安徽、江西、海南、广东、福建、云南、贵州、四川、广西、湖南等13个省份。面对线上线下庞大的商品交易体系，阿里巴巴通过解析所拦截的涉假商品链接、被揪出的售假卖家和权利人、消费者投诉举报等信息，对涉假商品、售假团伙进行溯源追踪，绘制出这些团伙的线下分布地图，并提供给公安机关、市场监管部门进行线下执法打击。同时，与市场监管部门开展"红盾云桥"协作项目，通过建立日常协调机制、电商数据共享机制、监管执法协作机制、人脸识别实名认证机制、电子商务诚信机制、网络商品质量抽检协作机制等多项机制，开通大数据交互平台，实现大数据的相互校验、政企协同联合打假、网络消费维权协作，为服务经济发展、维护网络消费者合法权益、加强市场监管提供强有力的数据支撑，有利于实现大数据驱动下的智慧服务、精准监管，推动网络新实体经济健康、规范、有序发展。

国家市场监管总局企业监管局等相关司局先后与浪潮、百度、阿里、京东、龙信、拓普、海云、腾讯等8家数据公司进行了沟通，确立了"以工商经济户籍库为基础，运用互联网、大数据、云计算等技术，构建新型监管模型，提高防控系统性风险和加强事中事后的监管效率，形成可在全国推广的经验"的合作目标。顶层设计有了部署，将有助于突破地方改革瓶颈，并对未来实现全国互联互通打下基础。

参考文献

［1］《国务院办公厅关于运用大数据加强对市场主体服务和监管的若干意见》《东莞市关于深化商事登记制度改革加强市场监管的实施意见》《东莞市商事登记制度改革后续市场监管工作方案》等。

［2］陶勇：《"十三五"市场监管大数据专项规划研究》，《中国工商管理研究》2015第8期。

[3] 林永宏、王华:《基于大数据的工商市场监管系统设计》,《信息技术与信息化》2018年第4期。

[4] 江军、鲁敏芳、潘争鸣、郑睿:《运用大数据加强市场监管信息研析的调查与研究》,《中国市场监管研究》2017年第4期。

[5] 武青海、夏洪波:《大数据时代下政府部门信息资源共享策略研究》,《统计与管理》2015年第11期。

[6] 施建军:《简政放权背景下市场监管模式创新——基于"互联网+信用+大数据"模式的工商监管》,《中国工商管理研究》2015年第6期。

[7] 申孟宜、谷彬:《论大数据时代的政府监管》,《中国市场》2014年第36期。

[8] 文通、李钰:《论实事求是与大数据时代的工商行政管理创新》,《中国工商管理研究》2014年第2期。

(课题组成员:袁凌云、王学敏、史帅峰、罗翼)

东莞主导产业的更新

内容提要：一个经济系统能具有持续增长能力，是由于若干个主导产业迅速发展、扩张及更替的结果。在"十五"末期，东莞首次提出"八大支柱产业"，并于2011年对工业主导产业进行重新划分，形成"五大支柱、四大特色"产业。在主导产业更新过程中，东莞坚定不移地推进供给侧结构性改革，大力实施创新驱动发展战略，推动产业转型升级，主导产业在结构调整中逐步发展壮大，运行规模和质量也明显提高。然而，东莞电子信息、电气机械产业独占鳌头，其他传统主导产业固化老化且得不到替换，对"经济新常态"下的增长速度、发展方式、经济结构、发展动力等方面呈现一系列新的趋势性变化明显不适应，成为阻碍东莞高质量发展的主要原因，及时更新主导产业迫在眉睫。在借鉴苏州、温州等先进城市的经验基础上，本研究报告从把握机遇、抓住关键、遵循规律、优胜劣汰、做实存量、深挖潜力、动力支撑等七个方面，提出了针对性较强的对策与建议。

关键词：主导产业；更新；新兴产业；建议

引　言

习近平总书记在参加十三届全国人大第一次会议广东代表团审议时，要求广东在建设现代化经济体系上走在全国前列，强调广东要果断淘汰落后产能、建立起战略性新兴产业的新支柱。然而，东莞现有"五大支柱、四大特色"主导产业[①]中鲜有战略性新兴产业，实施主导产业更新策略，建

---

① 主导产业是指在一定时期内在国家或地区经济增长中起到"创新"和"扩散"作用的关键部门或产业。国外开创了主导产业理论研究的先河，我国借鉴国外主导产业理论并结合我国国情和经济实力提出了支柱产业的选择。本文将主导产业界定为支柱产业与特色产业的集合，即"五大支柱、四大特色"产业。

立战略性新兴产业新支柱的任务迫在眉睫。有鉴于此，东莞市委党校经济学教研部全体教研人员成立《东莞主导产业更新研究》重点课题组。课题组先后赴东莞市发展与改革局、东莞市工业和信息化局、长安镇、世界莞商联合会等市直部门、镇（街）、商会、企业广泛调研，通过座谈会、深度访问、实地考察等多种调研形式，并在查阅大量文献资料、充分借鉴先进地区的相关经验、广泛征求意见的基础上形成本调研报告。

一 东莞主导产业的发展历程及现状

美国经济学家罗斯托认为，任何一个时期，一个经济系统能具有持续增长能力，是由于若干个主导产业迅速发展、扩张及更替的结果。

（一）东莞主导产业的发展历程

1992年底，中国共产党第十四次全国代表大会报告中首次提出"支柱产业"。该概念的提出顺应了国民经济发展的新要求，成为其发展的重要支点。1994年3月，国务院审议通过了《90年代国家产业政策纲要》（以下简称《纲要》）。该《纲要》明确指出发展支柱产业。与此同时，我国还建立了促进支柱产业发展的投融资体系以及规范化的企业直接融资体系，从各方面扶持支柱产业发展壮大。国家层面支柱产业的建立，为各区域的支柱产业发展绘制了标本。各地分别结合本地经济发展水平、区域特色以及产业优势，确定支柱产业并将其纳入地区长远规划。

为响应国家号召，东莞在"十五"末期首次提出"支柱产业"，并将电子信息制造业、电气机械制造业等八大产业确定为工业支柱产业。"十一五"期间，东莞原有八大工业支柱产业总体发展理想，占全市规模以上工业比重超过60%，为全市工业经济的发展起到了良好的支撑作用。随着工业经济的发展，八大支柱产业的发展出现分化：电子信息、电气机械两大产业保持领先优势，占全市规模以上工业的比重超过40%，纺织服装、造纸、食品饮料等产业也实现了稳定较快发展，但也有玩具等部分支柱产业占全市工业的比重仍然偏低，"支柱"作用并不明显。

2011年，东莞对工业主导产业进行重新划分，将"八大支柱产业"更替为"五大支柱、四大特色"产业。五大支柱产业，即电子信息制造业、电气机械及设备制造业、纺织服装鞋帽制造业、食品饮料加工制造业、造纸及纸制品业，表现为经济规模大，具有产业关联度高、支撑作用强、市场扩张能力强、经济效益相对显著等特征；四大特色产业，即玩具及文体用品制造业、家具制造业、化工制品制造业和包装印刷业，表现为以"特"制胜，是具有本地特色、区位优势、比较优势和市场竞争力的产业或产业集群。就其规模而言，还不足以作为支撑地区经济发展的"支柱"。在东莞主导产业演变过程中，对部分产业的内涵外延作了调整：如"包装印刷业"是在原来八大支柱产业基础上新增的一个新产业类别。电气机械及设备制造业、纺织服装鞋帽制造业、食品饮料加工制造业三大支柱产业所涉及的行业，在原有基础上有所增加，如电气机械及设备制造业，增加了通用设备制造业、专用设备制造业以及交通运输设备制造业（见表1）。

表1 "五大支柱、四大特色"产业按工业行业分类（大类）

五大支柱产业
1. 电子信息制造业
2. 电器机械及设备制造业
（1）电气机械及器材制造业；（2）仪器仪表制造业；（3）通用设备制造业；（4）专用设备制造业；（5）汽车制造；（6）铁路、船舶、航空航天和其他运输制造业
3. 纺织服装鞋帽制造业
（1）纺织业；（2）纺织服装服饰制造业；（3）皮革、毛皮、羽毛及其制品和制鞋业
4. 食品饮料加工制造业
（1）农副食品加工业；（2）食品制造业；（3）酒、饮料和精制茶制造业
5. 造纸及纸制品业
四个特色产业
1. 玩具及文体用品制造业
2. 家具制造业
3. 化工制品制造业
（1）石油加工、炼焦和核燃料加工业；（2）化学原料及化学制品制造业
4. 包装印刷业

（二）东莞主导产业的发展现状

自2011年启动新一轮主导产业划分标准以来，一方面，东莞坚定不移地推动经济发展方式转变，进一步加快经济转型，推动高质量发展，实施重点企业规模与效益"倍增计划"；另一方面，推进供给侧结构性改革，大力实施创新驱动发展战略,加快构建开放型经济新体制。主导产业在结构调整中发展壮大,运行规模和质量明显提高。工业增加值由2011年的1111.42亿元提高到2017年的2288.28亿元,占全市规模工业增加值的比重由67.67%提升至68.99%。2018年1~7月,东莞市五大支柱产业完成规模以上工业增加值1478.1亿元,同比增长8.5%,比全市水平高1.3个百分点,拉动工业增长5.9个百分点,对全市工业的增长贡献率为81.8%(见表2)。

表2 2018年1~7月东莞"五大支柱、四大特色"产业增长情况

指标名称	工业增加值(亿元)	同比增长(%)	贡献率(%)
全市	2117.96	7.2	—
五大支柱产业	1478.10	8.5	81.8
1.电子信息制造业	747.66	13.0	61.8
2.电气机械及设备制造业	396.38	5.8	15.2
3.纺织服装鞋帽制造业	156.76	-3.8	-4.5
4.食品饮料加工制造业	55.89	13.5	4.6
5.造纸及纸制品业	121.41	6.5	4.7
四个特色产业	182.26	0.0	—
1.玩具及文体用品制造业	64.04	4.2	1.8
2.家具制造业	47.77	-9.6	-3.6
3.化工制品制造业	39.16	-0.1	-0.02
4.包装印刷业	31.29	8.7	1.8

1. 结构调整成效显著

近年来,东莞加快发展高新技术产业,升级发展传统产业,淘汰清理"两高一低"落后产业,产业结构在战略性调整优化升级中成果显现。

(1)产业结构明显优化

一方面,支柱产业支撑有力。2017年,东莞市五大支柱产业完成规模以上企业工业增加值2288.28亿元,同比增长12.9%,比上年增速高4.4个百分点,对全市工业增长贡献率达87.3%。另一方面,支柱产业发展更趋均衡。与2016年相比,东莞市支柱产业发展从"一枝独秀"转为"百花齐

放"。2016年，仅电子信息制造业增速高于全市水平，其他四个支柱产业增速均低于全市水平，特别是纺织服装鞋帽制造业出现负增长；而2017年，五个支柱产业均实现正增长，且除纺织服装鞋帽制造业外，其他四个支柱产业均实现两位数增长，高于全市平均水平。特别是在供给侧结构性改革"去产能"的影响下，造纸及纸制品业更实现了20.9%的高速增长。

电子信息支柱产业表现突出，发展势头强劲。五大支柱产业中，发展势头最为强劲的是第一大支柱产业——电子信息制造业。2012~2016年，该行业工业增加值增速分别为18.1%、19.1%、16.9%、11.4%和19.2%，年均增长16.9%，比规模以上企业年均增速快9.7个百分点。2017年，电子信息制造业完成规模以上工业增加值1148.4亿元，同比增长16.7%，比全市水平高6.7个百分点，占全市比重为34.6%，对全市工业增长贡献率为55.9%。智能手机企业一直是电子信息制造业的代表，11家手机整机生产企业增加值占电子信息制造业的比重为27.8%。2017年手机产量逐步趋于平稳，手机产量和智能手机产量同比分别增长5%和5.2%，而11家手机整机生产企业在主营业务收入同比增长34.8%的情形下，利润实现了309.5%的跨越式增长。

高耗能行业占比下降，节能减排成效明显。"五大支柱、四大特色"产业中高耗能制造业主要集中在纺织服装鞋帽制造业、造纸及纸制品业及化工制品制造业。党的十八大以来，东莞全面推进高污染、高耗能、低效益企业的整治和引导退出工作，综合运用"控、打、管、奖、引、督"六大主要措施，严控高耗能行业发展，特别是在"水乡特色发展经济区"加快"两高一低"企业退出，引导落后产业向新兴产业、绿色产业等领域转型发展，节能减排取得明显成效。2011年主导行业中高耗能行业工业增加值占规模以上企业比重为26.45%，到2016年，这一比重下降到20.34%。

（2）企业规模不断壮大

为增强主导产业核心竞争力，东莞市以"一号文"提出实施重点企业规模与效益"倍增计划"。214家市级、1054家镇级试点企业借力重点企业规模与效益倍增计划，从科技创新、发展总部经济、推进兼并重组、开展服务型制造、加强产业链整合、强化资本运作等六方面获益，全面提升产业集约发展水平，着力推进供给侧结构性改革，促进企业"做大做强做优"。在"倍增计划"的带动下，东莞扶持发展了一批大企业、大集团，使全市主导产业企业的平均规模日益扩大，集中度明显提高，大企业在经济发展中的支撑带动作用也进一步增强。在智能手机替代功能机、全球通信网络升级换代、移动终端消费升级等多重利好因素带动下，涌现出华为终端、OPPO、vivo等一批千亿级智能手机龙头行业。此外，东莞还拥有宇龙、金铭、金卓等国内知名品牌企业，华贝电子、航天电子等大型整机代工企业，以及三星视界、迈科、海科泰、劲胜精密等一批配套企业，"满天星星、不见月亮"的零散产业格局正式退出了历史舞台。

（3）民营经济快速发展

外资企业依然是全市经济建设中不可或缺的重要力量，在经济增长、扩大就业、产业升级等方面继续发挥着积极作用。2016年，五大支柱产业中规模以上外资企业共有1756家，占五大支柱产业企业总数的半壁江山。完成工业增加值1175.22亿元，占五大支柱产业规上工业比重57.54%。但自党的十八大以来，东莞在支持和引导民营经济发展方面出台了若干文件和配套政策，进一步拓宽了民间投资的领域和范围，改善了民营经济的发展环境，民营企业得到较快发展。2016年，全市五大支柱产业共有规模以上民营企业990家，比2011年的465家企业增加525家，完成工业增加值224亿元。民营工业强势崛起，打破外资企业在东莞市高度集中统一的局面，成为东莞市工业经济的重要组成部分。

2. 质量效益不断提升

党的十八大以来，全市依托产业结构调整，全面加快发展方式的根本性转变，经济质量效益不断提升，增长模式由速度型向效益型转变。2017年，东莞市完成规模以上工业增加值3316.97亿元，同比增长10%，比全国、全省、"珠三角"分别高出3.4个、2.8个、2.3个百分点，占全省比重由2016年末的9%提升至10%，是近四年来规模以上工业增加值增量最大、增长最快的一年，这一成绩与主导产业蓬勃发展密不可分。

（1）全力推进"机器换人"，企业效率显著提高

党的十八大以来，东莞坚持"政府推动、企业主体、市场运作"的原则，引导和鼓励规模以上企业实施技术升级改造，在电子、食品、纺织、服装等劳动密集型企业中全面推动实施"机器换人"，进一步优化人口结构、提高劳动生产率和技术贡献率，加快产业转型升级。劳动密集型企业向技术密集型企业转型，不断打造新引擎，引领经济步入更加稳健、更有质量、更可持续的新阶段。全市五大支柱产业利润总额从2011年的

3134332万元增长到2016年的3469475万元,增幅为10.69%,支柱产业附加值不断提升。

(2)绿色发展成效显著,工业能耗明显降低

党的十八大以后,东莞以国家"节能减排财政政策综合示范城市"建设为契机,加强财政扶持,努力构建"监管和服务并举""规范与发展并重"的工业节能综合监管新体系,大力推进电机能效提升及注塑机节能改造,全面实施"两高一低"企业退出政策,有效推动绿色工业和循环经济发展。2012~2016年,东莞规模以上企业工业增加值能耗分别下降11.4个百分点、8.5个百分点、9.7个百分点、10.9个百分点、3.9个百分点,累计下降幅度达到44.4个百分点,有效地实现了环境整治和经济发展的有机统一。

(3)智能手机发展壮大,新经济增长点形成

党的十八大以来,移动市场迎来爆发式增长,东莞迅速抓住机遇,智能手机产业入选省市共建的战略性新兴产业基地。五年间,智能手机产业规模不断壮大,集聚效应初显,逐渐成为东莞工业经济的新增长点。智能手机产量从2011年的4300万台跃升至2017年的3.54亿台,年均增速高达42.1%。2018年上半年,东莞智能手机产量为1.85亿台,同比增长9.1%;出货量达到1.6亿台,增速基本与上年持平,约占全球智能手机出货量的24%;实现主营业务收入2449.75亿元,同比增长12.2%,占全市电子信息制造业主营业务收入的57.4%。其中,华为、OPPO和vivo共实现主营业务收入2290.56亿元,同比增长14.2%。国际数据公司(IDC)数据显示,2018年上半年华为超越苹果,成为第二大智能手机出货商,占据全球市场份额的13.9%,比2017年上升3.3个百分点;OPPO和vivo的市场份额也实现了小幅度提升,分别提高0.4个和0.8个百分点,分别排名全球第五和第六。此外,在手机巨头带动下,广东劲胜智能集团股份有限公司、东莞长盈精密技术有限公司等优质配套企业脱颖而出,基本覆盖了智能手机整个产业链条,推动城市产业动力转换。

3. 新兴产业崭露头角

近些年来,东莞新兴产业优势不断显现,逐渐形成了薄膜太阳能光伏产业基地、物联网产业基地、国际机器人产业基地、智能手机产业基地、两岸生物技术产业合作基地、云计算应用战略性新兴产业基地、岭南文化

创意产业基地、环保技术处理与装备研发生产基地等新型特色产业基地，以新能源、LED、物联网、新材料为主体的产业集聚效应日益凸显，并培育形成了一批创新型企业集群。其中，在新一代通信技术、新能源与节能产业、生物技术、环保产业等领域表现突出。

（1）新一代通信技术发展迅速

新一代通信技术行业在电子信息产业独占鳌头。2017年，通信技术行业营业收入为2390.43亿元，占电子信息行业营业收入的67.27%。2017年，集成电路及关键元器件增加值为501.19亿元，占高端电子信息制造业增加值比重51.0%，增速为10.2%；信息通信设备增加值为474.80亿元，占高端电子信息制造业增加值比重48.2%，增速为27.9%；新型显示增加值为7.66亿元，占高端电子信息制造业增加值比重0.8%，增速为35.4%。

（2）生物技术长足发展

2016~2018年，生物与新医药高新技术企业数量和工业总产值的年复合增长率分别为40.7%和28.0%，均高于高新技术企业整体发展速度。2017年东莞生物与新医药高新技术企业共计92家，营业收入122.1亿元，包括医药生物技术、中药天然药物、化学药研发技术、医疗仪器设备与医学专用软件、轻工和化工生物技术、农业生物技术等7个重点领域及其下属的21个技术领域。目前，东莞已经聚集了东阳光药业、众生药业、三生制药、上海医药等超过300家生物技术企业，其中有13家企业被广东省食品药品监督管理局评为2017年度质量信用A类医疗器械生产企业，生物与新医药产业集聚发展格局初步形成。

（3）新能源与节能产业异军突起

2012年新能源与节能产业高新技术企业工业总产值88.9亿元，到2016年增长到207.9亿元，年复合增长率18.5%。其中，以家用电池制造、燃气生产和供应业等产业异军突起，成为新的产业增长点。目前，东莞新能源与节能产业拥有企业数量超200家，涉及新能源电池与汽车、太阳能、生物智能、风能、节能与环保等领域。

（4）环保产业欣欣向荣

2012年，东莞市资源与环境高新技术企业仅有20家，到2017年增加至110家，共计增加了90家高新技术企业，年复合增长率高达32.9%。同时资源与环境高新技术企业工业总产值也从2012年的166.45亿元增长到

2017年的368.85亿元，增加了202.4亿元，年复合增长率为14.2%。主要包括水污染控制与水资源利用、大气污染控制、固体废弃物处置与综合利用、环境监测及环境事故应急处理、生态环境建设与保护、清洁生产六个细分产业。

二 东莞主导产业发展中存在的突出问题

主导产业长期得不到替换，产业结构的固化老化，是阻碍东莞产业结构转型升级和高质量发展的主要原因。从各项指标看，电子信息和电气机械独占鳌头，是东莞经济的中流砥柱，但同时面临"鸡蛋放在一个篮子里"的市场风险。

（一）发展环境日趋严峻

1. 中美经贸摩擦加大主导产业发展压力

在支柱产业——电子信息制造业方面，由于华为、OPPO和vivo对美出口整机产品占比不大，短期内中美经贸摩擦对东莞智能手机整机出口影响较小。然而，与智能手机产业高度关联的手机芯片、操作系统和关键IC件等，东莞对美国高度依赖。目前，东莞芯片及集成电路产业本土市场占有率仅占13%，87%需要大量进口或市外采购，每年东莞直接或间接从美国进口集成电路超过500亿元。此外，根据课题组的调研发现，受美元增值以及贸易战影响，一方面，所有从美国、韩国、日本等国以美元进料结算购入的芯片涨价；另一方面，电子产品的采购紧张，特别是IC、芯片类产品部分不能满足生产需求。为避免加征关税影响企业利润，有部分企业表示可能将涉及加税产品的订单转移到东南亚等生产基地。例如，天弘科技2018年上半年出口额19.3亿元，企业直接和间接对美出口额占公司总出口额的80%，且产品100%在征税清单范围内，如果情况恶化，企业计划将产品出口到墨西哥，待加工后再运往美国，或直接将订单转移到东南亚。

在特色产业——化工行业方面，中美贸易摩擦影响明显。美国宣布第一轮加征关税项目279个，其中163项产品直接或者间接与化工产品相关。据东莞某化工企业反映，除了人民币贬值、原油价格波动等因素导致原材料价格上涨外，中美贸易战进一步造成订单减少，第二季度销售收入同比下滑了4%，而近10年来企业在二季度旺季均是保持较快增长的。从全市来看，2018年1~7月，化工制品制造业规模以上企业工业增加值累计同比下降0.1个百分点，增速由正转负。

2. 产业发展区位优势呈弱化态势

随着港珠澳大桥建成通车，深中通道、虎门二桥等工程加快建设，未来珠江口两岸的交通将更加便捷，深圳产业外溢和转移将出现多元化趋势，东莞承接深圳、香港辐射的机会将大不如前。广州近年来持续加大产业发展力度，广州本地的原始创新资源也更多选择就地转化和产业化，溢出效应也不断减少。此外，在广深港澳科技创新走廊建设中，东莞综合发展实力相对较弱，加之面临深圳、广州高新区和其他核心创新平台竞争，产业发展区位优势有所减弱。

（二）主导产业更新意识不足

首先，政府与企业对传统产业形成"路径依赖"，开拓精神和创新主动性不够。一是对世界产业布局认识相对滞后，危机意识不够强。当经济步入"新常态"之后，东莞改革红利、人口红利等逐步丧失，旧动能难以维系。二是管理惯性和传统思维烙印很难革除。主导产业适时更替，关键在于思想解放先行。与过去相比，东莞在居安思危、勇于创新、开发合作、乐于打基础、励精图治等方面的意识有所淡化。

其次，现有产业的沉没成本使得产业转型难度较大。在电子信息制造业、电器机械及设备制造业等方面，东莞产业链完善、基础雄厚。由传统产业向新兴产业转型，随之而来的是较高的"门槛"和沉没成本，这是制约东莞主导产业更新的关键因素。让新兴产业培育发展成为主导产业，须从整体上安排制度设计。受地方保护主义、利益束缚等因素影响，东莞对新兴产业的培育缺乏系统设计和统筹安排，呈"一盘散沙"态势。

最后，传统工作生活方式和文化习惯制约新兴产业发展。产业的发展与一定的历史传统、文化价值观紧密相关，文化是影响经济主体行动的最深层力量。当集群区域的文化特质、技术文化与外部环境的变动具有内在一致性时，前者能为集群的持续发展提供动力。当外部环境发生改变时，"路径依赖"则成为区域经济转型、技术变迁的障碍。例如，从价值链的角度看，发展新一代信息技术等新兴产业，关键在于对信息的收集、处理和应用等高附加值环节，而不是对产品的简单加工环节。

（三）主导产业结构有待优化

1. "一业独大"可能触发系统性风险

电子信息制造业在东莞"一业独大"，对全市工业经济增长起支撑和拉动作用。2017年，电子信息制造业占全市规模以上企业比重为34.6%，主营业务收入占全市规模以上企业的50.1%，对全市工业增长贡献率为55.9%，其中手机行业举足轻重。但受行业周期和市场波动影响，全球智能手机市场进入存量经营期，增长放缓，行业竞争加剧，在5G到来之前不可能再出现往年的爆发式增长。2017年，东莞11家手机整机生产企业中，有6家主营业务收入负增长，3家利润负增长，4家亏损，行业可能面临新一轮洗牌。在此过程中，东莞经济发展的不确定性势必加大，甚至会触发系统性风险。

2. 部分产业不具备主导性地位

产出基准是判断某个产业的发展规模以及对整个国民经济影响力的一个重要指标，其中增加值占比是最核心的指标。如果没有足够的规模，不能对整个国民经济起支撑作用，该产业则无法成为支柱产业。一般来说，一个产业的增加值占GDP的比重接近或超过5%，是其成为支柱产业的基础条件。

在五大支柱产业发展方面（见表3），电子信息制造业一枝独秀，工业增加值为1148.4亿元，占比为34.6%；位居第二的是电气机械及设备制造业，工业增加值为590.9亿元，占比17.8%；位居第三的是纺织服装鞋帽制造业，工业增加值为275.3亿元，占比8.3%；位居第四的是造纸及纸制品业，工业增加值为176.3亿元，占比5.3%。由此判断，前四大支柱产业的工业增加值占比均超过5%，作为"支柱产业"名副其实，而食品饮料加工制造业，增加值占比仅为2.9%，且有逐年下降趋势，作为"支柱产业"名不副实。

在四大特色产业方面，位居第一的是玩具及文体用品制造业，工业增加值为114.7亿元，占比3.5%；位居第二的是家具制造业，工业增加值为83.7亿元，占比2.5%；位居第三的是化工制品制造业，工业增加值为69亿元，占比2.1%；位居第四的是包装印刷业，工业增加值为53.9亿元，占比1.6%。此外,受经济大环境影响,2017年玩具及文体用品制造业、家具制造业、化工制品制造业三大特色行业增长低迷,规模以上企业工业增加值同比增长率分别为2.9%、0.2%、5.7%,大幅拉低了全市工业增速。总之,四大特色产业既不符合国家战略层面的要求,也不能完全代表东莞产业未来发展的方向与特色,加之其工业增加值占比及对工业增长的贡献率均过低,发展潜力极为有限,实现有序更替迫在眉睫。

表3 2017年东莞主导产业发展情况

	工业增加值			工业增长贡献率（%）	地区排名
	数额（亿元）	增速（%）	占比（%）		
电子信息制造业	1148.4	16.7	34.6	55.9	广东省第二
电气机械及设备制造业	590.9	10.4	17.8	18.3	—
纺织服装鞋帽制造业	275.3	0.2	8.3	0.2	广东省第三
食品饮料加工制造业	97.3	12.6	2.9	3.6	珠三角第二
造纸及纸制品业	176.3	20.9	5.3	9.3	珠三角第一
玩具及文体用品制造业	114.7	2.9	3.5	—	珠三角第一
家具制造业	83.7	0.2	2.5	—	广东省第二
化工制品制造业	69	5.7	2.1	—	—
包装印刷业	53.9	23.2	1.6	—	广东省第三

（四）新兴产业实力较弱

1. 新兴产业经济规模总体偏小

在先进制造业中,智能制造装备、新能源装备、新型显示等新兴产业有较快增长,但2017年增加值占全市规模以上企业工业比重分别为1.91%、1.68%、0.23%,总体规模偏小。以智能制造为例,在东莞市10家省机器人骨干（培育）企业中,仅有拓斯达、伯朗特、艾尔发3家企业年主营业务收入超亿元,有4家仍属于非规模以上企业。在实施机器换人的2723家企业中,国家智能制造示范企业（项目）仅有4家,实施设备、生产线自动化改造企业的比例分别为50.20%和49.80%。从目前来看,东莞新兴产业还难以支撑全市工业增长,新旧动能转换仍需稳步推进。

2. 新兴产业集聚度不高

从产业发展现状看,东莞市新兴产业虽然已具备一定产业规模,但产业发展缺乏前瞻性长远规划和整体性统一空间布局,发展路径也不够清晰。智能制造装备生产企业分布在全市 32 个镇(街)和松山湖高新区,平均一个镇十来家,整体上呈现布点分散、布局杂乱的状态。从主体产业和特色产业来看,尽管已涌现了松山湖机器人装备、虎门线缆装备、厚街鞋机装备、大朗智能纺织装备、长安数控机床装备等少数几个产业集聚区,但产业集聚程度普遍不高,且集群内企业数量不多,一般在 20 家左右,难以凸显规模经济和产业集聚度。

3. 新兴产业竞争力和根植性不高

一方面,新兴产业核心竞争力较弱。东莞市战略性新兴产业技术、商业模式和终端产品成熟度较低,核心产业技术储备不足,导致关键设备、关键技术均落后于国际领先水平并基本依赖进口。以智能制造产业为例。东莞关键零部件、元器件进口依存度高,绝大多数企业集中在系统集成层面,只是停留在简单的装配与组装层面上,核心智能技术缺失。加之企业尚未真正成为技术创新的主体,产学研用紧密结合机制没有形成,研究开发面临较大不确定性。另一方面,新兴产业根植性不高。东莞市装备制造业等新兴产业外向型特征明显,特别是大型企业仍以外资企业为主。以智能制造产业为例在核心零部件的供应渠道方面,相关经销商比较少,在与海外供应商的商务过程中普遍处在不利的议价地位,导致器件供应周期长,严重影响到装备制造的过程和周期。总之,技术和市场"两头在外",导致对外依存度较高,产业根植性不够强,加之具有国际竞争力的本土大型装备制造企业比较缺乏,中小企业的特色优势和专业化分工仍不够明显,同质化竞争问题仍然没有解决,严重制约东莞智能制造装备业的长远发展。

(五)产业结构调整配套政策不足

尽管近年东莞陆续出台一系列产业政策,但主导产业发展不快、不优的问题仍然突出,政策实施过程中依然面临一些亟待解决的问题。

一是产业结构调整政策不够精准。产业结构调整政策下发后,基层在找准着力点和突破口方面存在欠缺,部分原因在于政策制定前期调研不够充分,没有找准制约产业转型升级真正症结所在,在一定程度上存在"闭门造车"现象，没有充分结合东莞实际和产业发展特色，导致产业政策缺乏较强的针对性和可操作性。

二是产业结构调整政策缺乏系统性。东莞既有产业政策的出台不乏应急而生者，往往是在实践中遇到问题后，未能通过深入的理论论证，只是进行简单的经验总结而制定出相应的对策，以致不能形成较为完整、协调的产业政策体系。

三是产业结构调整政策难落地。虽然东莞出台了战略性新兴产业、现代服务业等发展规划，提出要发展智能制造、生物医药等新兴产业，但扶持新兴产业发展的相关政策针对性不够，特别是在对新兴产业的保护、扶植方面显得不足。此外，在科技服务业等新兴产业政策方面也存在空白。多方面因素，导致新兴产业发展未能实现预定目标，更没有起到"支柱"作用。

三　先进地区主导产业更替的经验与启示

（一）先进地区主导产业更替的经验

1. 苏州经验

经过改革开放以来尤其是"十二五"时期的发展，苏州已成为工业大市、全球制造业基地之一，但"大而不强"的问题十分突出，高附加值、高加工度、高技术化等工业化后期的典型特征尚未充分展现，新旧动能转换成为苏州"十三五"期间面临的突出问题。

一是产业层次总体偏低。总体处于产业链的中低加工组装环节，缺乏终端名牌产品。全市工业增加值率仅由2010年的17.3%提高到2015年的18.2%。其中，2015年规模以上企业增加值率为20.5%，加工贸易出口占比超过53.9%，低附加值和劳动密集型的特征仍较为明显。二是传统优势明显弱化。规模以上企业出口交货值增长值由2010年的26.5%回落至2015年的0.7%，占工业销售产值的比重下降5.2个百分点，全市规模以上外资工业企业产值增速落后于规模以上企业0.7个百分点，对工业经济的支撑作用日趋弱化。三是企业效益低位徘徊。"十二五"时期，工业企业劳动力成本、商务成本、财务成本等大幅上升，其中劳动力成本年均增幅在10%以上，工业企业经济效益低位徘徊，特别是规模以上工业企业利润率下降，企业生产经营面临困难。四是动能转换投入不足。工业固定资产投资增幅下滑，由2010年的20.2%下降至2013年的11.7%，2014年、2015年甚至出现负增长；工业固定资产投资效果系数由2008~2010年的0.36下降至2012~2015年的0.06。2015年苏州市大中型工业企业研发经费支出占销售收入的比重略高于1%。五是产业更替不够平稳。"十二五"期间，钢铁、纺织、化纤产业产值年均增幅比"十一五"期间分别回落18.2个、7.9个和17.4个百分点，笔记本电脑累计转移产能近2300万台，战略性新兴产业的发展和结构性增长点的培育，难以弥补落后产业淘汰和低端产能转移的空间。六是资源环境约束加重。建设用地供应高度紧张，存量建设用地占国土面积的28%，已接近30%的红线。2015年，全市单位土地面积化学需氧量和二氧化硫排放强度分别是全国平均水平的4.1倍、9.2倍。

"十三五"期间，苏州立足现有产业基础，在提升发展传统优势产业的同时，重点培育发展新兴工业支柱产业和生产性服务业，主导支柱产业更新突破性进展。目前，苏州制造业已形成"126"发展新态势："1大超级产业"，即电子信息产业；"2大技术高地"，即纳米技术和生物制药；"6大先进制造业重点发展方向"（见表4）。随着政府顶层设计的强力推动、政策红利的不断释放，苏州工业经济发展取得了明显成效。2017年苏州工业增加值为6900亿元，同比增长6.6%，对GDP贡献率为43%。全市规模以上企业总产值3.2万亿元，比上年增长10.4%，增速为2012年以来最高。目前，苏州共有工业企业15万余家，其中规模以上企业近万家，工业产值超百亿元企业32家，拥有世界500强企业2家，中国企业500强11家、境内外上市企业124家。

表4 苏州新兴产业发展态势

1大超级产业	2大技术高地	6大先进制造业重点发展方向
电子信息产业	纳米技术	新一代电子信息产业
		高端装备制造产业
		新材料产业
电子信息产业	生物制药	软件和集成电路产业
		新能源与节能环保产业
		医疗器械和生物医药产业

与此同时，苏州产业结构持续优化。服务业方面，2017年全市实现服务业增加值8861.65亿元，同比增长8.2%，并成功入选全国"服务型制造示范城市"。工业经济方面，创新能力不断增强，智能制造加快推进，生态环境不断改善，企业效益稳步上升，并位居"2018年中国先进制造业城市发展指数"第五名。以新产业、新技术、新动能为代表的先进制造业加快发展，对工业经济引领作用显著增强。2017年，苏州新兴产业产值1.62万亿元，占规模以上企业工业总产值的比重达50.8%。高新技术产业产值1.53万亿元，比上年增长10.5%，占规模以上企业工业总产值的比重达47.8%。特别是以工业机器人、集成电路为代表的新技术产业加快发展，增长优势明显。2018年1~8月，工业机器人产业实现产值141亿元，同比增长39.0%。集成电路实现产值496亿元，同比增长15.8%。其中，装备制造业成为苏州工业经济的重要增长极。2017年1~8月，装备制造业实现产值5472亿元，同比增长7.9%，占规模以上企业工业总产值的比重达25.2%，其所涉及的六个行业生产全面提升，其中通用设备制造业、专用设备制造业和仪器仪表制造业产值分别增长10.1%、19.1%和15.0%。

2. 温州经验

改革开放以来，温州民营经济从无到有、从弱到强，创立了闻名全国的"温州模式"，成为民营经济发展的典范。其中，工业企业中，民营企业数占比99%以上，工业总产值占比90.8%。与其他城市相比，温州产业特色鲜明，产业链比较完善。经过长期发展，电气、鞋业、服装、汽摩配、泵阀等传统优势产业均已形成较为完善的产业链。以鞋业为例。以制鞋龙头企业为核心，周围集聚了上千家鞋机、鞋饰、鞋底以及皮革生产企业，构成分工协作、配套完善的鞋工业体系。

但自"十二五"以来，特别是2011年下半年爆发的企业金融风险，给温州工业经济发展带来了严重冲击和持续影响，发展中长期积累的体制性、结构性和素质性问题进一步凸显，突出表现在低端产能过剩、高端供给不足。"十二五"期末，温州劳动密集型产业占比过高，其中当年第四季度规模以上企业工业产能利用率为73.5%，产能严重过剩。而新一代信息技术、机器人、新材料、生物医药等新兴产业和高端制造业，在技术上突破有限，未形成足够规模和明显亮点，导致新产品、高技术产品、优质产品供应不足。在"十三五"开局之年,温州市政府提出,以智能制造和绿色制造为主攻方向,建设形成产业链完整、分工合理、布局优化、特色鲜明、竞争力强的现代产业集群,将温州打造成为我国先进制造业和高新技术产业重要基地,并瞄准重大产业技术发展趋势,加快培育发展新一代信息技术和物联网产业、高端装备制造业等新兴产业(见表5),积极发展工业设计、电子商务、现代物流、金融服务、科技服务、咨询服务、专业会展等生产性服务业,构建以智能化、绿色化、服务化为特征的现代工业体系,主导支柱产业更新取得明显实效。

表5 温州重点培育发展的新兴产业

	产业	目标
1	新一代信息技术和物联网产业	全省重要的信息技术产业基地
2	高端装备制造业	建设成为全国激光与光电产业发展的重要基地、国内重要的轨道交通装备生产基地、全省较大影响力的智能装备制造基地和全省领先的通用航空产业聚集区
3	新能源产业	新能源产业发展高地
4	新能源汽车业	浙南重要的新能源汽车产业基地
5	新材料产业	全省具较大影响力的新材料产业基地
6	节能环保产业	浙南闽北具有较强影响力的节能环保产业集群
7	核电关联产业	全省重要的核电关联产业基地
8	生物和医药产业	形成涵盖研发、中试、产业化等环节的现代生物医药产业集聚区,确保食品制造机械继续领跑全国并向国际化发展
9	海洋新兴产业	建设成为国内重要的船舶和海洋工程装备生产基地,温州海洋科创产业基地

"十三五"期间,温州战略性新兴产业领域的招商引资在总量、项目结构、产业项目资金占比方面明显改善。2016年新引进包括威马新能源汽车、中电产业园、中科光电、马太新能源汽车在内的投资额5亿元以上战略性新兴产业项目10个,为历年最好水平。目前,南车灵昆车辆维修基地一期、奔腾激光生产基地、华峰新材料产业园、中电产业园等一批大项目园区正在抓紧建设中,预期投产后对温州战略性新兴产业发展起到很强的带动作用。同时,为做优做大产业大平台,优化产业布局,温州开展了产业平台

整合提升行动，梳理了全市70多个市级及以下产业区块，以省级及以上产业园区为中心进行整合，全力打造浙南科技城、瓯江口产业集聚区和浙南沿海先进装备产业集聚区。

通过对主导支柱产业的大幅更新，近几年温州工业经济恢复性回升。2017年，战略性新兴产业、高新技术产业和装备制造业增加值分别为137.96亿元、450.41亿元、494.01亿元，规模以上企业工业增加值占比分别为12.7%、41.4%、45.4%。特别是2018年上半年，温州市规模以上企业工业增加值同比增长9%，增幅比上年同期提高1个百分点，近6年来连续两个季度达到9%，增速比浙江全省平均高0.8个百分点。分行业领域看，九大战略性新兴产业中，新能源汽车产业增长最快（23.4%），高端装备制造业、生物产业、节能环保产业保持较好增长，增长率均在10%以上。经济运行中的新技术、新产品、新业态等加快形成，新市场主体较快增长，为经济发展注入新的动能。2018年上半年，全市数字经济核心产业增加值同比增长11.2%，其中数字经济核心产业制造业增加值增长10.9%，高于全部规模以上企业工业增速1.9个百分点。高新技术产业、装备制造业和战略性新兴产业也在持续发力，增加值分别增长11.4%、12%和11.2%。企业效益也在不断提升，全市规模以上工业企业实现利润总额127.9亿元，增长27.4%，高于全省平均水平14.2个百分点。

（二）先进地区主导产业更替对东莞的启示

1. 对主导产业有序更替是大势所趋

主导产业选择是个动态的过程。一方面，衰退产业退出是优胜劣汰的必然结果。演化经济学认为，产业依旧遵循优胜劣汰的自然规律。从投入产出角度看，东莞高投入、低产出产业，自然就属于"劣产业"。在社会经济的发展过程中，东莞部分产业会因为生产技术落后、成本过高等原因，造成利润微薄甚至出现负利润，导致相关企业不能生存下来，退出东莞成为它们的唯一出路。另一方面，衰退产业退出是实现资源高效配置的需要。对于衰退产业而言，所占有的资源已经不能实现利益的最大化，只有通过落后产能的合理退出，才可以为东莞优势产业、主导产业腾出发展空间，实现资源的高效配置。在新兴主导产业部门获得更多资源后，可以实现产能的有序扩张，并带动其他产业部门的发展。此外，衰退产业退出是实现产业结构调整和升级的需要。当前,东莞衰退产业基本上属于一些传统产业,特别是一些中低端劳动密集型产业,且占据着相当的比重,导致高新技术产业与战略性新兴产业的主导地位不够突出。衰退产业不合理退出,必将阻碍东莞产业向价值链高端攀升,向研发设计和销售服务两端延伸,减缓东莞产业结构转型升级。

2. 产业调整可跨阶段演进

按照产业演进的一般规律,产业结构应该是由劳动密集型产业先向资本密集型的重工业发展升级,再向技术密集型产业前进。从苏州、温州等先进城市的产业发展历程看,产业结构升级路径并非一成不变,例如温州从劳动密集型产业直接向技术密集型产业过渡,成功跨越了资本密集型的重化工业阶段。就东莞而言,曾经尝试过由"轻型化"向"重型化"转型,但并不顺利。目前,尽管东莞重工业的比重超过了轻工业,但是东莞一方面重工业的产业链不长,对于整个经济的拉动力很弱;另一方面大型的重工业企业几乎没有一家,重工业对经济的辐射带动力差。笔者认为,东莞只是一个城市,不一定要按照一个国家产业演变的规律来发展,可以走一个城市独特的产业发展道路,可以在某个阶段跨越式发展。从东莞目前的资源环境条件来看,没有条件再大规模发展重化工业,但也不能对传统产业形成路径依赖,必须不断培育新兴产业来提升竞争优势。

3. 城市定位为主导产业更替提供新思路

通过对国内外先进城市与主导产业互动发展经验的分析,不难发现:有什么样的城市,就有什么样的产业结构。坚持可持续、多元化的城市发展战略,能为城市主导产业更替提供新方向。一是确立新的城市生态观,强调城市的可持续发展。二是突出城市特色,包括城市文化、城市建筑等方面的特色,将其融入城市规划尤其是景观规划中,走特色化的城市发展道路。三是提高资源配置效率,建立能耗低、排放少、效益高、可循环利用的节约型城市。四是改善城市空间结构,强调生产、生活和生态的协调统一。五是坚持产业多元化与突出重点相统一。从城市多元化发展来看,避免形成较为单一的产业结构,必须注重第二、第三产业及其内部行业的均衡发展,保持产业结构的多元化。同时,要以市场需求为导向,在既有产业基础上发展具有优势和潜力的新兴产业和高新技术产业,形成支撑地区经济增长的新的主导产业框架。六是城市发展水平决定主导产业层次结构。国内外经验表明，随着城市发展水平的不断提高，产业结构中的服务化发展比重将逐渐超过工业比重，成为城市发展的主要推动力量。总而言之，在产业转型升级过程中，主导产业不能盲目更替，应注重对原有主导产业的继承，努力协调好传统产业与高新技术产业、战略性新兴产业之间的结构平衡问题。

4. 新兴主导产业培育要"两只手"过硬

新兴主导产业培育，是指区域政府为了促进已选择的新兴主导产业发展，弥补市场不足，促进区域内产业协调发展而采取的一系列完善市场、干预市场的政府行为。一是明确区域新兴主导产业培育的主体特定性。区域主导产业培育的主体应为区域政府，而企业、个人只能选择某产业进入，无法进行产业培育。政府的重要职责在于完善市场、调控市场，并提供产业发展的基础环境等公共服务。当不符合主导产业选择标准时，政府应果断停止对该产业进行培育。二是构建新兴主导产业的扶持机制。当新兴主导产业确定后，其健康快速发展依赖于相关产业政策的配合和扶持。东莞可在权限内，采取经济、行政、法律等手段，从技术供给、资金供给、产品和要素市场三个方面，间接或直接地进行扶持和干预，促进、引导资源在新兴主导产业的合理配置，带动地方国民经济的良性健康发展。三是坚持政府扶持与市场调节相结合原则。演化发展经济学认为，产业政策可以帮助地区经济体系构筑人为的比较优势，引导支柱产业升级。在新兴主导产业发展初期，政府可以通过产业、投资政策，化解市场的过度竞争、囚徒困境等缺陷，防止公共资源浪费。同时，应充分重视市场的调节作用，注重企业竞争力的自我培育，避免企业对政府形成"路径依赖"。过去，部分地区集中优势资源于特定行业，采取过度干预方式，从而获得快速发展，该做法已经跟不上当下经济发展的要求。

四 关于东莞主导产业更新的几点对策与建议

东莞经济步入工业化后期，在增长速度、发展方式、经济结构、发展动力等方面呈现一系列新的趋势性变化，正在向形态更高级、分工更复杂、结构更合理的阶段演化，对主导产业及时更新迫在眉睫。

(一) 把握机遇：新旧支柱产业更替进入关键期

根据国家发改委宏观经济研究院常务副院长王昌林的研究分析，"新旧支柱产业进入更替时期"。近些年来，我国传统工业，特别是重化工业、出口导向型工业生产进一步回落，服务业和战略性新兴产业等一批新的增长点快速发展壮大。预计到2020年，我国新的产业增长点潜在产值规模在60万亿~80万亿元。一是服务业特别是金融、文化旅游、电子商务、信息消费服务等现代生产性服务业快速增长；二是高新技术和战略性新兴产业成为推动工业增长的新动力。从工业内部结构看，传统工业增速下降，但新一代信息技术、节能环保、高端装备、生物医药等行业快速增长。综合考虑技术进步、市场需求等多方面因素，"十三五""十四五"时期将是我国新兴产业快速壮大的阶段。清华大学中国经济研究中心副主任魏杰教授认为，未来战略性新兴产业、服务业和现代制造业三大产业有望迅速上升为新支柱型产业。为此，东莞应顺应国际国内产业发展趋势，以粤港澳大湾区建设为契机，以广深港澳科技创新走廊建设为平台，采取力度更大、针对性更强、作用更直接的措施，抢占先机，大力推进重点领域的改革攻坚，采取针对性、操作性和突破性更强的经济技术政策支持，组织实施一批重大行动方案，为东莞支柱产业更替提供强大支撑。

(二) 抓住关键：产业调整的重点在于主导产业更新

区域经济产业调整有两种不同的模式：一是以专业化成长为主要特征的"升级"，即沿着初级加工—规模生产—品牌经营路径进行，其技术来源表现为内生，竞争优势来源于产品差异性；二是以区域主导产业的更替为主要特征的"转型"，其技术来源表现为外生，竞争优势来源于技术先进性。就东莞而言，一方面对传统产业"升级"，即通过"转移一批、升级一批"等方式，将制衣、制鞋等传统产业中附加值较高的研发、技术服务、品牌销售环节留在东莞，发展"总部经济"；另一方面，须顺应"经济新常态"要求，对东莞产业"腾笼换鸟"，将土地、用工等要素投入量大、人均产出率低、污染严重的夕阳产业果断淘汰，腾出有限空间发展新一代信息技术、生物医药、现代物流等新兴产业，即大力推进支柱产业的调整更替，这是东莞产业调整的重中之重，更是建立现代化经济体系和高质量发展的本质要求。

（三）遵循规律：新兴主导产业选择必须综合权衡

一是重点突出原则。"大而全""小而全"，观望、攀比，是区域间产业结构雷同、生产效率低下、重复发展、恶性竞争的根源。市场竞争最根本的是资源市场和产品市场的竞争，确定支柱产业的数量既不能是较少的一两个，也不能太多，否则不成其为"支柱"。建议东莞选择6~7个具有确定优势的产业作为突破口，形成"支柱"；再围绕"支柱"培养一批重点产业，形成支柱产业群。二是"定性+定量"分析原则。定性因素方面，其一是产业结构演进所处阶段。东莞处于工业化后期，应顺应传统制造业向高端制造业、高新技术产业、生产性服务业方向演变。其二是地区主要矛盾和任务。在传统优势逐步弱化的"经济新常态"下，东莞应顺应供给侧结构性改革的要求，把高端制造业、高新技术产业、生产性服务业作为主攻方向。其三是产业分工与转移等经济环境。深圳高端制造对临深片区的"溢出效应"越发明显，加之粤港澳大湾区建设成为国家战略，东莞应与佛山、中山等周边城市形成错位竞争关系，重点发展高端制造业、高新技术产业和生产性服务业。定量因素方面，宜采用比较权威的"因子分析法"，涵盖市场需求、影响力系数、感应度系数、产出所占比重、需求收入弹性、劳动生产率、就业人口比重、流动资产周转次数等系列指标。就东莞而言，产出所占比重、需求收入弹性、劳动生产率、就业人口比重等四个指标最为关键。三是规模带动原则。这是考量主导产业的主要指标。一般来说，规模越大，所带来的研发能力、资本积累能力、自我发展能力及产学研结合能力等越强。通常，地区支柱产业的增加值占GDP比重应达到5%以上。但如果个别产业（例如战略性新兴产业）离这一标准还有一定差距，而在其他标准和因素都明确指向该产业时，例如东莞的生物医药产业等，这一标准不应成为无法逾越的障碍。

（四）优胜劣汰：对现有工业主导产业进行重新甄别

综合以上定性、定量指标，对东莞传统工业支柱产业进行分析。一是部分传统工业产业增长低迷。2017年，东莞市纺织服装鞋帽制造业、玩具及文体用品制造业、家具制造业、化工制品制造业等传统行业增长低迷，规模以上企业工业增加值增速分别为0.2%、2.9%、0.2%、5.7%，拉低了全市工业增速。二是传统产业间两极分化明显，效益差距较大。电子信息制造业、造纸及纸制品业表现突出，增加值增长率远高于全市水平，2017年1~11月利润总额分别增长99.6%、156.5%。而纺织服装鞋帽制造业、玩具及文体用品制造业、家具制造业、化工制品制造业增加值增速低迷，盈利能力较弱，尤其是纺织服装鞋帽制造业利润总额仅增长0.6%，化工制品制造业利润负增长（-13%）。结合利润率来看，支柱、特色产业中，最高的为造纸及纸制品业，主营业务收入利润率达9.62%，最低的为玩具及文体用品制造业，主营业务收入利润率仅为1.69%。建议将环境污染严重、经济效益差的纺织服装鞋帽制造业、玩具及文体用品制造业、家具制造业、化工制品制造业移出工业主导产业范畴。总而言之，根据东莞"建立现代化经济体系"的发展要求，现有四大特色产业及现有支柱产业中的纺织服装鞋帽制造业、食品饮料加工制造业，不宜列为东莞未来主导产业。

（五）做实存量：转型升级传统支柱产业

通过对相关指标的综合考虑，建议将"五大支柱四大特色"产业中的电子信息制造业、电气机械及设备制造业、造纸及纸制品业三大产业，继续保留为东莞支柱产业，并从以下两个方面转型升级。一方面，重点推进智能制造。按照"自动化改造、智能化改造、智能制造示范"三个层次推动制造业改造升级，一是通过产业对接路演、现场授课、专家辅导、全流程诊断等多种形式，助力企业在设备使用、技术提升、产业链延伸等方面提高水平。二是发挥示范项目的引领带动效应。继续培育一批智能制造示范项目，引导企业从自动化向数字化、网络化、智能化层次不断提升，优化企业智能制造布局，实现系统、装备、零部件之间信息互联互通和有效集成。三是以每季度推动200家企业开展"两化融合"评估诊断工作为抓手，继续引导企业应用信息化手段实现价值链从制造向服务延伸。另一方面，推动绿色制造。绿色制造是支撑东莞制造大市向制造强市转变的关键要素。目前，绿色制造技术在东莞已得到广泛应用，集约化、节约化、低碳化、循环化生产成为主流，制造业绿色转型走在全国前列，实现四个"全省第一"。接下来，建议从以下几个方面完善：一是严格实施能耗"双红线"制度和"等量置换"原则，构建制造企业节能减排激励和管理新机制。二是大力研发和推广高效节能技术产品，以电机能效提升、注塑机伺服节能改造等为主要抓手，建立市场化的应用推广模式。三是大力实施百企清洁生产示范工程、低碳工业园区试点工程、绿色化改造示范推广工程，全力推进再制造产业快速发展。四是加快培育节能环保产业，以绿色产品、绿色工厂、绿色工业园区、绿色供应链为重点，构建绿色制造体系。此外，重点推进服务型制造。服务型制造已逐步出现在东莞制造业各领域，建议政府积极出台系列实施制造业和现代服务业双轮驱动的优惠政策，从资金、政策上支持现代信息服务业、生产性服务业、高技术服务业等产业的把脉会诊、研发设计、检测维修、物流配送、电子商务、财务结算、融资租赁、分销仓储等服务外包业务加快发展。

（六）深挖潜力：积极培育新兴工业主导产业

为支撑东莞加快建成粤港澳大湾区先进制造中心，加快向创新型一线城市挺进这个目标，东莞亟须从具有一定产业基础和发展潜力的新一代信息技术产业、电气机械产业、高端装备制造业、生物医药业、节能环保产业等新兴工业产业挖潜，并从协调机制、引领机制、专项资金扶持机制、考评机制等四个方面，建立产业发展协同机制，并重点从创新人才引育、用地保障、招商选资等三个方面优化支撑体系，培育新型主导产业与支柱产业。从相关指标来看，新一代信息技术、先进装备制造业、生物医药有望从中脱颖而出，成长为东莞主导产业。

1. 新一代信息技术

以通信设备为代表的电子信息产业是东莞的第一大支柱产业，目前呈现总体平稳、内在快速增长、整体效益继续改善态势，但也面临智能手机产业发展进入爬坡期、全球贸易环境恶化、倍增企业带动作用不明显等现实困境，推动电子信息产业向高端化发展是唯一选择。

建议：一是以粤港澳大湾区建设为平台，以深圳高端制造业转移为契机，重点围绕集成电路、核心关键技术和零部件领域加强招商引资，加快产业链整合和产业配套体系建设，进一步完善、提升东莞电子信息产业生态系统，增强产业集聚优势和竞争能力；二是加快实施智能化战略，大力发展数字经济，在新一代人工智能、新一代信息通信、智能终端、核心元器件等领域开展技术攻关，抢占5G网络、物联网技术、大数据、云计算等

"高端环节"，加快从制造向智造转变，将东莞打造成屹立于粤港澳大湾区的世界级高端电子信息产业高地；三是支持华为终端、OPPO、vivo、华贝电子等智能手机龙头骨干企业继续加大研发设计投入，突破、储备一批5G前沿技术，抢占5G发展制高点；四是依托东莞智能手机集群，引导企业利用现有设备和产能，积极拓展车载电子、无人机、可穿戴设备、虚拟现实等智能终端新兴领域产品。

2. 先进装备制造业

目前，东莞市先进装备制造业已初步形成了以智能制造装备和重要基础件为主导，新能源装备、卫星及应用、汽车制造、节能环保装备协调发展的产业格局。特别是在智能制造装备方面，已逐步形成规模和影响力。

接下来，建议重点抓好以下七项工作：一是加大对机器人、智能装备、3D打印等高端装备产业的政策扶持；二是重点发展工业机器人智能制造装备；三是以园区为依托，重点引进装备制造业产业链上关键的和缺失的项目和环节；四是通过自主研发、协同创新等多种方式，重点突破装备产业关键核心技术；五是推动东莞装备制造业各产业集聚区加强公共服务平台、产业园区、区域品牌"三大建设"，引进和培育龙头企业；六是从配套资助、启动经费、教育入户等方面，把装备制造业高端人才作为招才引智的重点对象；七是推动金融创新，引导融资租赁业务发展壮大。

3. 生物医药产业

目前，东莞在生物医药产业方面，已初步形成了从教育、科研、中试到生产、销售较为完整的产业链，建议从以下几个方面着手，将之培育为东莞主导支柱产业：一是抓好产业布局。以两岸生物技术产业合作基地为核心，以引进新药、高端仿制药及先进医疗器械为切入点，逐步形成以生物医药为主体，创新研发和成果转化为核心，新药及医疗器械、干细胞和再生医学、生物新技术与转化医学为重点，近期布局与长远规划相结合的产业布局。二是加大招商力度。瞄准国内外优质生物技术项目，继续加大招商引资力度，重点实施大项目招商战略。三是突出高端领域。突出前沿性、原创性技术创新，着力突破创新药物、高端医疗器械等领域。四是发展大健康产业。充分发挥健康大数据的基础支撑作用，加快发展数字化健康设备和产品，建立集预防、评估、跟踪、干预、指导与随访于一体的健康管理模式。五是完善公共服务平台。加快完善公共研发平台、企业创新平台、公共服务平台为重点的科技平台布局，重点支持建设一批前沿技术平台、共性技术平台、技术检测平台、产业化平台等基础设施，大力提升技术攻关、成果转化、检验检测、创业孵化等公共研发和公共服务能力。推动研发创新与实验外包服务、第三方公共检测外包服务等加快发展，完善生物技术服务市场机制，实现技术服务专业化、高端化、标准化发展。

（七）动力支撑：积极培育主导性生产性服务业

发达国家或地区的经验表明：随着工业化进入纵深阶段，生产性服务业的发展是推动产业向高加工度化、高技术化与高附加值化发展的重要基础。东莞以制造业立市，但近些年来服务业蓬勃发展，现代物流、金融服务、科技服务、信息技术服务、服务外包、会展与商务咨询服务、文化创意服务、节能环保服务等新模式、新业态均粗具规模，结构进一步优化，为东莞从生产性制造向服务型制造转型奠定了基础。特别是科技服务业、现代物流业脱颖而出，有望成为东莞主导产业甚至支柱产业。

1. 科技服务业

科技服务内涵丰富，从东莞实际看，建议重点从以下两个方面突破。一方面，重点发展科技成果转化服务业。探索研究新型研发机构利用科技用房产权分割转让、成果作价入股孵化企业、成果转让转化的收益奖励等改革，鼓励科技支行等金融机构推出面向新型研发机构及孵化企业的新型融资产品和服务。探索开展科技企业孵化器载体用房产权分割试点，培育科技服务业龙头企业和知名品牌。建立主要由市场决定技术创新项目和经费分配、评价成果的机制，完善科研人员对科技成果、知识产权的利益分享机制。另一方面，大力发展工业设计。鉴于产业基础扎实、市场容量大及"门槛"低等因素，建议东莞积极引进国内外知名工业设计机构，鼓励有条件的企业分离设立工业设计机构。鼓励培育专业化、开放型的工业设计企业，推动工业设计向高端综合设计服务升级，延伸服务价值链条，促进企业培育品牌、提升产品、提高价值。推动工业设计与制造业融合发展，强化设计创新驱动，加强对新产品、新技术、新工艺的创新，发展服务型制造，并培育一批工业设计示范企业。

2. 现代物流业

物流业在东莞有广阔的市场前景，针对"低端有余、高端不足"现状，建议从以下三个方面做强现代物流业。第一，培育发展物流新业态。推进物联网、云计算、大数据、北斗导航和地理信息系统等现代信息技术和交通运输技术在物流领域的应用。推行物流全程"一单制"，探索集装箱铁水联运、铁公联运在"一单制"上实现率先突破。重点发展冷链物流、快递物流、供应链管理，大力发展分拨管理、空箱集管、货单质押、代收货款等物流新业务。引导企业剥离物流业务，培育发展专业化、精细化第三方、第四方物流。推广企业零库存管理等现代企业管理模式。大力发展"互联网+城乡配送""互联网+供应链管理""物联网+全程监管"等智能物流配送方式。第二，大力推广供应链管理。加快建设供应链管理平台，为制造企业提供供应链计划、供应链物流、供应链金融、供应链电子商务等集成服务。支持大型制造企业全面引入供应链管理，鼓励中小企业与供应链管理服务企业合作，实现企业信息流、实物流、资金流高效率流动。推动移动互联网、云计算、大数据、物联网等先进技术在供应链管理中的应用，实现对原材料、零部件、半成品、产成品和产品消费全过程识别和跟踪。第三，推动电商和物流快递协同发展。鼓励物流快递企业加强与电子商务平台合作，大力推动电子运单使用。加强仓储配送基地、快递转运中心等电子商务物流基础设施建设，提高电子商务物流中转和配送效率。加大快递公共取送点建设，优化电子商务物流末端配送网点布局。支持"网订店取（送）"、智能快件箱等电子商务物流配送创新模式发展。

小　结

　　改革开放四十年来，东莞工业得到快速发展，经历了持续的转型升级历程，产业转型升级是东莞经济发展的主要推动力，规模与劳动生产率稳步提升、结构不断优化和技术创新能力不断增强是东莞产业转型升级的重要特征。

　　伴随着有效市场与有为政府相结合，实现跨越式的转型升级、以技术创新推动东莞产业"软化"和形成"大小共存"的竞争有序产业组织结构，亦是未来东莞"高质量"和"包容性"发展的关键所在。因此，需根据发展的不同阶段，适时调整东莞主导产业更替的相关政策，构建发展适合本土主导产业发展的体制机制，并提出相应的产业导向政策、组织政策和补充性政策，进而更好地推动东莞主导产业升级，实现跨越式发展，亦是本课题研究的主旨所在。

参考文献

［1］蔡宗朝：《东莞供给侧改革与经济可持续发展研究》，《经济论坛》2018年第2期。

［2］程玉鸿、许学强：《珠江三角洲三次产业演变及广州区域地位的变化》，《经济地理》2003年第5期。

［3］张治栋、朱国庆：《战略性新兴产业与传统产业互动发展研究》，《科技管理研究》2015年第10期。

［4］杨江、黄新建、万科：《新时期江西工业支柱产业的选择与发展研究》，《南昌大学学报》（人文社会科学版）2014年第9期。

［5］陈雄超：《香港产业结构演变与经济增长关系的实证研究》，《当代港澳研究》2013年第11期。

［6］关云平、严鹏：《深圳工业的演化路径及展望》，《开放导报》2017年第12期。

［7］刘干：《基于投入产出分析的浙江支柱产业演变研究》，《杭州电子科技大学学报》（社会科学版）2011年第6期。

［8］谢守红：《广州市产业结构演变与支柱产业的培育》，《现代城市研究》2001年第4期。

［9］覃洁贞：《多维度视阈下支柱产业选择研究》，《广西社会科学》2014年第9期。

［10］盛世豪、朱家良：《产业结构演变模式与专业化竞争优势》，《浙江社会科学》2003年第5期。

（课题组成员：何清、江炎骏、薛智韵、曹秋静）

东莞市新一轮机构改革实践探索

内容提要： 党中央和国务院明确要求"所有地方机构改革任务在2019年3月底前基本完成"，《广东省机构改革方案》要求全省机构改革任务在2019年1月完成。机构改革涉及职能体系、权责划分、运作机制、编制管理等内容的调整，需要充分谋划与精心准备，明确为什么要改革、怎样改革、改革可能遇到的问题等，才能保证改革成效。课题组以问题为导向，首先分析当前东莞机构设置存在的主要问题，从促进城市发展需要出发，强调机构改革的系统性、整体性和协同性，提出机构改革需要保持统一性、坚决打破利益樊篱、统筹谋划市镇机构改革化解资源分割问题、构建适应城市发展要求的机构体系、发挥东莞优势构建共建共治共享的社会治理体系、因地制宜设置机构及因事制宜统筹运用编制等对策建议，以期为东莞市机构改革顺利推进并取得预期效果提供决策参考。

关键词： 机构改革；东莞；探索

2018年2月，党的十九届三中全会审议通过《中共中央关于深化党和国家机构改革的决定》（以下简称《决定》）和《深化党和国家机构改革方案》（以下简称《方案》），对深化机构改革作出重要部署。《方案》明确要求"所有地方机构改革任务在2019年3月底前基本完成"，《广东省机构改革方案》要求全省机构改革任务在2019年1月完成。东莞市必须以习近平新时代中国特色社会主义思想为指导，在中央和省委统一部署下，充分考虑东莞长远发展需求，科学推进新一轮机构改革。

一 准确把握本轮党和国家机构改革的鲜明特征

新时代的全面从严治党"破多年之难局"，为加强党的全面领导除樊篱，为全面加强党的领导清路障，而深化机构改革将乘势而上"立创制之新功"。相对于以前的机构改革，本轮改革有以下鲜明特征。

（一）加强党的全面领导是基本政治立场

党政军民学，东西南北中，党是领导一切的，这是中国特色社会主义最本质特征，因此，坚持党的全面领导是深化党和国家机构改革必须遵循的首要原则，形成总揽全局、协调各方的领导体系，增强党的领导力，是深化党和国家机构改革的首要任务。领导体系是指为确保党的全面领导而做出关于党的组织机构设置、职能配置、领导方式等系列制度安排。增强党的领导力，是指完善党的全面领导制度安排，改进党的领导方式和执政方式，坚持和加强党的全面领导，提高党把方向、谋大局、定政策、促改革的能力和定力，增强党的政治领导力、思想引领力、群众组织力和社会号召力。

为形成总揽全局、协调各方的领导体系，增强党的领导力，《方案》分别在决策、执行、监督三个层面做出了重大制度安排。决策层面：建立健全党中央决策议事协调机构，加强党对重大工作的集中统一领导。中枢决策核心化与中枢决策辅助机构体系化，已经成为世界各国国家治理现代化的发展大势。党中央决策议事协调机构在中共中央政治局及其常委会领导下开展工作，负责重大工作的顶层设计、总体布局、统筹协调、整体推进。所谓"重大工作"，《决定》列举了16个方面，分别是深化改革、依法治国、经济、农业农村、纪检监察、组织、宣传思想文化、国家安全、政法、统战、民族宗教、教育、科技、网信、外交、审计。执行层面——统筹设置党政机构，更好地发挥党中央职能部门的统一归口协调管理职能。坚持一类事项原则上由一个部门统筹、一件事情原则上由一个部门负责。为统筹本领域本系统工作，《方案》采取三种方式：合并设立、归口统一管理、归口统一领导。合并设立方面：为加强党对公务员队伍的集中统一领导，更好地统筹干部、机构编制资源，将国家公务员局并入中央组织部，由中组部统一管理公务员工作；为加强党对新闻舆论工作的集中统一领导，牢牢掌握意识形态领导权，将原国家新闻出版广电总局的新闻出版管理职责划入中宣部，由中宣部统一管理新闻出版工作，将原国家新闻出版广电总局的电影管理职责划入中宣部，由中宣部统一管理电影工作，并归口管理新组建的国家广播电视总局、中央广播电视总台；为加强党对宗教工作、对海外统战工作的集中统一领导，将国家宗教事务局、国务院侨务办公室并入中央统战部，由中央统战部统一管理宗教工作、侨务工作。归口统一管理方面：为加强党对机构编制和机构改革的集中统一领导，更好地统筹干部、机构编制资源，调整优化中央机构编制委员会领导体制，由中组部归口管理中央机构编制委员会办公室。归口统一领导方面：为加强党对民族工作集中统一领导，将民族工作放在统战工作大局下统一部署，中央统战部归口统一领导国家民族事务委员会。监督层面：推进党的纪律检查体制和国家监察体制改革，健全党和国家监督体系。深化党的纪律检查体制改革，推进纪检工作双重领导具体化、程序化、制度化，强化上级纪委对下级纪委的领导。深化国家监察体制改革，组建国家、省、市、县监察委员会，同党的纪律检查委员会合署办公。需要厘清的是，上述决策、执行、监督三大层面的制度安排，不是要求党的机构"包揽全局、代替各方"，而是完善总揽全局、协调各方的科学领导与决策体制；不是以党的组织机构职能覆盖国家机构的职能，而是理顺党政职责关系。

（二）突出机构改革的重构性

以往的机构改革是为完善政府治理体系，本轮机构改革拓宽至整个国家治理体系，在党的领导下，统筹党政军群机构改革。特别强调"以加强党的全面领导为统领"职能转变和机构重组，理顺党委部门、政府部门和其他公共部门之间的职责关系，是一次全面性、整体性的改革。具体而言，统筹党政军群机构改革涵括以下三个层面。第一层面，统筹党政军群机构改革，形成组织结构科学、总体功能优化的党政军群事业单位机构新格局。关键在于完善党政机构布局，深化人大、政协和司法机构改革，深化群团组织改革，推进社会组织改革，加快推进事业单位改革，深化跨军地改革，构建一个中国特色现代化治理体系的组织架构。第二层面，统筹党政军群机构改革，形成系统完备、科学规范、运行高效的党和国家机构职能体系。关键在于统筹配置相近职能，理顺和优化党的部门、国家机关、群团组织、事业单位之间职责关系，协调并发挥各类机构职能作用。第三层面，统筹党政军群机构改革，核心在于将党在国家治理体系中的全面领导权制度化。加强党对各领域各方面工作的领导，确保党的领导全覆盖，确保党的领导更加坚强有力，使得"党政军民学，东西南北中"在党的集中统一领导下协调行动。

此次机构改革的全面性还体现在：既立足于解决当前问题，针对两个"还不完全适应"，即党和国家机构设置和职能配置同统筹推进"五位一体"总体布局、协调推进"四个全面"战略布局的要求还不完全适应，同实现国家治理体系和治理能力现代化的要求还不完全适应，又着眼于未来，立足"两个一百年"目标，即"立足实现第一个百年奋斗目标，针对突出矛盾，抓重点、补短板、强弱项、防风险，从党和国家机构职能上为决胜全面建成小康社会提供保障"，"着眼实现第二个百年奋斗目标，注重解决事关长远的体制机制问题，打基础、立支柱、定架构，为形成更加完善的中国特色社会主义制度创造有利条件"。

（三）突出改革设置的科学性

改革开放之初，政企不分是阻碍社会主义市场经济发展的体制障碍，机构改革特别强调厘清政府与市场之间的关系，因此，1988年提出"转变政府职能是机构改革的关键"并延续至今。本轮国务院机构改革依然以转变政府职能为主线，以"推进党和国家机构职能优化协同高效"为着力点，将机构改革与深化"放管服"改革结合起来，坚决破除制约使市场在资源配置中起决定性作用、更好发挥政府作用的体制机制弊端，围绕推动高质量发展，建设现代化经济体系，加强和完善政府经济调节、市场监管、社会管理、公共服务、生态环境保护职能，调整优化政府机构职能，全面提高政府效能，建设人民满意的服务型政府。

此次国务院机构改革体现了既"破"又"立"特征。"破"主要体现为：一是针对政府职责配置问题，有的放矢推进重点领域和关键环节的机构职能优化和调整。职责配置问题按从重到轻可以分为五个层次，职责空白、职责乏力、职责分散（甚至碎片化）、职责交叉、职责重叠。为解决这些问题，此次改革要求合理配置宏观管理部门职能、改革自然资源和生态环境管理体制、完善公共服务管理体制等。比如：发改委通过"瘦身"达到"强体"目的，实现宏观管理有"度"目标；组建自然资源部，整合国土资源部的职责、国家发改委的组织编制主体功能区规划职责、住房和城乡建设部的城乡规划管理职责、水利部的水资源调查和确权登记管理职责、农业部的草原资源调查和确权登记管理职责、国家林业局的森林湿地等资源调查和确权登记管理职责、国家海洋局的职责、国家测绘地理信息局的职责。二是针对政府职能转变不彻底的问题，一方面深入推进简政放权，另一方面完善市场监管和执法体制，强化事中事后监管。"立"主要体现为：既要"立"支撑"五位一体"建设的政府治理体系，又要"立"现代政府治理方式。纵观2018年24项国务院机构职能调整，基本确立了综合治理、系统治理、源头治理、绩效治理四种现代政府治理方式，形成各部门职责明确、彼此协调的整体政府，以一个整体政府而不是碎片化政府的身份更好地参与社会协同治理。经济建设方面：组建农业农村部，统筹涉农项目资源的综合治理；组建国家市场监督管理总局，统筹市场监管与执法的综合治理、系统治理；重新组建国家知识产权局，统筹知识产权创造、保护、运用的综合治理；改革国税地税征管体制，从根本上降低征纳成本、改善纳税服务的源头治理；等等。社会建设方面：组建国家卫生健康委员会，将以治病为中心的末端管理转向以人民健康为中心的源头治理；组建退役军人事务部，整合民政部、人力资源和社会保障部以及中央军委政治工作部、后勤保障部有关职责的综合治理；组建应急管理部，整合11个部门应急管理职责、防灾减灾救灾能力一体化建设的系统治理；等等。

（四）突出改革成果的法定性

改革开放四十年来，行政体制改革经历了七次大的改革，政府机构设置也就经历了七次大的调整，在国家层面进行大调整的同时，还伴随着地方政府的探索创新带来的微调、行政区域调整带来的机构重设，这对改革开放伟大事业起到促进作用，但同时带来一个突出的负面效应：机构设置法律权威性受到影响。即本应具有高度权威的政府机构，合并、分拆、重组过于频繁，机构设置的法定性不足。因此，《中共中央关于深化党和国家机构改革的决定》强调："机构编制法定化是深化党和国家机构改革的重要保障。要依法管理各类组织机构，加快推进机构、职能、权限、程序、责任法定化。"近年来，机构编制管理方面虽已出台了一些专项的行政法规，但尚无一部专门法律，相关组织法对于机构编制的规定也比较笼统、简约。关于机构编制管理的规定更多是以规范性文件的形式出现，缺乏规范引导和责任追究机制，难以适应现实需要。机构编制管理的刚性必须以法律形式予以体现并严格执行，才能保障党和国家机关高效稳定运行。一要研究制定机构编制法，增强"三定"规定的严肃性和权威性；二要全面推行政府部门权责清单制度，实现权责清单同"三定"规定有机衔接，规范和约束履职行为；三要完善国家机构组织法，维护机构设置的法律权威性。

二 东莞新一轮机构改革亟须破解的问题

改革开放以来，东莞城市经济快速发展，外来人口急剧增长，城市经济事务和社会事务的数量、增幅都呈几何级增长，除了对应《决定》里所强调的我国机构设置存在的共性问题，东莞机构设置还有个性问题，必须深刻认识到东莞机构城市发展的特殊性，改革方案才更有针对性、实效性。

（一）"市管镇"架构带来治理体系和治理能力现代化不足的问题

东莞"市辖镇"的扁平化行政架构曾经给东莞带来效率与活力，但随着城市经济社会的发展，特殊的行政架构在一定程度上成为"鸡肋"。一方面依然有扁平化体制优势，有利于提升行政效率和激发基层的积极性；另一方面却日渐陷入资源分割、重复建设、执法权限及行政规范不足等困境，凸显出治理体系和治理能力现代化不足的问题。这主要体现在以下几个方面。一是市场不统一。整个东莞还是延续以往"诸侯分割"状态，不是一个统一的市场。招商引资、城市更新等工作还未形成合力，制约东莞经济社会建设向好发展。二是治理权弱化。政府与社会组织之间、政府与企业（市场）之间、政府与公民之间、公民与社会组织之间等的关系边界还不够清晰，未形成科学的共建共治共享格局。三是党的领导在某些方面、某些领域还比较薄弱。在市场调节、民生建设、基层治理等方面还需要进一步加强党的领导。四是公共服务均等化不足。面对老龄化社会，面对移民城市等新挑战调研不足、思考不足，难以满足群众日益增长的需求。五是监管不到位。没有充分发挥市—镇联动机制，带来监管资源不足与无效监管并存的矛盾。六是执法标准化规范化有待加强。执法力量分散到各镇，不同镇街的执法人员对法律法规的条文认知和理解有偏差，导致自由裁量权应用幅度各不相同。七是审批规范标准统一改革与群众期望仍有差距。虽然已经对行政审批进行了多轮改革，但在规范、标准、高效等方面与群众期望仍有差距，如重复证明、无效证明时有发生，市、镇之间对审批事项要求提供材料不一致让群众多跑腿事情仍很常见。以上种种都与群众的期望有差距，人民满意度不高，影响城市竞争力提升，同时导致公务员重复劳动、无效劳动，效率不高，效果不明显。虽然经过简政强镇、机构片区设置、商事登记制度改革等技术性、局部性的改革，也曾在理论上探索行政区划调整改革，但并没有系统性、前瞻性的改革方案，局部改革的同行性不足。市、镇两级机构在职能界定、权责划分上的问题，必然影响东莞城市规划、资源统筹的整体性，也影响城市精细化、信息化的管理水平。

（二）机构设置和职责划分不够科学的问题

东莞市行政体制经过多轮改革，已基本适应社会主义市场经济发展的要求，但依然存在同实现治理体系和治理能力现代化的要求不完全适应的地方。一是党政机构、事业单位设置不够科学。保障党的全面领导、推进全面从严治党的体制机制有待完善；党政机构重叠和职责划分不够科学。尤其是政府系统的57家事业单位，数量多，相当一部分性质归类属于事业单位，但实际履行行政职能。例如市旅游局、市房产管理局、市公路管理局、市就业管理办公室、市住房公积金管理中心等单位，在机构设置分类上属于事业单位，实际运作都履行一定的行政职权，甚至以行使公权力为主，法律关系容易混淆。二是内设机构不规范。在市直处级单位以下，存在大量独立核算的科级单位，基本不列入屡次改革的范围，占用机构编制且造成家底不清。例如某局下面设七所、两中心、一站，机构归属事业单位，少数领导成员参照公务员任用，这些往往是机构改革的盲区。三是镇级机构设置不统一问题。为化解"市管镇"带来的缺陷，东莞一直未放弃探索，包括简政强镇、村级体制改革、水乡片区机构统筹设置等，但是，这些改革并没有最后形成规范的机构设置模式，例如2010年简政强镇改革后，各镇（街）基本形成几办几局的内部机构设置方案，但事实运作并没有落实到位，由此导致镇（街）之间权限不统一、内部机构设置不统一、办事流程不统一。

（三）机构功能转换未能完全适应城市化的问题

改革开放四十年，东莞由农业县快速发展成为现代化城市，《广东省人口发展规划（2017—2030年）》将东莞定位于特大城市。但东莞的城市治理体系与治理能力未能与城市化同步发展。当前，市级党政群机构基本对应城市治理的需求设置，但辖区内32个镇的党政群机构设置，基本还是保留农村管理架构，不管从机构外在名称还是内在运作，都存在"城不城，乡不乡"的问题。同时，东莞人口结构倒挂的事实带来的城市公共服务资源、管理资源不足问题一直得不到有效化解，东莞市的经济事务、社会事务、服务诉求等都是一个大城市的量级，只依靠镇（街）基层资源，明显不匹配，虽然通过授权、委托、内部机构等技术性调整，在一定程度上适应了城市治理的需要，但这种"头疼医头、脚疼医脚"的碎片化改革，难以适应东莞作为特大型城市长远发展的需要。更为关键的是，不少同志的主观认识也停留在农村城市化过渡期的观念，成为东莞向现代特大城市发展的很大阻力。

（四）机构编制科学化、规范化、法定化相对滞后问题

一是机构编制科学化问题。东莞特殊的人口结构与特殊行政层级架构，一直在影响机构编制的配备基数，机构和编制应该如何科学配置，缺乏相关依据。虽然广东省对东莞有所倾斜，但一直只是局部调整。二是机构编制规范化滞后问题。因为市直机构同时承担县（区）职能，机构设置也会根据现实需要进行临时性调整，例如，曾经设立的"新莞人服务管理局"，确实有现实需要，但缺乏法律规范。同时，依据相关法律法规的要求，镇级党政内设机构和公务员编制都有严格的限制，公务员编制严重不足，只能大量借用事业编或聘用编外人员履行必要的职责，编外人员形成一支非常庞大的队伍，承担了大量事务性工作，但是，编外人员管理的规范化明显滞后。三是法定化滞后问题。依法行政首先要依法设置机构，机构才有权威性，但在机构改革探索中，碎片化的改革严重影响机构设置的合法性，甚至出现不少只在镇（街）内部认可的机构，严重影响政府机构的权威性与严肃性。一些先行先试的机构改革，带有临时性和探索性，缺乏法律法规的支撑，缺乏顶层设计和长远发展的规划，可复制性不强，改革的权威性、同向性不足。此次机构改革再次强调"严控编外聘用人员"，对于东莞来说，是非常严峻的现实问题。

三 其他城市机构改革的经验简介

(一) 佛山顺德党政联动大部制改革

2009年8月,广东省佛山市顺德区启动后来被称为"最大胆"的大部制改革,为区县改革探路。其核心举措是"党政联动",主张对党政系统进行有分有合的总体调整,建立"一个决策中心五位一体"的党政领导体制。顺德所做的改革探索,很好地回答了"如何通过变革党政关系提升政府效率"这一命题。

1. 坚持党的领导是行政工作的根本原则

明确"以党领政"和"党政互补"的改革追求。"以党领政":确立党对政府的领导权威,发挥好党在党—政结构中所承担的领导功能,而非替代政府和其他国家机关职能。"党政互补":在党政分工的前提下,实现党和政府机构的资源共享、职能互补、组织共建和人员共用,以实现成本最小化和效能最大化。确立市委作为全市领导核心的地位,市委常委会作为全市工作的决策中心。为避免重复交叉,实行市委常委和正副市长统一分工,每项工作只分工一人主管,而且打破隶属关系,主管各项工作的常委、正副市长一竿子插到底,直接联系各部、局(市委部门统一称"部",政府部门统一称"局"),明确了职责,规范了权限,减少了推诿和掣肘,并规定权限范围内的事情可以直接处理,超过权限的重大决策,必须经联席会议讨论决定。这种统一、高效、协调的领导体制,既可发挥每一个领导成员的作用,又能保持高度的统一。

2. 建立适应市场经济要求的党政机构

提出了"大部制、小政府、大社会"的改革目标。以试行大部制和行政三分开为重点内容,采取"党政联动"的做法,对党政机构重新设计,动"大手术",同时,大力推进"简政强镇"事权改革。一是撤销归口机构。在机构调整时,全部撤销部、委、办一级的协调归口机构,由主管各项工作的常委、市长一竿子到底,直接联系各部、局,减少层次,提高办事效率。二是精简机构。2009年将56个党政机构精简为32个,2011年将党政机构从41个减为16个。这具体按照以下几个原则办理:一是同类合并。党政部门合署办公，为深度协作创造条件，即性质相同或相近的机构，实行合并或合署办公，合二为一。如市委办与市府办合署办公，纪委与监察局合署办公，计委与统计局合并为发展计划局，文化局与体委合并为文体局。二是成立新的管理机构。如撤销经委、外经贸委和乡镇企业局、财办、口岸办等，成立经贸局，负责全市工业、商业的行政管理。三是保留强化。如财政局、公安局、教育局、计生局等。四是转性分离。将那些政企不分的机构分离，把行政职能归口主管部门履行，原部门转为企业或事业单位。如广播电视局改为广播电视总公司，其行政职能归市委宣传部。同时，部门内设机构也按此精神进行调整，全市共减少内设机构125个，撤销临时机构100多个，只保留20多个。

3. 决策权与执行权重构，为效能提升奠定基础

集中的决策权和分散的执行权相配合，能够激发组织活力，最大限度地提升组织绩效。顺德在改革过程中也考虑到了权力结构的设置问题。在全区层面上，顺德将决策动议权赋予党政职能部门和决策咨询单位，将决策审定权赋予由区委常委、副区长和政务委员（即区党政主官和各大部门首长）组成的党政联席会议，从而做到决策权的集中化和上移；将执行权交给局级部门下属的内设部门、法定独立执行机构和乡镇政府，做到执行权的专业化和下移；监督权交给纪检机关与监察局的合署部门，以实现监督的独立化和外移。

4. 精简人员并合理分流

行政机构经过调整后，实行定编定员，从原来1200多人减至900。精简下来的富余人员主要通过转调研员、下派企业、自谋职业等途径解决，一经联席会议确定后，任何人都不能改变，使整个精简工作进展顺利。

（二）海南省三亚市"市管镇"向"市管区"模式转变的改革

2014年以前，海南省三亚市实行"市辖镇"的行政架构，与东莞市现在的行政架构相似，三亚市2014年的机构设置对东莞的行政架构和党政机构的改革有较明显的借鉴价值。

2014年三亚市推进"撤镇设区"行政区划调整的同时，党政机构的设置也进行大幅度的调整，建立不设镇（街道办事处）的市—区—村（社区）"两级政府、三级管理"的行政体制。主要经验如下：一是区以下不设置街

道办事处和镇建制，由新设各区直接管辖到社区（村），推行"一居一社区"和"多村一社区"的基层架构模式。二是区级党政机构设置上力求做到精简，并不要求上下对口，允许区级一个部门对口市级几个部门，数额拟定为 21 个。区级不设政协机关，且不按区设置基层法院和检察院，维持只设一个基层院的现状。三是为了区两办与市两办的对接，三亚还在区两办设置副科级内设机构，为了精简机构，在其他区级部门不设置副科级内设机构。四是借助撤镇设区改革契机，向省里要编制。《三亚市行政区划调整工作专题汇报》中这样解释三亚向省里要编制的原因：三亚升级为地级市以来，行政编制一直维持着县级市的规模，总量较小，海南省下达三亚的行政编制为 3464 名，远小于海口市近 9000 名的规模，根据实际需求，三亚认为还存在行政编制缺口 433 个、事业编制缺口 688 个。

（三）大连事业单位改革经验

《中共中央关于深化党和国家机构改革的决定》要求，全面推进承担行政职能的事业单位改革，理顺政事关系，实现政事分开，不再设立承担行政职能的事业单位。2018 年 7 月 9 日，大连全市事业单位改革方案实施动员大会召开，《大连市深入推进事业单位分类改革初步实施方案》公布，共确定经营类转企改制、创新事业单位机构编制管理、行政类职能回归机关、公益类优化结构和压缩规模等四大类共 14 项改革任务。

1. 推进从事生产经营活动事业单位改革

大连市从四方面入手：完成市、县两级主要从事生产经营活动事业单位改革；推进组建企业集团涉及事业单位改革，重点是水务、城建、检验检测、文化产业、旅游等五大企业集团涉及的事业单位整体转企改制；将部分事业单位从事的竞争性生产经营活动予以剥离，同时对"双法人"事业单位提出改革要求；结合审改工作，推进承担竞争性业务的检验检测、环评等事业性质中介服务机构转企改制和脱钩。

2. 稳步推进行政执法事业单位改革

根据中央推进综合行政执法体制改革的要求，大连市大力精简整合现有重复分散设置的各类执法机构，从严从紧核定编制。重点在交通运输、城市管理、文化旅游等领域内实行综合执法，推进行政执法事业单位在全面清理职能的基础上进行机构和职能整合。

3. 完成承担行政职能事业单位改革

先行推进承担行政决策、行政执行、行政监督等职能，主要行使行政许可、行政裁决等行政职权的事业单位改革。研究制定各级承担行政职能事业单位改革方案，明确职能划转、机构调整、编制置换等具体内容，在改革全面推开后迅速贯彻落实。

4. 对公益类事业单位优化体系结构、压缩机构编制规模

重点推进三项改革任务：一是加大事业单位撤并整合力度，对人员较少、职责单一、职责任务相近和设置重复分散的事业单位一律进行撤并整合；在深入调研的基础上，结合各地区实际情况，对人员编制 5 名以下、职能弱化消亡的事业单位采取直接撤销、与其他事业单位整合、转为事业单位内设机构等方式；对承担培训疗养、后勤服务等可由市场主体提供服务的公益事业单位，在优化整合的基础上逐步撤销。二是大幅精简事业编制。全市除高校、公立医院、基层医疗卫生机构、普通中小学、乡镇事业单位以及近年来新成立且承担重大民生保障工作的事业单位外，其余事业单位的空编一次性全部收回。三是做好与行业体制改革和专项改革的衔接。按照要求逐步推进分散管理的教育、信息、科研院所等公益事业单位进行归口管理。加快职业教育资源整合工作，对定位不明确、办学质量低、服务能力弱的学校实行调整改造或兼并重组。

操作的核心原则：坚持"先立后破、不立不破"和"先合后理"。截至 2018 年 8 月 31 日，除市应急管理事务服务中心、市医疗保障事务服务中心待跟进省直改革进程推进组建工作外，新组建的 42 个市属事业单位和 122 个区市县、开放先导区所属事业单位均已配备领导班子，办理事业单位法人登记，对外挂牌，以新赋予职能开展工作；19 个市属经营性事业单位实施方案已经市委常委会审议核准，由市政府下发组建企业集团或转企改制并入已有企业集团批复，新组建 4 个企业集团正式办理工商登记注册，相关事业单位的 1788 名事业编制已全部收回。

小结：以上各地的机构改革，都是在新一轮党和国家机构改革之前的探索，对当前的机构改革有一定的借鉴价值。顺德区的"党政联动"改革探索解决党政职能重叠的问题，三亚市以行政区划调整推动机构改革，所解决的问题与东莞"市管镇"的行政架构面临的问题相似，解决问题的思路值得参考。大连市事业单位改革是当前机构改革的难点之一，对厘清党

政机构与事业单位的关系有借鉴意义。

四 科学推进东莞新一轮机构改革的建议

（一）注重机构改革的系统性、整体性和协同性

习近平总书记多次强调：改革要注重系统性、整体性和协同性，回顾东莞市历次机构改革，需要谨防以下几种改革思维误区。一是谨防为改革而改革。改革本身不是目标，改革的目标是为了提升社会治理体系与治理能力现代化，为了提升行政效率。机构改革要充分考虑机构设置与职责界定的科学性，释放最大的效能，让人民群众有更多的获得感，而不是满足于只在形式上完成机构改革任务，事实上并没有带来机构运作实质性的变化。二是谨防违法改革。党的十八届四中全会强调全面推进依法治国，党和国家领导人也多次指出，改革必须纳入法治化轨道，重大改革必须于法有据。也就是说，本轮机构改革以《方案》为蓝本，同时，职责权限设置要严格依据《国家组织法》的相关规定，尤其"市管镇"的机构改革中，机构的职责权限设定不能超越法律的规定。例如，依据法律规定，行政执法权最低下放至县级政府执法部门，东莞目前的行政架构没有县级政府，也不能因此而直接授权镇级政府及其内设机构。三是谨防渐进式改革陷阱。每一轮机构改革都会带来利益格局的调整，有既得利益者也有利益受损者，局部改革容易出现的陷阱就是，前一轮改革的利益既得者会成为新一轮改革的障碍，因为新一轮的改革会触碰其既得利益，他们会有意无意地成为新一轮机构改革的阻力。四是谨防碎片化改革。机构的背后是职能与业务的调整，机构改革需整体规划、系统推进，不能由此产生管理及服务的盲区和断点。五是谨防浅尝辄止式的改革。机构改革涉及各方利益调整，必然产生"阵痛"，如果因为利益受损者的抵触情绪而退缩，做不通工作，又顶不住压力，改革就会走回头路，让改革失去最好的契机，甚至影响群众对改革的信心。

（二）打破利益藩篱，化解影响改革深层次困难

公共机构的设置必须遵循科学的原理和现实的需求，才能实现精简高

效运作。本轮机构改革需要克服四种意识，克服人为因素、利益因素的负面影响。一要克服"做大做强"意识。精简高效是机构设置的基本原则，公共机构不同于经济组织，经济组织的做大做强是追求规模效益，公共机构行使公民让渡的公共权力，在保证社会有序运作的前提下，对市场及社会的介入越少越好。要克服职权及编制经费预算越多越好的惯性认知，不能以部门本位主义思维去争取单位独设或编制扩张，而应该以实现机构完备、运作高效为目标。二是切忌短视行为。此次改革允许地方根据本地区经济社会发展实际，在规定限额内因地制宜设置党政机构并科学配置职能，这意味着给予地方更大的自主权。如何用好这个自主权，就不仅着眼于当前需求，更应从长远的角度考虑。比如东莞有一种声音，希望把成立不久的城市更新局升格为一级局，以增强其统筹能力。就当前而言，东莞城市更新任务重、意义大，确实非常需要进一步加强城市更新局的权威性，但城市更新毕竟是阶段性工作，或者说，这方面的攻坚克难可能集中在这几年，今后只是常规性工作，若升格为一级局，必然占用一个指标。从更长远的角度看，因地制宜设置机构应该带有更强的前瞻性，不能只考虑眼前的需求。三是杜绝因人设岗。因人设岗是机构设置的大忌，必须强化领导干部"守纪律、讲规矩"的意识，牢记习近平总书记的叮嘱："必须服从组织决定，决不允许搞非组织活动，不得跟组织讨价还价，不得违背组织决定，遇到问题要找组织、依靠组织，不得欺骗组织、对抗组织。"

（三）统筹谋划市镇机构改革，化解资源分割问题

根据东莞实际，此次机构改革需要提前考虑"市管镇"未来发展态势，市、镇两级机构改革方案需统筹规划，在保持扁平化层级架构的基础上，应考虑到现代城市治理需求，通过机构改革，进一步加强市级统筹力度，克服东莞各镇资源分割的现实困难，做好"分权"和"授权"的文章。按照简约高效原则，合理规划好市—镇两级权力。一是做好"分权"工作。将土地规划权和使用权、财政权、干部人事任免权、市场监管权、执法权、审批权、决策权、调度权等由市直部门负责，提高决策的权威性和统筹力度。社会治理、公共服务等职能和权力下放镇街，增强镇（街）的公共服务功能，提高镇（街）直接呼应群众诉求的能力，建立快速反馈机制。即把镇（街）经济建设职能剥离，强化群众服务能力。二是做好"授权"工

作。哪些职能可以授权给镇（街），或者授权给某些机构，一定要合理规划。通过做好分权授权文章，化解现实存在的一些深层次矛盾。

（四）完善城市功能，构建适应城市发展要求的机构体系

东莞进入特大型城市行列，机构设置要着眼于城市的长远发展。一是着力解决事业单位承担行政职能的问题。建议严格依据《方案》关于机构职能划分的蓝本，借鉴大连经验。将行政职能重新划归行政机构，保证行政机构依法行政的法律主体资格，事业单位不再以"局"为名，除了法律法规授权，事业单位不再承担行政职能。二是加强党政群团机构改革的联动性。着力解决机构重叠、职责交叉问题，明确职能划分的标准，充分体现党的全面领导、政府依法行政、群团组织共治的功能定位。三是催化机构重组的化学反应。机构改革不能是机构、人员机械加减的物理反应，切忌多个机构形式合并、实际仍然单独运作的形式主义改革，机构重组要实现"1+1>2"的效果，需要的不仅仅是物理反应，更应该产生化学反应，因此，内设机构的整合、优化要同时进行，才能真正提高行政效率，也是化解东莞编制紧张的有效举措。各镇（街）都存在为数不少的未经合法程序设置的内设机构，这些内设机构是否确实需要？若确实需要，该如何使其合法化？四是关注市直部门下属科级单位的问题。不能出现改革盲区，尤其是科级事业单位，需要同步改革、科学设置，才能为机构设置腾出更大的空间，解决东莞市编制结构性短缺问题。同时，机构职能的设置要充分考虑城市未来发展的需要，提升机构职能设置的前瞻性，适应未来城市治理大数据管理、精细化管理和社会化管理的需要。

（五）发挥东莞优势，构建共建共治共享的社会治理体系

具体而言，应从以下几方面考虑：一是以简政促简机构。继续推进转变政府职能，减少政府对社会、对市场的干预，可以激发市场活力和社会组织的自我治理能力，又可以减轻党政机构的负担，使其专注于分内的事。二是购买服务代替机构扩张。随着城市的发展和服务型政府的要求提高，公共服务、公共事务的压力必然增加，正常情况下，必然带来机构扩张的诉求。就东莞而言，购买公共服务是缓解机构工作压力的选择。三是充分发挥社会组织的作用。东莞市一直走在改革开放的前列，市场和社会都较

为成熟,社会力量的专业性较强,但依然存在不少问题。在此次机构改革过程中,需要在坚持党的全面领导前提下,抓住深化社会组织改革、进一步激发社会组织活力的契机。激发社会组织活力,关键要克服社会组织行政化倾向,"政退(政府行政权力退出社会组织)党进(党组织设置进入社会组织)",努力走出一条具有中国特色的社会组织发展之路。既要做到适合由社会组织提供的公共服务和解决的事项,由社会组织提供和管理,增强社会组织的社会治理能力,又要依法加强对各类社会组织的监管,使社会组织在有序发展中充满活力。力避政府与社会组织对立冲突、力量抵消、两败俱伤,推进政府与社会组织良性互动、协同增效、相得益彰。

(六) 市级机构设置必须与上级机构基本对应,保证政令统一

机构改革必须牢固树立"四种意识",坚定维护以习近平同志为核心的党中央权威和集中统一领导,保证全党的团结统一和行动一致,保证党的决定得到迅速有效的贯彻执行。"要在坚持全国一盘棋的前提下,确定好改革重点、路径、次序、方法,创造性落实好中央的精神,使改革更加精准地对接发展所需、基层所盼、民心所向。"东莞机构改革在指导思想、目标和核心内容上,必须与党和国家机构改革、省级机构改革一致。必须对口设置的要一一对应;允许因地制宜设置的,也要保证有明确的机构来承接上级机构的指令并贯彻实施。《广东省机构改革方案》把因地制宜突出广东特色作为机构改革的重要内容。如组建省推进粤港澳大湾区建设领导小组;组建省政务服务数据管理局,统筹推动"数字政府"建设,促进政务信息资源共享协同应用,提升政务服务能力;组建省社会组织管理局,加强对社会组织发展的培育、引导和规范监管,加快推动营造广东省共建共治共享的社会治理格局。接下来的东莞机构改革必然要考虑如何对接的问题。

(七) 因地制宜设置机构深化改革

东莞市机构的设置,不能简单复制省级机构方案,也不能简单参考兄弟城市的方案,要按照党委抓总统筹、政府依法履职的大原则来设置机构。

根据东莞实际需求,我们建议设立大数据管理局。随着东莞经济社会的发展,各行各业对数据的开放利用要求越来越多。而现实是,各类数据散列于各部门,不利于数据的保密、保护、开发、开放和利用。尽管东莞

市现在在经信局下设一个科室负责这方面工作，但是统筹力度和层次不够。从长远来看，我们需要设立一个专门的机构来负责这方面的工作。

深化行政执法改革。深化市场监管、安全生产、生态环保、交通运输、城市管理等执法改革。首先把原来分散到各镇（街）的执法力量收拢到市直部门，减少执法层级。统一由市直部门统筹部署开展执法工作。等条件成熟后，可以把执法权统一归口，成立一个综合执法局统一进行执法工作，相关业务部门对执法工作进行监督。

（八）强化机构编制刚性约束，因事制宜统筹运用编制

机构改革必然带来编制调整，本轮机构改革再次强调严格控制编制。东莞在机构改革过程中，要充分考虑编制的统筹使用问题，需要向统筹要编制、向简政要编制、向购买要编制和向科技要编制。同时，此次改革提出，要加大省级统筹编制的力度，对于东莞来说是个利好。一是借鉴广东省法院员额制改革经验，向省里争取编制资源。广东是全国案件大省，政法专项编制数较少、地区发展不平衡等突出问题长期存在。在员额分配上，不搞员额比例"一刀切"，而是在全省法院核定的员额总数内，分类核算不同地区、不同审级法院刑事、民事、行政等法官办案基数，以此作为核定法官员额的主要依据，兼顾考虑地域等其他因素，最终确定各地区的法官员额。办案任务重的广州、深圳、佛山、中山、东莞等珠三角5市的案件总量占全省的65%，法官配备超过编制总数的50%；案件量相对较少的粤东西北地区8个地市，法官员额比例按不高于30%配备。建议借鉴"以案定员"的原则，对全省范围内各类编制进行全面盘底的前提下，按照"以经济总量或人口数量定编制"原则对编制资源进行优化配置，并形成动态管理机制，定期进行调整。二是因事制宜设置好政府聘用人员编制。根据《公务员法》修订征求意见稿，聘用制公务员将成为今后的一支重要力量。在经济社会先行地区，政府雇员或者聘用人员是比较多的，要对他们进行规范管理。建议根据各镇（街）、各部门实际工作需要，统一设置聘用人员编制，并进行刚性约束。这可以避免盲目扩大聘用人员数额，导致财政行政支出越来越庞大。三是坚决维护机构编制管理的严肃性和权威性。各镇街、各单位擅自设立的机构和岗位、擅自配备的职务均要取消。同时也根据实际工作和改革需要统筹使用好各类编制资源，加大部门间、镇街之间

编制统筹调配力度。

参考文献

[1]《中共中央关于深化党和国家机构改革的决定》(2018年2月28日中国共产党第十九届中央委员会第三次全体会议审议通过)。

[2]《深化党和国家机构改革方案》(中共中央2018年3月印发)。

[3]《广东省机构改革方案》(中共中央2018年10月批复)。

[4] 宋世明:《深化党和国家机构改革　推进国家治理体系和治理能力现代化》,《行政管理改革》2018年第5期。

(课题组成员:王学敏、袁凌云、招宇明、朱星星)

基于公众参与的历史文化街区的保护与发展

——以东莞石龙中山路历史文化街区为例

内容提要：从公众参与的视角，通过调查研究，了解公众对街区发展的感知、评价与意见建议，在此基础上提出街区保护和发展的对策建议，这一方法具有较强的科学性。总体来看，公众对中山路历史文化街区的保护和发展是不满意的，公众虽然有一定的保护和发展的意识，但仍停留在维持现状的较低的认识水平上，无论是公众层面还是政府层面，保护和发展的动力均不足。基于中山路的实际，同时借鉴国内外其他历史文化街区或历史文化保护区的经验和做法，中山路的保护和发展可从以下几方面着手：一是整治环境，加大古建筑的修缮和基础设施的建设力度；二是注重传承，加强非物质文化遗产的保护和开发；三是政企合作，寻找文化产业的发展路径；四是公众参与，建立完善的公众参与制度。

关键词：石龙中山路；公众参与；保护；发展；对策

一 绪论

（一）概念释义及研究主题

1. 历史文化街区

历史文化街区是指经省、自治区、直辖市人民政府核定公布的保存文物特别丰富、历史建筑集中成片、能够较完整和真实地体现传统格局和历史风貌，并具有一定规模的区域。① 国内正式提出历史文化街区的保护是在

---

① 详见《历史文化名城名镇名村保护条例》，2008年4月2日国务院第三次常务会议通过，自2008年7月1日起施行。

1986年，国务院在公布第二批国家历史文化名城名单的文件中指出："对一些文物古迹比较集中，或能较完整地体现出某一历史时期的传统风貌和民族地方特色的街区、建筑群、小镇、村寨等，也应予以保护。各省、自治区、直辖市或市、县人民政府可根据它们的历史、科学、艺术价值，核定公布为当地各级'历史文化保护区'。对'历史文化保护区'的保护措施可参照文物保护单位的做法，着重保护整体风貌、特色。"① 这是保护历史遗产的重要举措，从此形成了保护文物古迹、保护历史文化街区、保护历史文化名城的分层次的保护体系。

2015年4月21日，中国住房和城乡建设部、国家文物局对外公布了第一批中国历史文化街区，北京市皇城历史文化街区、天津市五大道历史文化街区、上海市外滩历史文化街区、广东中山市孙文西历史文化街区等30个街区入选。各省、自治区、直辖市先后公布了各自的历史文化街区，其中广东省分别于2008年、2009年、2012年、2015年公布了共四批广东省历史文化街区。东莞目前有6处广东省历史文化街区，分别是莞城中兴路—大西路、兴贤里、象塔街、南城大雁塘、东城竹园，以及石龙中山路。石龙中山路于2012年被评为广东省历史文化街区，其余5处则于2015年评为历史文化街区。

2. 公众参与

公众参与是从西方引进的概念，是"民主思想"的产物。自20世纪90年代引入中国后，公众参与在行政立法、城市规划、环境保护、文化遗产保护等方面成为热门话题，受到专家学者以及政府的认可。所谓"公众参与"主要是指公众在公共事务的决策、管理、执行和监督过程中拥有知情权、话语权、行动权等参与性权利，能够自由地表达自己的立场、意见和建议，能够合法地采取旨在维护个人切身利益和社会公共利益的行动。② 公众参与中的"公众"是相对政府部门来说的，包括个人、企业、专家学者、社会组织等。

3. 研究主题

本文的研究主题是：通过对原住居民、商户、外来务工人员、专家学

---

① 引自《国务院批转城乡建设环境保护部、文化部关于请公布第二批国家历史文化名城名单报告的通知》（1986年12月8日）。
② 戴雪梅：《和谐社会与公众参与问题研究》，《求索》2006年第8期。

者等"公众"的调查走访,分析总结石龙中山路在保护和发展中存在的问题,并据此提出相应的对策建议。

(二)研究意义

1. 可以弥补"自上而下"政府主导模式的不足

我国在历史文化遗产保护方面主要采用的是"自上而下"的政府主导模式,这一模式在当前民众保护意识淡薄的情况下发挥了积极的作用。但是随着保护工作的推进,保护利用形式单一、人力不足、资金短缺等问题逐渐显露。在这种情况下,引入以公众参与为主要内涵的"自下而上"的保护模式就变得非常有必要。"自下而上"的模式可以提高公众的保护意识,可以集思广益弥补政府决策的片面性,可以引入社会力量、社会资本以减轻人力不足和资金短缺等问题。可以预见,以"自上而下"政府主导为主,"自下而上"公众参与为辅,将是未来我国历史文化遗产保护的主要模式。

2. 有助于推动城市经济社会的转型升级

首先,历史文化街区的保护和发展有助于推动经济的转型升级。促进产业结构的调整、加大第三产业的发展是经济转型升级的重要内容。历史文化街区由于保留了较为丰富的历史文化遗存,往往是一个城市的重要旅游资源,可以作为第三产业中的文化旅游业进行合理开发利用。此外,这些历史文化遗存也是文化创意产业发展的重要资源。

其次,从公众参与角度研究历史文化街区的保护和发展有助于推动社会的转型升级。社会转型的一个核心任务是保持社会和谐稳定,提升居民幸福感。从公众参与角度研究历史文化街区的保护和发展,可以提高参与主体之间以及公众与政府之间的交流与合作,在促进社会融合、保持社会稳定、提升居民幸福感方面具有重要意义。

3. 可以为其他历史文化街区的保护和发展提供参考

本文以中山路为例,主要有以下三方面的考虑:一是中山路历史文化遗存丰富,如保存了东莞最大的骑楼建筑群;二是中山路的保护和发展存在的问题较多;三是居民发展意愿强烈。遗存丰富、保护和发展的问题较多、居民发展意愿强烈,这些问题在整个岭南地区历史文化街区中都具有一定的代表性。以中山路为例,可以总结出历史文化街区保护和发展中存在的一些共性问题，其对策建议对于其他历史文化街区的保护和发展也具有一定的参考借鉴意义。

（三）研究现状

近年来，从公众参与的角度研究历史文化街区的保护与发展的成果越来越多，这些成果基本上是通过问卷调查、座谈会等形式，搜集和总结公众对街区保护和发展的现状、问题等的看法和意见，并据此提出保护和发展的对策建议。依据公众参与的不同角度，与本课题有关的研究成果可以分为以下两个方面。

1. 公众评价（感知）研究

王译瑶、李向峰（2015）认为"公众评价属于公众参与中末端参与的一种方式""作为一项反馈机制，提供了从设计结果反思设计的视角"，其调查研究的内容包括公众对街区文化背景的了解、空间布局的感知、建筑原真性的评判、建筑造型语言的反馈、改造意向等。王兆芳等（2014）则重点调查了公众对历史街区整体保护、文物古迹保护、历史建筑保护、环境保护与整治以及基础设施改造等的感知情况。

2. 居民意愿研究

秦岩等（2015）认为了解居民对历史文化街区保护的态度是对群众意愿的把脉，群众意愿指导政府工作，其调查的内容主要有居民对历史文化街区保护的态度、居民搬迁意愿、居民就地改善平房的想法等。张秀华（2011）的调查研究也主要是调查居民的意愿情况，包括居民希望参与社区保护整治工作的方式、居民外迁意愿、居民居住类型的选择、居民出资保护改造民居的意愿等。

此外，对石龙中山路历史文化街区的保护和发展也有一些研究成果，如康新宇（2008）、何正强等（2014）。康新宇（2008）通过对中山路历史街区存在问题以及居民诉求等的调查研究，提出了街区保护整治和复兴的一些对策建议，如"先期必要的公益性投入""社会、市场力量的控制和引导""近期规划实施"等复兴对策。

以上研究成果为本课题的研究打下了一定的基础，不过由于每一个历史文化街区都有其特殊性，因此对石龙中山路历史文化街区的研究仍然需要区别对待。此外，由于近几年中山路在保护和发展中有一些新做法，也出现了一些新问题，因此还需要在康新宇（2008）等研究的成果上进一步归纳总结，并进一步提出更为可行的、操作性更强的对策建议。

（四）研究方法

1. 文献资料收集法

收集的资料包括国家以及地方政府发布的与建筑遗产保护有关的法律法规，学界的相关研究成果，国内外其他历史文化街区保护与发展的经验做法等。

2. 调查问卷法

本课题的调查问卷主要面向东莞市委党校 2018 年度"文化传承与创新专题研讨班"的学员，主要调查其对中山路历史文化街区以及东莞古城区和其他古村保护和发展的评价、感知以及意愿、建议等。

3. 个体访谈法

对在中山路生活和工作的代表性人物，如非物质文化遗产传承人、手工艺制作者、本地居民、外来务工人员等进行深入访谈，了解他们生产生活的情况以及对中山路未来发展的一些意见和建议。

4. 国内外经验借鉴法

对国内外一些成功案例进行整理剖析，借鉴其经验和做法，并结合中山路实际，提出一些切实可行的对策建议。

二 街区简介及保护概况

（一）街区简介

石龙中山路历史文化街区位于中国历史文化名镇——石龙古镇核心地区，始建于清末民初，分东、中、西三段，该路段以民国建筑和现代建筑为主，此外还包含少量清代以前建筑，街区内建筑中西结合，多为两至三层的骑楼建筑，极具岭南特色。历史文化街区的保护范围西起中山西路当铺，东至石龙头路，具体包括中山路和沿街民国建筑群以及两侧一定范围内的历史建筑和街巷，长 1347 米，宽度为 30~80 米，面积 6.47 公顷。

历史文化街区内拥有数量众多的近现代重要史迹遗存，其中文物建筑

37座，历史建筑54座。此外，街区内还保留着众多岭南特色的习俗和手工艺，其中德和兴醒狮麒麟纸扎工艺、红漆描花传统木屐制作工艺、新昌鼓制作工艺、李全和麦芽糖糖柚皮制作工艺等先后入选东莞市非物质文化遗产保护名录。

中山路奠定了石龙作为早期现代城镇的基础，也是石龙早期最繁华热闹的主干道，中山路历史街区包括了中山路主街和大量的分支历史街巷，例如竹器街、面街、棉花街、弹花街、打石街、打锁街、皮糖街、猪糠街、风炉街、豆腐街、葱头街、果栏街、线香街等产品专产专卖街市和民一布厂等私营企业。中山路和这些历史街真实体现了清末民初时期石龙贸易发达、作坊林立的商业繁华景象。"石龙今日市廛开，车马纷纷涌进来。午后酒阑人尽散，白云依旧锁苍苔。"这首竹枝词，就是石龙在清末民初商业繁华景象的真实写照，因此，街区是石龙古镇历史文脉延续的体现，承载了石龙古镇数百年发展的历史记忆，具有重要的历史价值。

（二）保护概况

石龙镇委镇政府比较重视历史文化遗产的保护，采取多项措施加强中山路历史文化街区的保护和监督，主要做法有：

1. 出台相关保护文件并编制保护规划

为加强对中山路的保护，石龙镇先后出台《石龙镇保护中山路民国建筑群的规定》（东石府办〔2002〕36号）、《石龙镇历史建筑保护管理办法》(2015)等文件，并于2008年编制了《东莞市石龙历史古镇保护规划》和《石龙镇中山路历史街区保护整治修建详细规划》。

2. 积极申报文保单位和认定历史建筑

为了防止私人随意破坏中山路的建筑，石龙镇早在2004年成功将中山路民国建筑群申报为东莞市文物保护单位，这使得中山路的民国建筑群完好地保存至今，并成为东莞最大规模的民国骑楼建筑群。此外，为了加大保护的范围和力度，石龙镇又积极开展历史建筑的认定工作，目前中山路历史文化街区54座建筑被认定为首批东莞市历史建筑。

3. 外围保护、重点修缮与日常维护有机结合

因中山路所在的古城区街道狭窄，人口稠密，镇政府实施了开辟新区，保护古镇的发展战略，逐步疏解包括中山路街区在内的旧城区密集的居民，

拆除和搬迁旧城内电池厂、火柴厂、纸厂和仓库区，为历史街区的保护和建设创造了条件。同时对中山路内的文物建筑以及一些受损严重的历史建筑进行重点修缮。目前已经重点修缮了邓氏大宅等一批文物和历史建筑。对于街区内的一般建筑以及保护较为良好的历史建筑，则采用日常维护的方式，督促业主或租客定期检查和修缮。

4. 加大宣传教育，提高公众保护意识

对于街区内的业主、租客和商户等，除了口头告知外，还专门发放书面告知书，明确相应的责任和义务。对于私人产权的文保单位和历史建筑，则分别与产权业主签订《东莞市文物保护单位（不可移动文物）×××保护管理使用协议书》《个人产权历史建筑维修和利用的合作协议》，将相应的保护管理和维修利用等方面的职责和权利义务纳入法律框架内。

虽然有以上保护措施，但中山路的保护和发展仍面临很多困境，从政府角度来看，主要是公众保护意识淡薄、专项经费不足以及很难找到符合资质的修缮公司等问题，这些问题严重影响着中山路的保护和发展。

三 调研情况及结果分析

（一）个体访谈情况及结果分析

本课题组分别于 2017 年 11 月 20 日、2018 年 1 月 23 日先后走访了十位中山路历史文化街区内的居民，包括非遗传承人、本地户籍的商户、外来务工人员和专家学者。访谈对象及访谈的时间和地点详见附录 1。下面介绍四位具有代表性的个体访谈对象的个人情况。

1. 梁锦泉，出生于 1962 年，东莞石龙人，1984 年进入木屐社当学徒，跟随老一辈的制屐师傅正式学习木屐制作工艺，之后不断自我完善木屐制作的手工技艺。其制作的红漆描花传统木屐，形态精巧大方，色彩鲜艳丰富，深受商家和百姓喜爱，现为红漆描花传统木屐制作技艺代表性传承人。

2. 郭润棠，出生于 1963 年，1979 年开始制作狮子头，对醒狮头的制作工艺及整个流程熟识，从购料、破篾、扎框、糊纸、上彩、贴饰以至销售，都能操作、决定，手艺出众，并直接指导工人工作，现为德和兴醒狮麒麟纸扎技艺代表性传承人。

3. 叶浩和，1963年出生，从小在哥哥叶任和的影响下，学习新昌鼓制作技艺，于2017年接替哥哥叶任和，成为第五代石龙新昌鼓制作技艺的代表性传承人。

4. 李凤丽，1960年出生，东莞市石龙镇人，16岁起随父学做麦芽糖、糖柚皮，保留并一直采用着李全和的传统手艺，1996年创立了名为利泉和的食品有限公司，2002年注册原属于自己家族的商标"李全和"，现为李全和麦芽糖、糖柚皮制作技艺代表性传承人。

个体访谈的问题包括在中山路工作居住的年限，月收入或年收入情况，技艺的传承情况，政府的资助情况，以及对中山路未来发展的意见建议等。个体访谈的问题详见附录2。

通过对十位中山路居民的访谈内容进行梳理，总结出以下具有代表性的观点或结论。

1. 木屐是独家生意，但这几年销量下降很大，以前是日用品，现在只在做好事的时候穿。

2. 新昌鼓2017年做得特别多，主要是因为2017年惠州罗浮山举办了"千锣百鼓"的活动。客家人比较喜欢用这种鼓，销量上具有区域性和时节性。

3. 李全和麦芽糖的原料是柚子，因此产品具有很强的季节性。零售不景气，现在（用来）送礼的人少了。

4. 传统技艺行业是夕阳行业，像竹器，因为现代塑料（用品）的使用导致销量大减，现在门店已经面临经营困难。

5. 不会运用网络，也不适合在网络上进行大量的销售，因为是手工制作，像新昌鼓、醒狮头、木屐等销量不可能很大，如果是批发式的销售，将会改变原来的（民风民俗）味道。

6. 一些学校会组织学生到工作坊来学习木屐或醒狮头的制作，政府和一些机构也会请传承人到活动现场进行技艺的展示。

7. 由于麦芽糖是传统工艺，因此在一些标准上无法达到现代生产的要求，希望政府在相关标准上能够放宽。

8. 没有年轻人愿意学，原因或者是油漆有味道（如木屐），或者是体力活儿（如新昌鼓），或者不感兴趣（如醒狮头）。

9. 市里传承人有4000元一年的补贴，镇里没有资金补助。

10. 整个街区老人小孩多，年轻人都住在新建的小区，夜晚街道上非常安静，活力不足，政府相应的改造也很少。

11. 在这里住了一辈子，不愿意搬出去。

12. 生活很方便，医院、图书馆、老年人活动中心、公园都在街区附近，就是停车很不方便。

13. 来饭店吃饭的基本是本地人或者在这里打工的，偶尔会有一些游客。

14. 开饭店、摆水果蔬菜摊都是小本买卖，勉强能维持生计，对于街区开发利用这样的事情，没有想过，应该是政府要考虑的事情。

15. 对于我们这些外地来打工的，政府很少跟我们有什么交流，我们也不知道有问题有意见该找谁。

（二）调查问卷情况及结果分析

为进一步扩大调研对象和调研内容的范围，本课题组向东莞市委党校2018年度"文化传承与创新专题研讨班"共4期学员发放"东莞历史文化遗存保护与发展研究调查问卷"247份，收回247份，其中有效问卷234份，无效问卷13份。

调查问卷分两部分，第一部分为调查对象的基本情况，第二部分是调查对象对东莞历史文化遗存保护与发展的感知、评价与意见建议。"文化传承与创新专题研讨班"的4期学员均来自东莞各市直和镇街政府部门，对东莞较为熟悉，文化程度普遍较高。调查问卷详见附录3。以下是调查问卷中与中山路历史文化街区保护与发展有关的调查选项的结果（以下序号为调查问卷原题序号）。

7. 您听说过下面哪些历史文化街区【多选题】

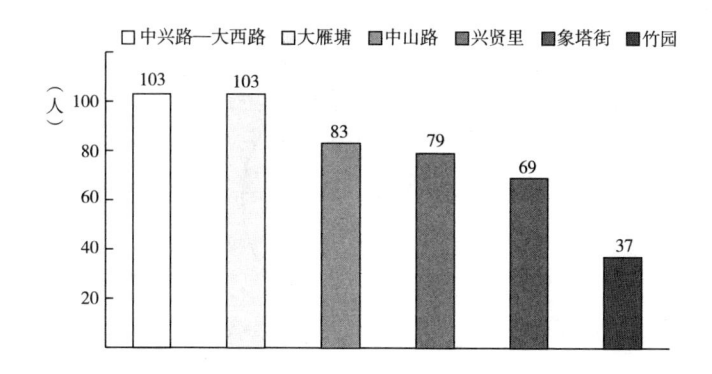

8. 您到过下面哪些历史文化街区【多选题】

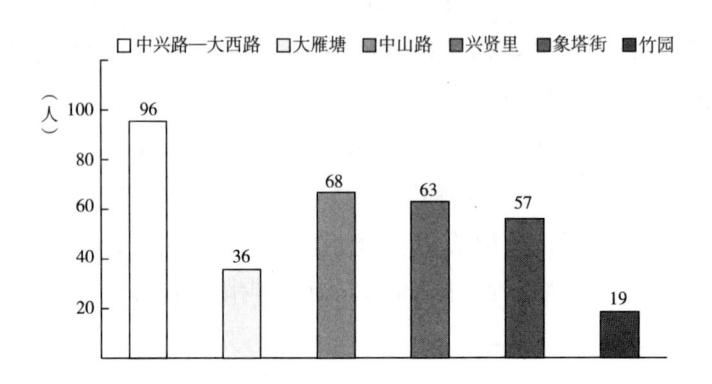

图例：□中兴路—大西路 □大雁塘 ■中山路 ■兴贤里 ■象塔街 ■竹园

- 中兴路—大西路：96
- 大雁塘：36
- 中山路：68
- 兴贤里：63
- 象塔街：57
- 竹园：19

（单位：人）

9. 您对东莞骑楼建筑风格的了解程度【单选题】

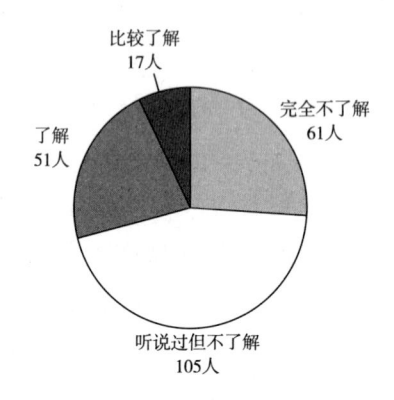

- 比较了解 17人
- 了解 51人
- 完全不了解 61人
- 听说过但不了解 105人

10. 您认为东莞莞城古城区以及其他古村、历史文化街区的居住环境怎样【单选题】

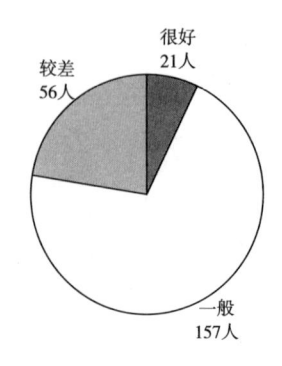

- 很好 21人
- 较差 56人
- 一般 157人

11. 您认为东莞古城、古镇以及历史文化街区的基础设施是否完善【单选题】

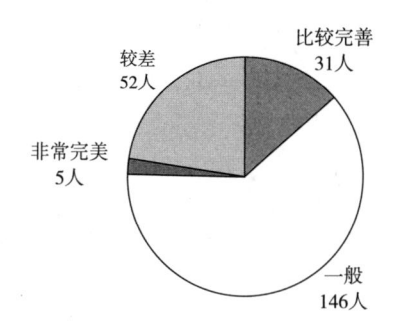

比较完善 31人
较差 52人
非常完美 5人
一般 146人

12. 您对古城、古村以及历史文化街区基础设施的需求意愿【多选题】

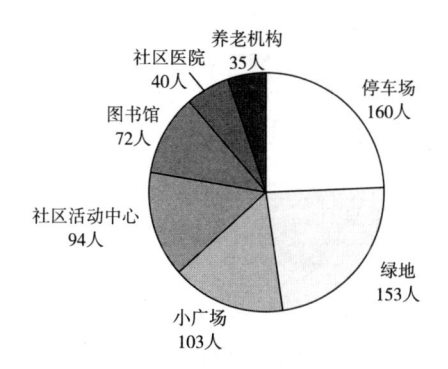

养老机构 35人
社区医院 40人
图书馆 72人
社区活动中心 94人
小广场 103人
绿地 153人
停车场 160人

13. 您认为古城、古村以及历史文化街区的建筑保护得怎样【单选题】

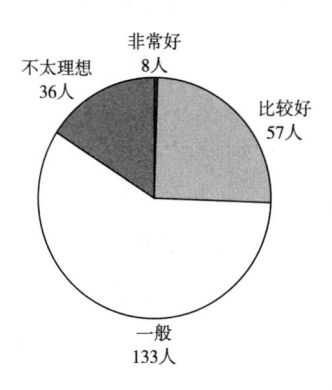

非常好 8人
不太理想 36人
比较好 57人
一般 133人

14. 您认为是否应该在保护的前提下对历史文化街区进行改造利用【单选题】

维持现状，不需改造利用
16人

非常有必要
218人

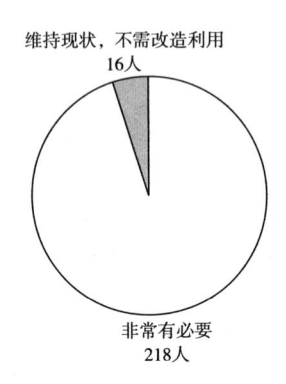

15. 您认为历史文化街区改造的方向有哪些【多选题】

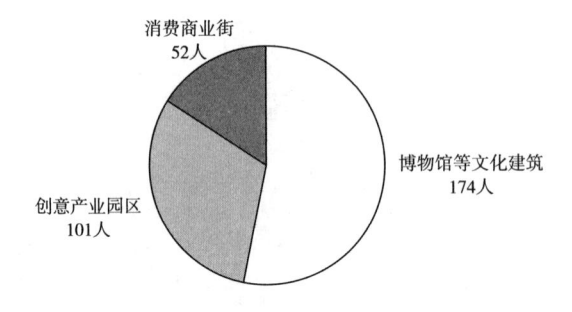

消费商业街
52人

创意产业园区
101人

博物馆等文化建筑
174人

通过对以上调查结果进行分析，得出以下结论：

1. 在东莞六个历史文化街区中，中山路的综合知名度虽然排第三，但仍远次于排第一的莞城中兴路—大西路历史文化街区。

2. 绝大多数人对于中山路街区内的主要建筑风格即骑楼建筑风格并不了解。

3. 绝大部分人认为类似中山路这样的历史街区或古城、古村居住环境一般。

4. 绝大部分人认为类似中山路这样的历史街区或古城、古村的基础设施并不完善。

5. 在历史街区或古城、古村基础设施的需求意愿中，停车场、绿地、小广场以及社区活动中心位居前列。

6. 绝大部分人认为对历史街区或古城、古村建筑的保护并不理想。

7. 绝大部分人认为非常有必要对历史街区进行改造利用，在改造的三个方向中,博物馆等文化建筑和创意产业园区得票较高。

四 对策建议

通过个体访谈、问卷调查、实地走访、收集文献资料以及借鉴国内外其他历史文化街区或历史文化保护区的经验做法,中山路的保护和发展可从以下几方面着手。

(一) 整治环境,加大古建筑的修缮和基础设施的建设力度

个体访谈和调查问卷的结果均显示,中山路的整体环境差强人意。而通过实地走访,也可以发现除了对部分历史建筑保护不当外,中山路在环境卫生、道路建设、沿街立面的修整等方面都存在很大问题。街区内外的环境是街区得以发展的基础,它直接影响着居民的日常生活,并在更大意义上影响着街区未来的发展。对于街区环境的整治,乌镇的做法值得借鉴。

1. 乌镇的环境整治模式

乌镇位于浙江桐乡市,中国历史文化名镇,5A级旅游景区。乌镇景区分东栅和西栅两部分,二者环境整治模式的主要特点可概括为五个字,即"迁、拆、修、补、饰"。所谓"迁",就是搬迁历史街区内必须迁移的工厂、大型商场、部分现代民居;"拆",拆除必须拆除的不协调建筑;"修",用旧材料和传统工艺修缮破损的老街、旧屋、河岸、桥梁等,恢复其原貌;"补",对历史街区内成片的断缺空白处,按旧制用旧料补建旧建筑,以连缀整体;"饰",各类电线、管道全部地埋铺设,空调等现代设施全部遮掩。

经过整修,原来在老街已铺砌好的水泥路面,又重新换成明清时代的石板路,石板的铺设完全按传统的方式,但在石板下面安排了供水及下水管道,原来架空的电力线、电话线、电视线全部实行"地埋"。沿街的铺面、老店、老宅用的都是陈年的木门木窗,木结构修好后也不是油漆一新,而是按老法桐油两度。墙面经过修整,砌得牢固结实,但不是粉刷一新,白灰里渗了黑灰,力求呈现原来面貌。沿街房屋不是整排拆除,而是坏什么修什么,半座墙、一片屋顶,几扇窗门,哪里坏了修哪里,既不会走样,也不会出格。

这"五字法"是乌镇的创意之举,很好地恢复和保持了古镇的原真风

貌，得到国内外专家的肯定和赞誉，这种整治模式及其经营管理模式被誉为"乌镇模式"。

2. 中山路的环境整治路径

乌镇的"五字法"是一种理想模式，中山路的环境整治应该朝着这个方向努力。当然由于乌镇保护开发早，并且当时政府投入的力度非常大，比如政府当时将西栅内绝大部分老屋的产权买了下来，这使得它的"五字法"能够顺利实施。今天的中山路由于时代不同、遗存状况不同、政府投入不同等，在借鉴乌镇做法的同时，还需要实事求是，找到一条适合自己的环境整治路径。基于中山路的实际情况，中山路的环境整治可从以下几方面入手。

首先，做好"修"和"补"的工作。用旧材料和传统工艺修缮破损的老街、旧屋、河岸、桥梁等，恢复其原貌；对历史街区内成片的断缺空白处，按旧制用旧料补建旧建筑，以连缀整体。这两个工作涉及古建筑的修复和补建，是历史文化街区保护的基础工作。从调研结果来看，目前中山路的保护主要还处在法律保护、制度保护层面，自2002年出台《石龙镇保护中山路民国建筑群的规定》以来，由于资金短缺，政府对一些建筑尤其是濒危建筑的修缮工作始终没能展开。遗存状况不乐观，破旧的古建筑不能及时修复，这是中山路目前在保护方面存在的最大问题。在这方面，市、镇两级政府有不容推卸的责任和义务。

其次，做好"饰"和"控"的工作。在"饰"方面，乌镇的做法是各类电线、管道全部地埋铺设，空调等现代设施全部遮掩。这些中山路其实是可以做到的，至少沿街的电线、下水管道以及沿街住户的空调可以作统一处理。除了"饰"外，更为基本也更为全面的一个重要工作就是"控"，即管控、规划。这方面可参考苏州干将路的做法。

干将路是江苏省苏州市东西向横贯市中心区的一条干道，全长7.5公里（其中穿越古城段为3.5公里）。1993年，随着苏州市东、西两侧分别兴建工业园区和新区，于是将位于苏州古城中轴线上的干将路拓宽为苏州市的东西向交通干道。扩建的干将路中间，保留了宽6~10米的干将河，河岸设计了3~5米宽的绿化地带，两侧为10米左右宽的单行车道。根据各地段不同的情况特点制定分地块控制性指标，对地块建筑密度、最大高度、容积率、绿化率等都作了相应的规定，同时对建筑的造型、色彩、材料、沿街立面、道路广场、广告牌、绿化照明等都做了相应的规划，进行引导和控制。这使得地段内的文物得到了很好的保护，同时又被很好地组织到街道的景观系统之中。

最后，做好"拆"和"建"的工作。拆除必须拆除的不协调建筑，乌镇的做法目前对中山路来说还是比较困难。中山路虽然以骑楼为主，但中间仍夹杂着很多现代建筑以及苏联风格的建筑，要做到统一协调几乎不可能。在这种情况下，政府只能在现有的权力范围内，拆除违建房屋和违建设施，清理影响街容街貌的摊位等。等街区逐步发展起来后，居民有了共同的认识，到时再将不协调的建筑拆除或改造。这项工作不容易做到，但从江南水乡古镇（如乌镇、同里、周庄等）以及一些国家历史文化街区（如湖南永州柳子街历史文化街区等）的发展来看，保持建筑的协调成为其开发利用的前提，因此这项工作应该被重视，并且应该循序渐进地推进。

"建"这里主要指基础设施的建设。中山路所在的社区是一个较为成熟的社区，社区内有图书馆、活动中心、小广场、公园、医院等，基础设施相对比较完善。目前最大的问题是交通设施不完善，交通拥堵、停车困难等问题突出。这既影响了居民的日常生活，也制约着街区的进一步发展。在治理拥堵问题上，《东莞市石龙历史古镇保护规划》和《石龙镇中山路历史街区保护整治修建详细规划》中，都提出了较为详细可行的解决办法，但由于种种原因，至今还没有完全落实。对于道路建设以及停车场等问题，可以利用现代技术解决，比如道路向空中或地下延伸，建立立体停车场等。由于中山路历史街区本身面积不大，因此道路和停车场等的建设都应放在中山路的外围。中山路历史街区内的道路建设，可根据开发进度逐步采取"步行街+专产专卖街"的形式，如竹器街、面街、棉花街、弹花街、打石街、打锁街等。

（二）注重传承，加强非物质文化遗产的保护和开发

除了对古建筑的修缮外，文化的传承也是街区保护和发展的重点。文化的传承问题，可从非物质文化遗产入手。个体访谈结果显示，非物质文化遗产的传承面临很多困境，主要表现为产品销量下降以及年轻人不愿学手艺。中山路街区内有四种非物质文化遗产，即德和兴醒狮麒麟纸扎工艺、红漆描花传统木屐制作工艺、新昌鼓制作工艺、李全和麦芽糖及糖柚皮制

作工艺。非遗文化的保护和发展可以借鉴美国威廉斯堡和江西景德镇古窑民俗博览区开放式博物馆保护的做法。

1. 开放式博物馆保护的主要特点

开放式博物馆保护是相对于传统静态的博物馆保护而言的。"开放式博物馆关注发展过程而非发展结果，既展示环境，也接受社会发展的改造，以动态的审视角度和再生产方式促进文脉发源地的再次生成，与古城保护或历史街区保护中对于新物质或文化的严格控制相比，开放式博物馆模式具有更大的弹性和灵活性，更有利于区域文脉的再次生发，更适用于城市遗产保护工作。"① 国内外在历史文化遗产的开放式博物馆保护方面有很多成功的案例，这里以美国威廉斯堡和景德镇古窑民俗博览区为例，简要概括其特点。

首先，强调复古，主要做法是"复制"和"拼贴"。在威廉斯堡城内，有一座完全按照殖民时期原样保存修建的小镇，名为"殖民时期的威廉斯堡"。这座小镇占地173英亩，包括88座建筑物和400多个其他设施，全部是对原有建筑加以修复或者是按照考古学家从美国和欧洲所发现的原建筑蓝图在原来地点上重建的。景德镇古窑始建于五代，在宋、元、明、清时期不断发展壮大。1980年，景德镇古窑民俗博览区开始建设。政府决定把散落在市区的部分古窑场、古作坊、古建筑异地集中保护，形成了占地83公顷，集文化博览、陶瓷体验、娱乐休闲为一体的文化旅游景区。

其次，强调体验，主要做法是"再现"和"参与"。在"殖民时期的威廉斯堡"内，为使游人能亲身体验当时的生活，城堡内的一切都保持着原样，能够听到铁匠铺叮叮当当的打铁声，车轮修理作坊里车床的撞击声和从旅店里传来的旧时流行小调。游人可乘坐旧时的马车，在身着传统制服的短笛手鼓乐队的伴奏下各处参观游览，观看工匠们用两个世纪以前的传统方法制造纸、鞋等。景德镇古窑民俗博览区则更加重视参与式体验，除了古窑展示、陶瓷民俗展示外，还加入了陶瓷体验等娱乐休闲项目，丰富了博览区的内容。

2. 中山路开放式博物馆保护的路径

中山路保存了东莞最为完整的骑楼建筑群，对于建筑遗产的"复制"，

---

① 引自李利《开放式博物馆理论在杭州运河遗产保护规划中的应用》，浙江大学硕士学位论文，2010。

在前文整治环境部分的"修"和"补"中已经有谈及。对于非物质文化遗产的"复制"和"拼贴"以及"再现"和"参与",中山路可以选择以下一些具体的保护路径。

首先,建立开放式的民俗博物馆。民俗博物馆属于博物馆中的专题性博物馆,它以征集、收藏、研究、展示地域的和民族的生产、生活、民俗、信仰、娱乐等民俗文化类型为主要宗旨。[①] 借鉴景德镇古窑民俗博览区的做法,可以将散落在石龙乃至整个东莞的非物质文化遗产以及其他有特色的民俗文化遗产进行整合,在中山路建立一个具有石龙特色的民俗博物馆,以此与石龙镇博物馆以及石龙东征博物馆相互补充。所建立的民俗博物馆应该是开放式的,除了静态的物品展示外,还需要加入动态的人和物的元素,如将新昌鼓、灯笼仔、传统木屐、竹器等民俗工艺品从陈列层面拓展到开发、设计和包装层面上,并设计游客参与制作,又如,借鉴威廉斯堡的做法,在更大范围内复制再现东莞石龙明清至民国时期的市井生活,进一步增强游客的参与感、体验感。

其次,打造丰富多彩的节庆文化。东莞目前已经形成了"一镇一品"的节庆文化模式,节庆文化氛围浓厚。但就中山路来说,目前还没有形成属于自己的有特色的节庆文化品牌。这方面,应该继续深入挖掘,找到具有中山路特色的节庆文化元素,依托现有资源,并融入现代元素,充分发挥群众的主观能动性,打造出几个有特色的节庆文化活动品牌。基于东莞其他镇街打造节庆文化存在的一些问题,石龙中山路在节庆文化的打造上,要注意以下问题。一是要避免同质化。比如中山路的新昌鼓,它属于龙舟文化,石龙本身也处于水乡地区,借此打造龙舟文化品牌似乎切实可行,但由于龙舟文化在东莞水乡地区非常普遍,继续打造容易造成同质化。二是要注重群众参与。一些节庆文化活动,政府花了大量的人力、物力和财力,但群众的满意度并不高,其中的主要原因在于政府对群众的需求不了解。因此,中山路的节庆文化应该因地制宜,充分发挥群众的主观能动性,提高他们的参与度。三是要有可持续性。节庆文化有很强的时间性,它产生的影响往往是短暂的,为了让节庆文化的效果更有持续性,需要做好相

---

① 详见傅才武、陈庚《当代中国文化遗产的保护与开发模式》,《湖北大学学报》2010 年第 4 期。

关的后续工作，最终形成较为完整的文化链或产业链。

再次，形成特色餐饮文化。民以食为天，餐饮文化是开放式博物馆保护方式中的重要内容。石龙的脆皮鸡、麦芽糖等都是非常有名的特色美食，同时石龙地处水乡地区，水乡美食也是闻名遐迩。形成特色的餐饮文化是中山路历史街区保护和发展的一条切实可行的路径。目前，中山路有一些餐饮店，但较为分散，并且特色不鲜明。在这方面，可以像中山路原有的竹器街一样，实行专业街的模式，开发出一条特色餐饮街，用以汇聚石龙乃至整个东莞的特色美食，有如丽江古城的四方街、武汉的户部巷，成为首个"舌尖上的石龙"或"舌尖上的东莞"。

最后，将非遗文化产品化。非物质文化遗产是一种无形的、非物化的资源，具有深厚的文化底蕴和高度的审美价值，颇具产业开发的价值。石龙的几个非物质文化遗产都属于手工艺类，并且都已经产品化，但产品的销量并不理想。虽然调查结果显示大部分非遗并不适合规模化生产，但产品销量不景气依然是制约其发展的主要原因。此外，年轻人不愿意学手艺，除了工作辛苦之外，不赚钱是其背后的根本原因。因此，将非遗文化产品化是解决目前非遗文化保护和发展困境的重要法宝。对于中山路来说，新昌鼓、麦芽糖等要实现产品化，除了非遗传承人的核心技术外，还要加入设计、包装、宣传等要素环节，通过专业团队，借用互联网的力量，抓住现代人返璞归真的理念，同时改进制作技艺和制作材料，做好包装宣传，讲好非遗故事，让更多人了解和使用，实现更大规模或更高质量的产品化，从而达到保护非遗文化的目的。

（三）政企合作，寻找文化产业的发展路径

调研结果显示，民众对街区的保护和发展的现状并不满意，个体访谈的结果如"整个街区老人小孩多，年轻人都住在新建的小区，夜晚街道上非常安静，活力不足，政府相应的改造也很少"，调查问卷的结果如"绝大部分人认为对历史街区或古城、古村的保护并不理想"，"绝大部分人认为非常有必要对历史街区进行改造利用"，保护和发展的情况不容乐观。历史文化街区的保护和发展涉及很多问题，其中最根本的问题是资金投入问题。然而由于资金不足，石龙镇政府对中山路的一些建筑尤其是濒危建筑的修缮工作始终没能展开，对于街区内的非物质文化遗产的保护，也只停留在

确保技艺有传承人的层面。要解决这一问题，必须引入社会力量，充分利用好已有的历史文化遗产资源，大力发展文化产业，实现保护和利用的有机融合。

1. 明确文化产业发展的业态类型

根据中山路的特点，中山路发展文化产业可以选择文化旅游、工艺与设计等业态类型。文化旅游是"文化+旅游"的结合，它有三个层次，一是纯粹的观光旅游，二是观光体验游，三是深度的休闲体验游。深度的休闲体验游是文化旅游业发展最理想的模式，浙江乌镇就属于这一类型，美国的威廉斯堡和景德镇古窑民俗博览区则属于第二个层次，即观光体验游。中山路要发展文化旅游业可采取"民俗文化体验"的观光体验游形式，应尽量避免成为纯粹的观光旅游。

"民俗文化体验游"的发展路径在上文已经有过详细的介绍，通过建立开放式的民俗博物馆、打造丰富多彩的节庆文化、形成特色餐饮文化以及将非遗文化产品化等方式，将文化遗产的保护和利用有机结合，实现较为理想的观光体验的文化旅游模式。

除了发展文化旅游业外，作为制造业名城的东莞，发展工艺与设计的文化创意产业也是一条可行之路。在这方面，东莞自身有很多值得借鉴的案例，如运河创意公社、0769文创园等。中山路在这方面也有自己的优势，如拥有较多空置的古建筑，周边文物古迹众多，附近的文体设施较为完善等。此外，石龙镇电子信息产业的发展也为中山路发展工艺与设计文化产业指明了方向。中山路可结合自身的产业特点以及文化特点，在文化创意产业方面进行大胆的探索。

2. 确保开发主体有较为良好的资质

文化产业主要靠市场运作，政府只起培育和引导作用。但在文化产业发展初期，政府往往起着决定性作用。在明确了以"民俗文化体验"游以及工艺与设计等业态类型后，政府接下来的工作就是寻找合适的开发主体。目前，位于中山路的邓氏大宅，其前期的修缮工作已经完成，政府打算引进相关的文化创意工作室。作为政府主导开发的第一个项目，其成功与否将直接影响政府和居民后续开发的信心。因此，中山路要发展文化产业，政府必须制定更为谨慎的招商政策，确保开发主体如企业或个人有较为良好的资质。

首先，要确保旅游开发企业实力雄厚，旅游市场开发经验丰富。从国内外一些历史文化街区的开发案例来看，旅游开发企业实力雄厚，开发经验丰富，是其成功的关键。如乌镇西栅，其经营开发的企业为乌镇旅游股份有限公司，这家公司是由中青旅控股股份有限公司和桐乡市乌镇古镇旅游投资有限公司共同投资经营的国有企业。乌镇之所以能形成"乌镇模式"并闻名海内外，很大程度上得益于中青旅经营管理的能力和经营理念。2007年，中青旅投资控股乌镇旅游，逐渐形成了保护和开发的"乌镇模式"。2013年，中青旅投资的古北水镇试营业，古北水镇的成功再一次说明开发企业的实力和开发经验至关重要。中山路在发展"民俗文化体验游"方面，应该站在更高的起点上，找到更有资质、更符合中山路实际的开发企业，以已有文化资源为依托，以满足现代人的旅游需求为出发点和落脚点，以整个石龙镇乃至整个东莞市的文化旅游为框架背景，尝试走出一条文化旅游的"中山路模式"。

其次，要确保文化创意工作室能够落地生根。东莞的一些文创园内有很多运作非常成功的文化创意工作室，其成功的关键是抓住了互联网、个性化消费、东莞本土制造等元素。邓氏大宅要引进文创项目，首先应该考虑中山路的非遗，其次考虑电子信息产业。非遗因为有传承人，并且非遗产品也有一定的市场基础，因此，围绕新昌鼓、麦芽糖或木屐等技艺传承人成立相应的工作室，组成专业团队，对这些产品进行包装、设计、宣传，并研发出更多的衍生品。这将是一条切实可行的发展之路。

3. 探索政企合作的经营管理模式

这里主要就发展"民俗文化体验游"来说。我国关于文化旅游业的管理模式分为宏观和微观两大类。宏观管理模式主要用于解决政府和企业（市场）的关系问题，具体包括哪一方占主导地位，旅游资源的所有权、开发权、使用权，以及经营收益的分配方式等。这是管理模式首先要考虑的核心问题。从我国文化旅游发展的历史和现状来看，宏观管理模式主要有以下四种：政府包办，企业依附型；政府主导，企业参与型；企业主导，政府扶持型；市场导向，政府服务型。与宏观管理模式相比，微观管理模式更直接涉及各方的权、责、利，涉及整个文化旅游行业的可持续发展。从我国文化旅游业的发展历史和现状来看，微观管理模式主要有以下五种："农户+农户"模式、"公司+农户"模式、"个体农庄"模式、"政府+公司+旅游协会+旅行社"模式、"股份制"模式。① 综合石龙中山路目前的发展情况，较为可行的经营管理模式应该是"政府主导，企业参与"的"政府+公司+居委会+居民"的模式。

在中山路发展"民俗文化体验游"的前期开发阶段，政府主导是必要的：一是明确省市发展战略，确立发展方向及产业类型；二是通过政府主导摸清中山路人文资源的家底，完善基础设施建设；三是逐步引导符合中山路发展要求的企业进驻。

在"政府+公司+居委会+居民"的微观管理模式中，政府负责旅游产业的规划和基础设施建设，公司负责旅游行业的观念更新、旅游产品的开发、营销和推广、餐饮住宿服务及标准制定，居委会负责按照四方约定（内容包括卫生标准、环保标准、安全标准、美学设计标准等）组织居民实行自治化或互助化管理，包括房屋修缮、个体餐饮住宿服务（民宿）、卫生清洁、统一家居风格，协调公司与居民的关系等。在利益分配上，可选择把劳动报酬与股份制模式结合起来，最大限度地调动四方积极性，实现风险共担，利益共享。如居民拒不遵守行业规则，则可由居委会在集体股份分红时给予"惩戒"，定期对居民的经营资质予以考核定级，促使其不断提高服务水平。②

（四）公众参与，建立完善的公众参与制度

调研结果显示，居民在街区保护和发展的主观意愿和实际行动上存在矛盾，一方面对街区的发展现状表现出极大的不满，另一方面又认为保护和发展是政府的事，与自己不相干，如个体访谈结果"开饭店、摆水果蔬菜摊都是小本买卖，勉强能维持生计，对于街区开发利用这样的事情，没有想过，应该是政府要考虑的事情"。居民只想享受发展的成果而不愿承担相应的义务，这必然导致社会层面的消极保护以及发展动力不足等问题。

---

① 以上关于宏观管理模式和微观管理模式的内容参考了东莞社会建设研究院2015年课题《东莞水乡与江南水乡文化旅游业发展比较研究报告》，课题负责人袁敦卫，主要参与人林春香、谭汪洋、李国兵。
② 以上关于微观管理模式的内容参考了东莞社会建设研究院2015年课题《东莞水乡与江南水乡文化旅游业发展比较研究报告》，课题负责人袁敦卫，主要参与人林春香、谭汪洋、李国兵。

此外，调研结果还显示，居民与政府的沟通渠道是不畅通的，如个体访谈结果"对于我们这些外地来打工的，政府很少跟我们有什么交流，我们也不知道有问题有意见该找谁"。要解决社会层面消极保护和发展动力不足以及公众和政府沟通渠道不畅等问题，必须建立完善的公众参与制度。

根据S. R. Arnstein（1969）的"市民参与阶梯"理论，公众参与的程度可分为三个阶段八个梯度：假参与阶段（政府操纵、政府治疗），象征性参与阶段（政府告知、政府咨询、政府安抚），实权参与阶段（政府合作、政府授权、市民控制）。根据调研，在中山路的保护和发展中，其公众参与的程度应该处在象征性参与阶段中的"政府告知"梯度，如与房屋产权人签订《东莞市文物保护单位（不可移动文物）×××保护管理使用协议书》《个人产权历史建筑维修和利用的合作协议》等，明确政府与产权人各自的权利和义务，又如在街区内部设立介绍街区历史文化的展示牌以及在文物建筑、历史建筑外墙悬挂相应的标示牌，以提高和强化公众的保护意识。"政府告知"制度的建立，确保了街区在保护层面不会出现大问题。然而要实现街区保护发展与开发利用的有机融合，仅仅"政府告知"是不够的，必须建立更为完善的公众参与制度。下面就"政府告知"和"政府咨询""政府合作"提几点意见建议。

1. 完善政府与居民的沟通渠道

"政府职能部门—居委会—产权人或实际使用者"的纵向沟通渠道是目前政府与居民的主要沟通渠道。这一渠道在中山路的保护方面起了非常积极的作用，不过要进一步完善这一渠道，还需要做好以下工作。

首先，建立定期调研走访制度。目前，中山路政府与居民的沟通主要停留在建筑物的保护层面，并且主要是与产权人的沟通。在建筑的使用方面，沟通并不顺畅。因此，应该建立定期调研走访制度，及时发现居民在使用中存在的问题，如违规从事破坏建筑本体或建筑风格的商业活动，此外还可以及时收集居民的有关问题和意见。

其次，建立数字化的网络沟通平台。充分利用现代的先进技术，开发微信公众号、微博等网络平台，除了作为"政府告知"的平台外，如发布相关的政策文件以及分享国内外的成功案例，还可作为政府咨询和居民讨论交流的平台。在这方面，可与专业公司合作，确保平台的专业性和大众化。

最后，建立"由下而上"的沟通机制。"由上而下"的沟通，政府始终是主导，这不利于发挥居民的主观能动性。"由下而上"的沟通，可以弥补"由上而下"沟通的时效性低、政府"一言堂"等不足。要建立"由下而上"的沟通机制，目前的重点是培养居民的参与意识，可通过举办公益讲座，成立协会、团体等形式，逐步增加居民的参与意识，从而真正实现街区保护和发展的"共建共治共享"。

2. 加强政府与专家学者、专业机构的合作

中山路在保护方面一直非常重视与专家学者和专业机构的合作，如与石龙籍建筑学家何镜堂先生合作编制中山路的保护规划，由有资质的文物修缮公司负责修缮邓氏大宅等文物建筑或历史建筑。中山路要进一步加大保护和开发的力度，必须加强与专家学者和专业机构的合作。

一是要建立专家库，并充分利用专家资源。在文物建筑、非物质文化遗产等的保护和利用方面国内有很多专家，应该建立一个专家库。这个专家库可以直接借用广东省或东莞市已有的专家库，也可自行建立一个关于街区保护和发展方面的专家库。建立专家库之后，可通过定期邀请专家来考察，或举办学术会议、学术沙龙等，凝心聚力，推动街区的发展，并进一步提高街区的知名度。

二是要拓展合作的专业机构的范围。除了基本的维护修缮外，在网络宣传平台的打造、文化创意工作室的建立、基础设施的建设等方面，都应该与相关的专业机构合作，力图最大限度地实现保护与开发的科学性、有效性和可持续性。专业机构的范围还应该包括有关的研究机构、开发公司、行业协会等，可通过购买服务的方式，与这些专业机构合作。

3. 设立保护基金，强化公众参与

为提高公众参与的意识以及加强公众参与的程度，可通过设立保护基金的方式，解决公众参与意识淡薄的问题。可设立专项、长期两种保护基金。第一种，历史文化街区专项保护基金。可公开向社会筹集资金，争取获得社会各行各业从业人员的援手，以引起社会各方对石龙中山路街区保护事业的关注，引发公众、媒体对街区保护活动的兴趣，并以社会志愿捐赠为途径使个人、企业、社会团体参与到街区保护活动中。第二种，长期的街区保护工程基金。可实行多种形式的资金援助手段，如赞助文物、历史建筑或非物质文化遗产保护类工程，培训专业技术从业人员，补贴历史

文化类专业期刊或书籍出版，举行街区保护和发展的宣传活动，开设针对广大普通居民的教育专栏等。前一种资金主要来自社会捐赠，在提高公众参与意识的同时，也缓解了保护资金短缺的问题。后一种资金则主要来自市镇层面的资金补助，对于这类资金，除了基本的维护修缮和基础设施建设外，还应该用于对历史文化的宣传和对居民的教育方面，以培育和强化公众的参与意识。

结　语

历史文化街区作为一个城市历史发展的见证，凝聚了一代人甚至几代人的乡愁，但随着城市的发展，历史文化街区所在的区域往往成为破败、萧条的代名词。如何留住乡愁，如何激发街区原有的活力，成为很多历史文化街区亟须解决的问题。从公众参与的视角，通过调查研究，了解公众对街区发展的感知、评价与意见建议，并在此基础上提出街区保护和发展的对策建议，这一方法具有较强的科学性。总体来看，公众对中山路历史文化街区的保护和发展是不满意的，公众虽然有一定的保护和发展的意识，但仍停留在维持现状的较低的认识水平上，无论是公众层面还是政府层面，保护和发展的动力均不足。基于中山路的实际，同时借鉴国内外的成功案例，中山路的保护和发展可从以下几方面着手：一是整治环境，加大古建筑的修缮和基础设施的建设力度；二是注重传承，加强非物质文化遗产的保护和开发；三是政企合作，寻找文化产业的发展路径；四是公众参与，建立完善的公众参与制度。

由于能力有限，本文还存在很多不足之处以及一些尚需深入研究的问题。不足之处主要表现在调查的广度和深度还不够。个体访谈的对象应该更加多样化，除了中山路的居民外，还应该包括外地来的游客以及市内外的专家学者等。问卷调查除了加大对党校学员的调查外，还应该面向中山路或石龙镇的居民以及其他一些企业或机构组织，扩大问卷调查的范围，以掌握更多的信息。尚需深入研究的问题主要是对策建议的落地问题。虽然四个方面的对策建议是基于调查研究以及借鉴国内外成功案例的基础上提出的，但这些对策建议在哪些方面可以马上实施，哪些方面会遇到困难，如何解决这些困难，这些在报告中都没有涉及，还有待进一步深入研究。

总之，历史文化街区的保护和发展依然任重道远。

参考文献

［1］王译瑶、李向峰：《历史文化街区商业化改造的公众评价研究——以"南京1912"为例》，《华中建筑》2015 年第 8 期。

［2］王兆芳、赵勇、李沛帆、谷峥：《基于公众参与的历史文化街区保护研究——以正定历史文化名城为例》，《城市发展研究》2014 年第 2 期。

［3］秦岩、潘琳、赵启明：《历史文化街区保护现状与居民意愿调查研究——以北京市东城区为例》，《城市发展研究》2015 年第 10 期。

［4］张秀华：《基于公众参与的历史街区保护规划——以泰兴市黄桥镇东片历史文化街区保护规划为例》，《江苏城市规划》2011 年第 7 期。

［5］康新宇：《小城镇历史街区的保护整治与复兴——以东莞市石龙镇中山路历史街区为例》，《生态文明视角下的城乡规划——2008 中国城市规划年会论文集》，2008 年 9 月。

［6］何正强、何镜堂、陈晓红：《场域理论下的旧城商业街区设计策略——东莞石龙镇旧城更新及岭南商业街区设计》，《华中建筑》2014 年第 5 期。

［7］S. R. Arnstein, "A Ladder of Citizen Participation," *Journal of the American Institute of Planners*, 1969, 6.

附　录

附录 1　东莞市中山路历史文化街区访谈对象一览

序号	姓名	职位/身份	访谈时间	访谈地点
1	梁锦泉	红漆描花传统木屐制作技艺代表性传承人	2017 年 11 月 20 日	木屐工作坊
2	郭润棠	德和兴醒狮麒麟纸扎技艺代表性传承人	2017 年 11 月 20 日	德和兴醒狮门店
3	叶浩和	石龙新昌鼓制作技艺的代表性传承人	2017 年 11 月 20 日	新昌鼓门店
4	李凤丽	李全和麦芽糖、糖柚皮制作技艺代表性传承人	2017 年 11 月 20 日	麦芽糖门店

续表

序号	姓名	职位/身份	访谈时间	访谈地点
5	黄志伟	李全和麦芽糖工厂员工	2017年11月20日	麦芽糖门店
6	王莲花	新华书店前台工作人员	2018年1月23日	新华书店
7	陈 燕	云香面馆老板	2018年1月23日	云香面馆
8	林庆良	水果摊摊主	2018年1月23日	水果摊
9	叶小宝	和记竹器店老板	2018年1月23日	和记竹器店
10	丁立新	东征博物馆馆长	2018年1月23日	东征博物馆

附录2 中山路历史文化街区保护与发展问题调研提纲

一 资料收集

1. 石龙镇及中山路保护规划说明书、文本；

2. 申报国家历史文化名镇以及广东省历史文化街区时的上报资料；

3. 中山路历史文化街区内的文保单位、历史建筑、非物质文化遗产的相关资料；

4. 中山路历史文化街区内历年人口（本地、外地）、经济、土地利用、历史建筑的变化情况；

5. 有关中山路历史文化街区的地方志、年鉴、史传、族谱、宗谱、家谱；

6. 有关中山路历史文化街区保护的政府发文（法律、管理、资金保障、旅游）、政府报告、通知；

7. 有关中山路历史文化街区保护的村（乡）规民约、村民自治章程；

8. 有关中山路历史文化街区的管理政策、土地政策、建房政策、拆迁补偿标准；

9. 有关中山路历史文化街区建筑修缮、环境整治的历年资金投入记录；

10. 中山路历史文化街区保护的管理机构与管理层次、人员保护职责。

二 个体访谈问题

1. 您是哪里人？您在中山路工作或居住了多久？
2. 你从事本行业有多长时间？
3. 您月收入或年收入的情况怎样？跟过去比是提高了还是降低了？
4. 手工艺品制作的大致流程如何？产量以及销量怎样？
5. 有没有带徒弟？年轻人愿不愿意学？不愿意学的原因是什么？
6. 政府有哪些帮扶措施？您希望政府在哪些方面帮扶？
7. 您认为街区的居住环境怎样？在哪些方面还有待改善？
8. 您对街区的历史以及街区内的代表性建筑是否了解？
9. 您觉得街区在保护和发展中存在哪些问题？您认为街区未来该如何发展？
10. 政府是否经常与您就街区保护和发展等问题进行沟通交流或协商？

附录3 东莞历史文化遗存保护与发展研究调查问卷

一 您的基本情况

1. 您的户籍情况：
A. 东莞莞城（ ）　　　　B. 东莞石龙（ ）
C. 东莞其他镇街（ ）　　D. 其他省份（ ）

2. 您的年龄：
A. 20~35岁（ ）　　B. 36~45岁（ ）　　C. 46~60岁（ ）
D. 60岁以上（ ）

3. 性别：
A. 男（ ）　　　　　　　　　　　　　　B. 女（ ）

4. 您的文化程度：
A. 中学及以下（ ）　　B. 本（专）科（ ）
C. 硕士及以上（ ）

5. 您的工作与文化建设的关联度：
A. 很密切（ ）　　B. 一般（ ）　　C. 没有关联（ ）

6. 您在东莞居住或从业的年限：

A. 1 年以内（   ）　　　　　　　　　　B. 1~5 年（   ）

C. 6~10 年（   ）　　　　　　　　　　D. 10 年以上（   ）

二　您的感知与评价

7. 您听说过下面哪些历史文化街区【可多选】：

A. 中兴路—大西路（   ）

B. 兴贤里（   ）

C. 象塔街（   ）

D. 大雁塘（   ）

E. 竹园（   ）

F. 中山路（   ）

G. 都没听说过（   ）

8. 您到过下面哪些历史文化街区【可多选】：

A. 莞城的中兴路—大西路（即振华路所在区域）（   ）

B. 莞城兴贤里（   ）

C. 莞城象塔街（   ）

D. 南城大雁塘（位于水濂山脚下）（   ）

E. 寮步竹园（   ）

F. 石龙中山路（   ）

G. 都没去过（   ）

9. 您对东莞骑楼建筑风格的了解程度：

A. 比较了解（   ）

B. 了解（   ）

C. 听说过但不了解（   ）

D. 完全不了解（   ）

10. 您认为东莞莞城古城区以及其他的古镇、历史街区的居住环境怎样：

A. 很好（   ）　　　　B. 一般（   ）　　　　C. 较差（   ）

11. 您认为东莞古城、古镇以及历史文化街区的基础设施及公共服务设施是否完善：

A. 非常完善（   ）　　　　　B. 比较完善（   ）

C. 一般（   ）　　　　　　　D. 较差（   ）

12. 您对古城、古镇以及历史文化街区内基础设施的需求意愿【可多选】：

A. 小广场（   ）　　B. 绿地（   ）　　C. 社区活动中心（   ）

D. 社区医院（   ）　　E. 图书馆（   ）　　F. 停车场（   ）

G. 养老机构（   ）　　H. 其他_____

13. 您认为古城、古镇以及历史文化街区的建筑保护得怎样：

A. 非常好（   ）　　　　　　B. 比较好（   ）

C. 一般（   ）　　　　　　　D. 不太理想（   ）

14. 您认为是否应该在保护的前提下对历史文化街区进行改造利用：

A. 非常有必要（   ）　　　　B. 维持现状，不需改造利用（   ）

15. 您认为历史文化街区改造的方向哪些【可多选】：

A. 消费商业街（   ）　　　　B. 博物馆等文化建筑（   ）

C. 创意产业园区（   ）　　　D. 保护起来不对外开放（   ）

E. 其他_____

16. 您认为目前街区保护方面面临的问题有哪些：

A. 居民不愿出资修缮（   ）　　B. 政府专项资金不足（   ）

C. 其他_____

17. 您认为目前街区发展利用方面存在哪些问题：

A. 交通拥堵（   ）　　　　　B. 基础设施不完善（   ）

C. 其他_____

18. 对东莞如何保护和利用历史文化遗存，如文物古迹、历史建筑、非物质文化遗产有何意见和建议？

（课题组成员：林春香、李素华、池文、王志坚）

改革开放以来东莞党组织的建设

内容提要：2018年是中国改革开放四十周年，也是东莞升格为地级市三十周年。东莞是中国改革开放的先行地区，是中国改革开放的先进典型，被誉为广东乃至中国"改革开放一个生动而精彩的缩影"。全面回顾、梳理、总结、提炼改革开放以来东莞党的建设面临的时代背景、实践历程与经验启示，对于坚持以习近平新时代中国特色社会主义思想为指导，以新的党建总体布局和新时代党建总要求全面推进党的建设，具有一定的理论和现实意义。

关键词：东莞；改革开放；党的建设；实践历程；经验启示

引 言

2018年是中国改革开放四十周年，也是东莞升格地级市三十周年。东莞是中国改革开放的先行地区，是中国改革开放的先进典型。改革开放以来，东莞市委坚决贯彻落实党中央决策部署，在广东省委的正确领导下，以改革创新精神全面推进党的建设新的伟大工程，推动了东莞经济社会发展取得显著成就，创造了世人瞩目的"东莞奇迹""东莞模式"，被誉为广东乃至中国"改革开放一个生动而精彩的缩影"，为中国特色社会主义事业发展贡献了东莞范式，谱写了中华民族伟大复兴中国梦的东莞篇章。

党的十九大报告指出，中国特色社会主义最本质的特征是中国共产党领导，中国特色社会主义制度的最大优势是中国共产党领导，党是最高政治领导力量。党政军民学，东西南北中，党是领导一切的。在当代中国政治体系中，中国共产党是领导核心，处于总揽全局、协调各方的地位。党的自身坚强有力，党的建设搞得好，党所领导的事业就繁荣昌盛。党的自身如果弊病丛生，丧失了先进性、纯洁性，党所领导的事业就停滞倒退，党的执政地位就会受到损害。因此，党的建设是党领导中国革命、建设和改革取得胜利的重要法宝，也是确保党始终成为中国特色社会主义领导核心的根本保障。习近平总书记在庆祝海南建省办经济特区三十周年大会上的讲话中指出，改革开放是新中国成立以来我们党和国家历史上具有深远意义的伟大转折，"坚持党的领导，全面从严治党，是改革开放取得成功的关键和根本"。在纪念改革开放四十周年之际，回顾总结改革开放先行地——东莞党的建设的光辉历程和宝贵经验，分析新时代东莞党的建设存在的问题及原因，探讨新时代全面加强东莞党的建设的对策思路，对于深入贯彻落实习近平新时代中国特色社会主义思想和党的十九大精神，在新的历史起点上全面推进东莞党的建设，激励广大党员干部奋力推进"新时代·新征程·新东莞"建设，具有重要的理论意义和现实意义。

一 改革开放以来东莞党的建设的时代背景

全面总结改革开放四十年来东莞党的建设状况，必须紧密联系党在这一时期世界形势、国内环境、党的状况发生的重大而深刻变化，紧密联系党在这一时期的重大历史任务和伟大实践，把党的建设放到改革开放和社会主义现代化建设的大背景、大环境中去考察、去把握。

（一）世情：世界形势发生重大而深刻变化

1. 和平与发展成为时代主题

党的十一届三中全会以来的四十年，整个世界发生了大变化大调整，这种变化和调整的剧烈和深刻程度远远超出了人们的预料。其中最显著最重大的变化，就是和平与发展成为时代主题。1985年，邓小平对当今世界形势作出高度概括，指出："现在世界上真正大的问题，带全球性的战略问题，一个是和平问题，一个是经济问题或者说发展问题。"邓小平在深刻洞察世界格局变化的基础上抓住了世界的主要矛盾，指出我们面临的将是一个以和平与发展为主题的时代。根据邓小平对和平与发展问题的判断，1987年党的十三大报告第一次将和平与发展表述为"当代世界主题"，1997年党的十五大报告首次提出和平与发展是"当今时代的主题"。此后，我们党根据这个符合世界发展形势的重大判断，制定出切合党和国家发展战略的政策策略。

2. 各国综合国力竞争日益激烈

在苏联解体、东欧剧变、两极格局终结之后，世界社会主义发生了严重曲折，西方资本主义也出现了种种新情况，引起了全球经济格局、利益格局和安全格局发生前所未有的重大变化。与此同时，新科技革命及其带来的重大科技发现发明和广泛应用，推动世界范围内生产力、生产方式、生活方式和经济社会发生了前所未有的深刻变化。与时代、实践和科技的发展相联系，从20世纪70年代后期开始，在世界范围内兴起了以增强综合国力为中心目标的竞争浪潮。这个浪潮涉及国家之广泛、涉及领域之全面、持续时间之长久，给我们党和党的建设带来了许多新机遇，也带来了许多新挑战新考验。把握这些新机遇，应对这些新挑战，使我们更加科学、全面地认识世界、认识自己，紧跟时代进步潮流，使广大党员和干部开阔视野、树立世界眼光，焕发出自强不息、奋力拼搏、改革创新的精气神。

3. 中西思想文化交流交锋频繁

改革开放以来，国际思想领域斗争日趋激烈，政治多极化不可逆转，经济全球化深入发展，世界范围内各种思想文化交流、交融、交锋更加频繁，一些西方发达国家凭借经济优势和科技优势加紧文化输出，进行文化渗透，推行文化霸权。在这样的背景下，我们党要坚持文化发展的自主性，大力建设社会主义文化强国，着力培养广大党员群众高度的道路自信、理论自信、制度自信、文化自信，更要巩固好马克思主义在意识形态领域的指导地位，巩固好全党全国人民团结奋斗的共同思想基础，而这方面我们党也面临着巨大困难和挑战。习近平总书记强调："必须把意识形态工作的领导权、管理权、话语权牢牢掌握在手中，任何时候都不能旁落，否则就要犯无可挽回的历史性错误。"

（二）国情：国内环境发生重大而深刻变化

1. 从计划经济转向社会主义市场经济

改革开放四十年来，从商品经济概念的应用、对商品经济理论的探讨，到1984年党的十二届三中全会提出公有制基础上的有计划的商品经济，再到1992年党的十四大提出建立社会主义市场经济体制，我们党将马克思主义基本原理与中国实际相结合，不断推进思想解放和改革深化，极大地调动了亿万人民的积极性，使我国成功实现了从高度集中的计划经济体制到充满活力的社会主义市场经济体制，使中国的社会生产力获得新的巨大解放，社会主义在中国焕发出前所未有的强大生命力，马克思主义在中国焕发出前所未有的强大感召力。改革开放不仅带来了党和人民事业的大发展，使中国人民的面貌、社会主义中国的面貌发生了历史性变化，而且带来了党的建设的新进步，极大地增强了我们党的创造力、凝聚力和战斗力。

2. 从封闭半封闭转向全方位对外开放

党的十一届三中全会以后，我们坚持对外开放的基本国策，打开国门搞建设，加快发展开放型经济。从农村到城市，从沿海到沿江沿边到内陆，从东部到中西部，经过先试验后推广，建立经济特区、发展对外贸易、引进外资、扩大对外经济技术交流与合作，逐步形成全方位、多层次、宽领域的对外开放格局，使我国成功实现了从封闭半封闭到全方位开放的伟大历史转折。对外开放为中国经济社会发展注入了巨大的动力和活力，显著提高了我国综合国力和世界影响力，使我国可以利用国际国内两个市场、两种资源，实现了与世界经济的共同发展。习近平总书记指出，改革开放是决定当代中国命运的关键一招，要做到改革不停顿、开放不止步。

3. 从局部性改革转向全面性深化改革

改革是庞大复杂的系统工程，涉及方方面面，不是某个领域某个方面的单项改革，而是一场深刻而全面的社会变革，是"牵一发而动全身"的系统工程。改革开放四十年来，从经济领域到政治、文化、社会、生态等各个领域，我们党领导的全面深化改革势不可当、蓬勃向前。党的十八届三中全会指出，全面深化改革的总目标，就是完善和发展中国特色社会主义制度，推进国家治理体系和治理能力的现代化。习近平总书记在中央全面深化改革委员会第一次会议上指出："深化党和国家机构改革全面启动，标志着全面深化改革进入了一个新阶段。"随着全面深化改革进入新阶段，我们党将进一步聚焦推进国家治理现代化，新一轮全面深化改革将进一步触及深层次利益格局的调整和制度体系的变革，改革的复杂性、敏感性、艰巨性更加突出，改革必须更加注重系统性、整体性、协同性。

（三）党情：党的状况发生重大而深刻变化

1. 党员队伍结构分布发生重大变化

我们党历经革命、建设和改革，已经成为世界上党员数量最多的特大型政党。新中国成立之初我们党的党员总数是440多万，改革开放之初我们党的党员总数发展到3600多万，截至2017年12月31日，中国共产党党员总数为8956.4万名。改革开放四十年来，虽然新中国成立前入党的党员所占的比例越来越少，但一批又一批工人、农民、知识分子、军人以及新社会阶层中的先进分子被吸收到党内来，为我们党增添了新鲜血液，从而使党员队伍的结构和分布得到新的改善和优化。但同时，党员数量的大幅度增长，使教育和管理党员的任务也比以往任何时候都更加艰巨繁重。而且，虽然我国社会经济成分、组织形式、就业方式、利益关系和分配方式日趋多样化并不断发展，党的工作如何切实有效地覆盖社会生活的各个领域，无疑也是党的建设一个崭新的课题。

2. 党的建设总体布局发生重大变化

党的建设总体布局，是中国共产党在改革开放新时期，特别是新时代全党一直在努力探索和回答的重大理论问题。从改革开放之前党的思想建设、作风建设、组织建设"三位一体"，到改革开放之初邓小平提出党的思想建设、作风建设、组织建设、制度建设"四位一体"，再到思想建设、作风建设、组织建设、制度建设、反腐倡廉建设"五位一体"，再到党的十九大提出新时代党的建设总要求，把党的建设总体布局发展为"全面推进党的政治建设、思想建设、组织建设、作风建设、纪律建设，把制度建设贯穿其中，深入推进反腐败斗争"，这是我们党在国际国内形势发生重大变化的情况下，围绕"建设一个什么样的党、怎样建设党"这个重大课题，对执政党建设规律进行了长期探索取得的重要理论成果，有助于我们党不断提高党的建设质量，把党建设成为始终走在时代前列、人民衷心拥护、勇于自我革命、经得起各种风浪考验、朝气蓬勃的马克思主义执政党。

3. 党的执政条件方式发生重大变化

执政方式，是指执政党实现其政治主张的基本方式，即执政党以什么样的途径、方法把其政治主张变为国家的意志和人民群众的自觉行动。进入21世纪，我们党的执政条件已经发生了重大变化，已经从一个领导人民为夺取全国政权而奋斗的党，成为一个领导人民掌握着全国政权并长期执政的党，已经从一个在受到外部封锁的状态下领导国家建设的党，成为在全面改革开放条件下领导国家建设的党。这一执政条件发生的重大变化，说明我们党必须围绕领导革命的党与执政党的不同之处来思考和探索党的领导方式和执政方式问题。为进一步完善领导方式和执政方式，全面推进党的建设新的伟大工程，我们党提出要着力解决提高党的领导水平和执政水平、提高拒腐防变和抵御风险能力这两大历史性课题，提出要按照科学执政、民主执政、依法执政的要求，这反映了我们党对共产党执政规律认识的深化和对党长期执政正反两方面经验的科学总结，也是我们党正确处理党政关系、党法关系、党群关系、党际关系问题的必然要求。

二 改革开放以来东莞党的建设的历史进程

在中国特色社会主义进入新时代、改革开放进入新的历史起点上，全面回顾改革开放四十年来东莞党的建设发展进程，对新时代全面加强东莞党的建设，推动东莞率先基本实现社会主义现代化，具有重要的理论意义和实践意义。

（一）1978~1989年：东莞党的建设踏上新征程

从1978年12月党的十一届三中全会到1989年6月党的十三届四中全会，在以邓小平同志为核心的党的第二代中央领导集体坚强领导下，县（市）委以恢复确立马克思主义政治、思想、组织路线为肇始，实现党的工作重点转移，健全党内政治生活，加强党的思想建设、组织建设、作风建设，推动东莞党的建设踏上新的征程。

1. 实现党的工作重点转移

党的十一届三中全会召开后，县委召开全县三级干部会议，传达贯彻中央工作会议和党的十一届三中全会精神，联系实际总结经验教训，真正把党的工作重点转移到经济建设上来。从尽快使农民富裕起来（1980年），到向农村工业化进军（1984年），到深化改革和扩大开放（1987年），再到建立外向型经济体系（1988年），东莞在第四至第七次党代会中，始终以经济建设为中心，抓住1985年被列入沿海经济开放区和由县改市、1988年升格为地级市等重大历史机遇，提出适合东莞、适度超前的经济社会发展战略，努力把东莞建设成为经济繁荣、政治安定、社会文明、人民富裕的经济开放区。通过坚决贯彻执行党中央以经济建设为中心和实行改革开放一系列方针政策，加强党的建设，改善党的领导，东莞成为"我国沿海农村社会主义建设一个成功典型"。①

2. 恢复确立党的组织路线

正确的政治路线确定之后，干部就是决定因素。党的十一届三中全会召开后，县委加快落实党的干部政策，平反极左路线造成的冤假错案，对各级领导班子进行了整顿和调整，一批"文革"中受迫害的老同志重新走上了领导岗位。为促进基层党组织领导班子搞好自身建设，县委从1983年开始逐步实行了民主评议、民意测验、民主推荐基层领导干部的"三民"活动，每年进行一次。同时，坚持任人唯贤的干部路线和德才兼备的用人标准，大胆提拔中青年干部，调整和充实各级领导班子，在机构改革中推进干部新老交替，使领导班子逐步实现革命化、年轻化、知识化、专业化。按照"坚持标准，保证质量，改善结构"的原则，在知识分子、优秀青年企业家、个体经营者中做好优秀分子入党工作，提高党的战斗力。

3. 提高党员干部思想素质

思想建设是党的基础性建设。县委高度重视党员干部思想政治教育工作，把党员干部的思想统一到党的十一届三中全会路线上来，经常性对党员干部进行党性党规、四项基本原则、基本路线教育等，抵制非无产阶级思想，反对资产阶级自由化，进一步解放思想，确保改革开放顺利推进。1982年，专门成立党员教育领导小组，负责制定、组织、实施全县党员教育计划。为提高干部队伍的政治素质，从1984年底开始，分期分批对全县干部进行马列主义正规化理论教育，解决干部队伍中存在的民主法制意识、公仆意识淡薄、不注意走群众路线等问题。1986年，组织干部认真学习党中央有关反对资产阶级自由化的一系列重要指示，召开全市思想政治工作会议，使广大党员干部深受四项基本原则教育。1987年提出《关于加强基层党校建设的意见》，决定在镇（区）建立基层党校，有效保障各级党员干

---

① 中共中央办公厅调研室：《东莞十年——对我国沿海农村社会主义建设一个成功典型的考察》，《人民日报》1988年8月14日，第1版。

部得到常态化党性思想教育。

4. 恢复健全党内政治生活

1980年，县委组织广大党员干部认真学习《关于党内政治生活的若干准则》，在基层党组织恢复实施"三会一课"制度，联系实际整顿了党风党纪，恢复和发扬了党的理论联系实际、实事求是、群众路线等优良传统和作风，党内民主生活逐步活跃，提高了各级党组织的战斗力。严格按照党章要求，按期召开第四、五、六次党的代表大会，并根据行政建置升格实际，及时召开第七次党的代表大会，贯彻民主集中制，充分发挥党内民主，加强党对各方面工作的领导。加强对党员管理，要求党员做到"三个一"，①外出党员及时向党组织汇报思想工作。1988年，根据党中央和广东省委的部署，开始民主评议党员试点工作，此后形成了在每年6月普遍开展一次民主评议党员工作的制度，成为加强党员教育、管理和监督的党内生活重要规范。

5. 加强党风党纪监督检查

1979年5月，县委召开全体委员会议，选举产生县纪律检查委员会，并着手抓紧公社（镇）、机关党委纪检机构的建立和纪检干部的配备，建立健全各级纪检机构。纪委恢复建立之后，协助党委整顿党风，严肃党纪，复查历史案件，检查处理违纪案件，做好来信来访工作，监督保证中央精神和1980年《关于党内政治生活的若干准则》、1982年《紧急通知》、1985年《关于解决当前机关作风中几个严重问题的通知》等党内法规的贯彻落实，创办《东莞纪检》强化党纪教育，确保改革开放顺利进行。1982年，根据党中央精神，县委把实现党风根本好转作为一件头等大事，大胆揭露矛盾、摆开问题，把学习和清除精神污染结合起来，进一步整顿党的组织和党的作风。印发《纠正我县党政机关和党政干部经商办企业不正之风的七条意见》（1985）②、《关于不准党政干部、管理区干部经商、办企业的暂

---

① "三个一"：一个月过一次组织生活，一季度上一次党课，一年到市、镇（区）党校参加一次轮训。
② 亦称"七不准"制度：（1）不准利用职权入干股分红（即权力股）；（2）不准利用经营之便"过天桥"牟取私利；（3）不准打着集体旗号个人经营；（4）不准转卖国家计划内的牌价物资议价出售；（5）不准作假账拒绝上级检查；（6）不准利用职权经商做买卖；（7）不准违反国家有关规定走私贩私。

行规定》(1988)、《关于制止党员、干部在建房分房中不正之风问题的十条规定》(1989)等与社会主义商品经济新秩序相适应的党内生活新规范，开展农村乡级整党，贯彻落实党的十二届二中全会关于整党的决定，纠正部分党员干部的不正之风，切实防止资产阶级歪风的腐蚀侵袭，确保党员干部在思想上、政治上、组织上的纯洁。

（二）1989~2002年：东莞党的建设迈出新步伐

从1989年6月党的十三届四中全会到2002年11月党的十六大，在以江泽民同志为核心的党的第三代中央领导集体坚强领导下，市委深入贯彻落实邓小平理论和"三个代表"重要思想，加强对党建工作的领导，坚决惩治腐败，加强党内教育，深化干部人事制度改革，贯彻群众路线，加强基层党组织建设，推动东莞党的建设迈出新的步伐。

1. 加强对党建工作的领导

1989年6月，邓小平向新一代中央领导集体作了重要的"政治交代"，明确强调："要聚精会神地抓党的建设，这个党该抓了，不抓不行了。"① 党的十三届四中全会之后，东莞连续召开常委扩大会议、全市党的基层组织建设工作会议、市几套班子党员领导会议，拥护江泽民同志担任党中央总书记，贯彻落实《中共中央关于加强党的建设的通知》，建立市委党建工作联席办公会议制度，并从市委到各战线、镇（区）党委层层建立党建工作责任制，使党建工作有布置、有检查、有评比，做一件成一件。1994年9月，市委召开会议，贯彻落实中央关于加强党的建设精神，继续聚精会神抓党的建设，把党的建设提高到新的水平。

2. 反对腐败搞好廉洁政治

市委把反对腐败作为整个改革开放过程中的重中之重加以实施。1989年8月，市委工作组在石龙、石碣开展以"两公开一监督"②为主要内容的廉政制度建设试点，制定和公开了50个廉政制度以及办事结果，解决了多年来没有解决的一些问题，随后这一制度在全市铺开。同月，市反贪污受贿工作局成立。从1992年起，为使纪律教育制度化、经常化，按照省委要

---

① 《邓小平文选》第3卷，人民出版社，1993，第314页。
② "两公开一监督"：公开办事制度、公开办事结果，依靠群众监督。

求,市委每年把7月定为"纪律教育学习月",开展党风党纪和廉政教育。1995年,市委结合中央"综合治理、标本兼治、重在治本"的反腐方针,提出了"人不敢犯、人不能犯、人不忍犯"①的三步反腐败工作思路和治理目标。1998年,市委成立党风廉政建设责任制领导小组,从领导结构上保证党风廉政建设责任制工作落实。次年,制定《关于实行党风廉政建设责任制的实施办法》,对违反党风廉政建设责任制的领导干部,坚决按规定追究责任。1999年,市纪委给全市厅级干部、处级干部和32个镇(街)两套班子成员、人大正副主任建立了"廉政卷宗",把各级领导干部的是非功过都记录在案。2000年,为发挥家庭在廉政教育中的作用,市委开展当好"廉内助"教育活动,使家庭廉政文化建设得到延伸和发展。2002年,出台《关于在全市机关开展"法德教育"活动的方案》,帮助广大党员干部进一步增强法制意识和道德观念,增强反腐倡廉和依法行政的意识,筑牢思想根基。

3. 强化党内思想政治教育

邓小平指出:"十年最大的失误是教育,主要是思想政治教育。"② 这不仅体现在对青年的教育不够,对党员、干部的教育也不够。1989年,为加强党员和各级领导干部的思想政治教育工作,市委以各级党校为阵地,开展"三个基本"教育,③ 不断提高党员干部思想政治素质和马列主义理论素养。1991年,在全市党员中开展党内法规教育,维护党章权威性,严肃党规党纪,进一步增强党员干部党的纪律观念。1993年,开展纪念毛泽东诞辰100周年活动,在党员干部中掀起学习毛泽东思想热潮。1996年,在全市开展世界观、人生观、价值观"三观"教育活动,端正党员干部的思想观念。1999年,贯彻落实中央关于共产党员不准修炼"法轮大法"的党内教育活动,并按照中央部署开展以讲学习、讲政治、讲正气为主要内容的"三讲"党性党风教育,成为中央在全国17个试点城市之一。2000年,认

---

① "人不敢犯、人不能犯、人不忍犯":(1)加大查处力度,查一个处罚一个,查多少处罚多少,绝不手软,达到"人不敢犯"的目标;(2)建立健全制度,堵塞漏洞,使之无机可乘,无孔可钻,达到"人不能犯"的目标;(3)提高思想道德水平,自觉地用道德规范约束自己,达到"人不忍犯"的目标。
② 《邓小平文选》第3卷,人民出版社,1993,第379页。
③ "三个基本":马列主义、毛泽东思想基本理论的教育特别是马克思主义哲学教育,党的基本路线教育,党的基本知识的教育。

真学习江泽民同志视察广东时提出的"三个代表"重要思想，开展"致富思源，富而思进"教育活动，增强党员干部群众的大局意识、全局意识。2001年，东莞成为广东省农村开展"三个代表"重要思想学习教育活动三个先行点之一，在提高农村党员干部思想素质方面探索新的经验。

4. 深化干部人事制度改革

20世纪90年代以来，市委突破传统选拔人才思维模式，拓宽干部选拔任用视野。1991年，为更快地发展农村集体经济，市委首先在部分镇（区）的管理区选拔具有党员身份的优秀私营企业主回村任党支部书记，增强农村基层党组织领导经济工作力量。"九五"期间，市委从建立、完善和改革党政领导干部选拔任用制度入手，严格把好任免程序关、集体讨论关、职数限制关、任职条件和任职资格关、民主推荐和考察关、任免材料呈报关，印发《东莞市干部选拔任用程序及资料报送规定》等文件，进一步规范干部选拔任免工作。特别是以干部交流轮岗为突破口，加大年轻干部选拔力度，建立全市各级领导班子后备干部人才库，进一步优化各级领导班子结构，提高领导干部领导改革开放的整体能力。2001年，制定《东莞市干部任用投票表决试行办法》和《东莞市领导干部任前公示试行办法》，首次实行干部任免票决制和公示制，并向全国公开选拔部分领导干部，深化干部人事制度改革。

5. 密切党同人民群众联系

执政党的党风是有关党的生死存亡的问题。1989年，市委落实中央关于近期做几件群众关心的事的决定，盯紧瞄准以权谋私、"三乱"问题①、财务管理问题、工程发包问题、土地转让问题、集资款问题、贫富差距拉大问题等群众关心的热点问题，深入调查研究，逐一化解。1990年，市委落实《中共中央关于加强党同人民群众联系的决定》，普遍建立领导接待群众来访日制度，设立检举箱、专线电话，认真查处党政干部以权谋房问题，进一步密切党政机关同群众的关系。从20世纪90年代开始，市委部署开展党员联系户活动，在全市建立"一帮一""二帮一""三帮一"帮扶关系，发挥党员先锋模范作用，带领群众加快脱贫致富、走共同致富道路。2001年，市委落实《中共中央关于加强和改进党的作风建设的决定》，树立党员

---

① "三乱"问题：乱收费、乱摊派、乱罚款。

干部的良好形象,给作风建设注入了新的内容。

6. 加强党的基层组织建设

党的基层组织是党的全部工作和战斗力的基础。1989年,市委对农村后进党支部进行整顿,从集体经济、生活水平、支部核心、精神文明等方面制定整顿标准。理顺市直机关党组织关系,建立各战线机关党委,原市直机关党委改为市直机关工委。1991年,市委加强党支部建设,提出建设好党支部的"五条标准"。① 1994年,市委根据中央组织部《关于加强党员流动中组织关系管理的暂行规定》的精神,加强流动党员管理,有效解决"口袋党员"组织生活问题。1995年,市委在农村基层组织中实施"五个好"目标②,加强农村党组织建设。1998年,市委实施培养发展农村新党员工程,把在农村里涌现出来的政治素质良好、热心村级事务的经济能人整合起来,将优秀分子培养成入党积极分子发展成党员,改善全市农村党员队伍结构,使农村党的建设充满生机活力。同年,要求市属国有企业党建工作按照"四有"③目标进行。1999年,为加强企业党建工作,市委制定了《东莞市企业党组织工作暂行规定》,指导和规范企业党组织的运作。同时大力加强非公有制企业党建工作,扩大党的工作覆盖面。到2000年底,全市非公有制企业建立党组织81个,共有党员2306名。④

(三) 2002~2012年:东莞党的建设取得新成效

从2002年11月党的十六大到2012年11月党的十八大,在以胡锦涛同志为总书记的党中央坚强领导下,市委深入贯彻落实"三个代表"重要思

---

① "五条标准":(1)有一个能贯彻执行党的路线、方针和政策,坚持社会主义方向,带领群众走共同富裕道路的领导班子,特别要有一个坚强、能干、公道的支部书记;(2)有一支能密切联系群众,在生产、工作、学习和社会生活中起先锋模范作用的党员队伍;(3)积极带领群众发展商品生产,壮大集体经济;(4)坚持"两手抓",切实加强思想政治工作和精神文明建设;(5)注意协调和发挥其他组织作用。

② "五个好":(1)建设一个好的领导班子,要有一个好书记;(2)培养锻炼一支好队伍;(3)选准一条发展经济的好路子;(4)完善一个好的经营体制;(5)健全一套好的管理制度。

③ "四有":有一个好班子,有一支好的党员队伍,有一个好的工作机制,有一套好的工作制度。

④ 东莞市地方志编纂委员会编《东莞市志 1979—2000(中)》,广东人民出版社,2013,第854页。

想和科学发展观,加强新形势下党的执政能力建设,保持共产党员先进性,提高党的建设科学化水平,进一步夯实党的执政根基,推动东莞党的建设取得新成效。

1. 深化党员干部思想教育

2003年,市委把在非公有制经济组织中开展保持共产党员先进性教育试点活动作为党建工作的"一号工程",开始在非公有制经济组织和流动党员主要是外来流动党员中开展教育活动,并在试点取得成效后于2005年向全市铺开。2004年至2007年,市委在全市党员中开展"理想、责任、能力、形象"教育活动,作为先进性教育活动的具体内容和重要载体,推动先进性教育活动进一步深化。2004年,市委贯彻落实胡锦涛同志考察广东精神,提出在坚持科学发展、构建和谐社会、加强党的建设、解放思想方面争当全省的排头兵。2006年,召开全市领导干部大会,提出对领导干部进行"五破五增"①的思想教育,破除阻碍科学发展、不合时宜的观念,进一步解放思想、推动发展。在改革开放三十周年之际,市委在全市开展"解放思想,坚持改革开放,争当实现科学发展观的排头兵"学习讨论活动,坚决冲破一切妨碍思想发展的障碍。同年,东莞成为全国23个开展深入学习实践科学发展观活动试点单位之一,市委随即展开解放思想学习讨论活动转段动员,深入开展学习实践科学发展观,不断提高广大党员干部的思想政治素质。

2. 提高领导干部执政能力

2004年,市委围绕"一城三创五争先"的发展战略,制定《关于围绕创新发展能力组织实施五大工程意见》,提出提升领导干部的理性思维能力等"五种能力"②。党的十六届四中全会召开后,市委贯彻落实《中共中央关于加强党的执政能力建设的决定》,提出着重加强五个方面能力的建设③。为强化领导干部理论武装,在落实市委中心组理论学习制度(2000年)基

---

① "五破五增":破除骄傲自满思想,增强居安思危意识;破除因循守旧思想,增强勇于创新意识;破除封闭自给思想,增强开放合作意识;破除急功近利思想,增强夯实基础意识;破除贪图享乐思想,增强励精图治意识。
② "五种能力":一是提升领导干部的理性思维能力;二是提升全民的就业创业能力;三是提升智力资本的经营能力;四是提升多元文化的包容能力;五是提升现代文明的行为能力。
③ 五个方面能力的建设:一是提高科学决策能力;二是提高驾驭发展能力;三是提高构建和谐能力;四是提高攻坚克难能力;五是提高为民谋利能力。

础上，市委创办"东莞学习论坛"（2004年）、"农村党组织书记学习论坛"（2005年）、"机关大学堂"（2007年）等学习品牌，不断提高领导干部思想政治、理论水平。2006年，按照省委关于开展以"三个走在前面"为主题的排头兵实践活动部署要求，市委提出把2006年作为领导班子建设年，在全市组织实施"先锋行动"。同年，根据中央对干部进行"大培训、大教育"精神，市委从2006年起，用5年时间全面加强干部培训，首次组织市直部门和镇（街）正职领导开展全员境外学习培训。市几套班子领导还带头开展闭门读书活动，加强党性修养、坚定理想信念。2012年2月，出台《关于加强市直单位领导班子建设的实施意见》《关于加强镇街领导班子建设的实施意见》《关于加强村（社区）"两委"领导班子建设的实施意见》，通过增强责任意识、坚持用人导向、注重培养选拔、强化班子配备、坚持党内民主、健全工作制度、强化激励考评、深入联系群众、抓好学习培训、严格廉政纪律、加强组织领导等一系列措施，进一步加强各级领导班子建设，提高领导水平和执政能力。

3. 不断夯实党的执政根基

基础不牢，地动山摇。2002年，市委在全市范围推广农村党员联系党务村务工作责任制，促进党员履行义务，发挥先锋模范作用。2004年，市委深入贯彻广东省固本强基工程示范点建设会议精神，在全市建立192个固本强基工程示范点，从建立党组织体制、建设"一把手"队伍、创新教育模式、发展年轻党员、健全管理制度、加强硬件建设等方面推进示范点建设。同年，组织开展"十百千万"干部下基层驻农村活动，深入开展农村党的建设"三级联创"活动，创建新的"五个好"① 村级党组织和乡镇党委，加强基层领导班子建设，全面提高农村基层党组织的创造力、凝聚力和战斗力。2005年，启动"农村百名党组织书记后备干部"培养工程，加强农村后备干部队伍建设，确保农村建设事业后继有人。2006年，开展干部"进百村、入万户"活动，组织党员干部进乱村、进难村、进穷村，有效协调处理转型期社会问题，化解社会矛盾冲突。2008年继续选派干部下基层驻农村，基本实现全市所有村（社区）驻村干部全覆盖。2010年，深

---

① 新的"五个好"：领导班子好、党员干部队伍好、工作机制好、小康建设业绩好、农民群众反映好。

入开展创先争优活动,全面建立领导干部创先争优联系点,作为党的建设一项重要的经常性工作,进一步发挥基层党组织和广大党员引领发展、维护和谐的重要作用。

4. 推进基层党建工作创新

2003年,市委借助全国保持共产党员先进性教育活动试点单位契机,在非公经济组织和流动党员主要是外来流动党员中开展了一系列党建工作创新,总结确认核查流动党员身份的九种途径和三道程序,创造了"独立式、联合式、挂靠式、派驻式"等党组织设置模式,成立市、镇两级企业工委,初步建立了"一证一卡"管理制度,有效解决了"口袋党员"问题。2004年,首次举办"党旗飘扬——东莞企业党员文化艺术节",增强党员对党的感情和企业归属感。2005年,加强对非公有制经济组织流动党员管理,提出"一站一证一卡一系统"管理模式,① 对获得"十大非公企业党员敬业标兵"的党员还可免费入户。2006年,出台进一步加强"两新"组织党的建设的意见,在全市各镇(街)建立流动党员管理服务中心,在村(社区)和大型工业区建立流动党员管理服务站,形成了完整的"一证一卡一系统一中心"的管理模式,有效推动了流动党员管理工作经常化、制度化和规范化。2007年,根据农村、社区党员人数逐年增长,党员分布和从业状况呈现多样性、分散性、流动性等特点,探索将10个村(社区)党支部改设党委,开展基层党组织设置改革。2008年,在"两新"组织中全面实行党员承诺制,推动党员志愿服务,有效发挥党组织和党员队伍在应对国际金融危机中的作用。2009年,部署开展"特色党建示范区""机关党建百佳"创建活动,推动基层党组织"个个创特色,个个有品牌"。2010年,在开展创先争优活动中,在省内率先设立619个党代表工作室,将全市4549名党代表统一安排驻党代表工作室,为领导干部带头创先争优和党代表发挥作用创造了平台。2011年,成立市社会组织工委,加大"两新"组织党建工作推进力度,推动"两新"组织党建工作继续走在全国前列。

5. 提升反腐倡廉科学水平

2003年,市委贯彻落实《中国共产党党内监督条例(试行)》《中国共

---

① "一站一证一卡一系统"管理模式:"一站"就是设立流动党员登记站;"一证"就是东莞市流动党员活动证;"一卡"就是流动党员登记卡;"一系统"就是"两新"组织中党组织和流动党员管理系统,对流动党员实行动态管理。

产党纪律处分条例》，推行"制度式反腐"制度，使反腐败斗争在战略上由被动防御为主转向主动进攻为主、由权力反腐为主转向制度反腐为主、由事后监督为主转向事前监督为主。同时，制定领导班子成员党风廉政建设岗位职责，成立党风廉政宣传教育领导机构，把党风廉政宣传教育纳入各级党委宣传教育的总体部署。2006年举办预防职务犯罪廉政教育展览，2007年在市委党校常设东莞市廉政教育基地，筑牢党员干部拒腐防变的思想防线，提高党员干部廉洁从政自觉性。2009年，贯彻落实中央关于加强和改进新形势下党的建设若干重大问题的决定精神，提高反腐倡廉科学化水平，深入推进领导干部廉洁自律、纠正损害群众利益不正之风、查处大案要案、治理商业贿赂等工作，党风、政风和社会风气进一步好转。2010年，认真落实中国共产党《党员领导干部廉洁从政若干准则》，建立领导干部个人重大事项报告、述职述廉、经济责任审计等制度，深入开展"小金库"、公务用车、庆典研讨会论坛活动和工程建设等专项治理，从源头上预防和治理腐败现象。2011年，印发《东莞市党的基层组织实行党务公开的实施方案》《东莞市党的基层组织党务公开指导性目录》等文件，以公开透明确保党风廉洁。

（四）2012~2018年：东莞党的建设进入新时代

从2012年11月党的十八大到2018年，在以习近平同志为核心的党中央坚强领导下，市委以习近平新时代中国特色社会主义思想为指导，深入贯彻落实全面从严治党战略部署，全面加强党的领导和党的建设，严肃党内政治生活，提高党的建设质量，推动东莞党的建设进入新的时代。

1. 以政治建设为统领维护中央权威

党的十八大以来，市委不折不扣落实党中央各项决策部署，尊崇党章、学习党章、遵守党章、维护党章，用党的政治建设统领党的建设，坚决维护以习近平同志为核心的党中央权威和集中统一领导。学习贯彻《关于新形势下党内政治生活的若干准则》等党内法规，衷心拥护习近平总书记在全党的核心地位。印发《关于加强纪律建设推进全面从严治党的意见》，严明党的政治纪律和政治规矩。制定《中共东莞市委关于持续深入学习宣传贯彻党的十九大精神推动习近平新时代中国特色社会主义思想在东莞落地生根结出丰硕成果的意见》，层层落实管党治党政治责任，全面加强党的领导和党的建设，坚决改变管党治党宽松软状况。召开市委常委会会议传达学习《中共广东省委关于坚决维护以习近平同志为核心的党中央权威和集中统一领导的规定》，坚持把政治建设摆在首位，坚决按照中央部署要求和习近平总书记对广东的"三个定位、两个率先""四个坚持、三个支撑、两个走在前列""四个走在全国前列"等重要批示指示精神开展工作。严明政治纪律和政治规矩，驰而不息正风肃纪，抓好党的政治建设这一"铸魂工程"。

2. 以作风建设为突破重塑党的形象

2013年2月，市委召开会议，学习习近平总书记关于厉行勤俭节约、反对铺张浪费重要批示精神。3月，出台《关于改进工作作风、密切联系群众的实施意见》，结合东莞实际推出九大方面38项具体措施，坚决反对形式主义、官僚主义、享乐主义和奢靡之风。与此同时，狠抓对中央八项规定精神贯彻落实情况的督促检查，要求各镇（街）、各部门、各单位决不能打折扣、搞变通；抓住中秋、国庆、春节等重要时间节点开展明察暗访，从严控制各类节日庆典活动，实现节日庆典活动不反弹；加大机关作风明察暗访力度，整治"慵懒散奢"；党政人员因公出国人数"零增长"；坚决刹住公款送节礼、公款吃喝、公款旅游、奢侈浪费等不正之风，"四风"问题得到有效遏制。经过不懈努力，全市党员干部的作风状况有了明显改进。

3. 以思想建党为基础筑牢理想信念

市委把深入学习贯彻习近平总书记系列重要讲话精神作为首要政治任务，组织广大党员干部深入学习习近平总书记对广东的重要批示指示精神，党的十八大和十八届中央委员会历次全体会议精神，党的十九大和十九届二中全会、三中全会精神，特别是用习近平新时代中国特色社会主义思想武装党员干部头脑，统一思想，凝聚共识，推进工作。同时，结合党的群众路线教育实践活动、"三严三实"专题教育和"两学一做"学习教育等系列党内教育实践，使广大党员干部受到深刻的党性洗礼，牢固树立共产主义远大理想、坚定中国特色社会主义信念，增强政治意识、大局意识、核心意识、看齐意识，坚定中国特色社会主义道路自信、理论自信、制度自信、文化自信。

4. 以选人用人为重点从严管理干部

坚持正确的选人用人导向，认真落实习近平总书记提出的"信念坚定、为民服务、勤政务实、敢于担当、清正廉洁"的"20字"好干部标准,加强干部选拔任用的制度建设,提高选人用人公信度。完善干部任用政策,以贯彻执行新修订的《党政领导干部选拔任用工作条例》为契机,全面清理干部"土政策",制定下发《东莞市干部任前档案审核暂行规定》,发挥干部档案在防止选人、用人失察、失误方面的基础性作用。贯彻落实党要管党、从严治党的要求,把"严实"要求贯穿干部工作的各个环节,落实干部监督管理请示报告制度,开展"为官不严、为官不实、为官不为"问题专项整改,高效完成"裸官"岗位调整,推进超职数配备干部消化整改,清理规范领导干部企业兼任职问题,开展领导干部报告个人有关事项工作抽查核实,启用国家工作人员出国(境)管理信息系统,开展年度干部选人用人"一报告两评议",①建立健全干部监督管理常态化机制,有效防止"带病提拔"。注重优秀年轻干部的培养选拔和基层干部队伍建设,组织实施"丰羽强翅行动""百名优秀中青年领导干部培养计划",通过采取集中培训、驻点调研、挂职锻炼等多种方法,开创立体化培养锻炼干部的全新模式,加强基层干部队伍履职能力建设,加快推进高素质干部队伍建设。

5. 以制度治党为支撑强化刚性约束

2014年,市委制定《市领导干部外出请示报告制度》《关于规范文件制发若干事项的通知》等制度,开展党内规范性文件清理,查阅1988年1月以后市委党内规范性文件3912份,梳理需清理的文件291份,全部提出清理意见并制发清理决定,进一步更新完善了党内规章。2015年,提出关于加强纪律建设推进全面从严治党的意见,进一步提高广大党员干部在新常态下抓好党的纪律建设的自觉性和责任感,落实党风廉政建设"两个责任"报告制度、约谈诫勉和履职报告制度,坚持"一案双查"、从严问责,努力营造风清气正的政治生态。2017年,印发市委"一号文"《关于深入推进全面从严治党进一步加强领导班子建设、干部队伍建设、党的作风建设的意见》,提出深入开展"为官不为"整治、完善领导干部政绩考核体系、健全全面从严治党督查问责制度等12项重点工作,着力解决干部队伍存在的责

---

① "一报告两评议":地方党委常委会向全委会报告工作时,要专题报告年度干部选拔任用工作情况,并在全委会委员中对干部选拔任用工作进行民主评议,评议结果报上级党委组织部门;探索开展全委会委员对本级党委新提拔的党政主要领导干部进行民主测评的工作。

任担当、能力素质、精神状态、工作作风等方面的与新形势新任务新要求不相适应的问题。同时，印发《关于建立健全常态化谈心谈话机制的意见》《关于组织人事部门对领导干部进行提醒、函询和诫勉的操作规程》等党内规章制度，推动党建工作制度化、规范化、科学化。2018年，市委贯彻落实新时代党的建设总要求，印发了全面加强党的政治建设、思想建设、组织建设、作风建设、纪律建设等"1+5"实施方案，进一步强化了制度治党、依规治党。

6. 以全面过硬为目标加强基层党建

党的十八大以来，市委持续推进基层党建工作创新，切实抓好突出问题整改，把握住提升组织力这个重点，通过实施"三张清单""三个工程"，做实"三个引领"，推动基层党组织全面进步、全面过硬。通过组织实施"书记项目"，发挥党组织书记带头抓党建的示范效应，破解基层党建重点难点问题。顺应基层变化，创新推动基层党组织设置改革，村（社区）党组织全部改设党工委，建立"一核心、两联席、三统筹、四公开"的村级组织工作机制，健全完善村级党组织书记激励保障机制，解决"两新"组织党员活动经费、党组织书记和党建指导员岗位津贴，有力整顿软弱涣散基层党组织，不断擦亮党代表工作室、"阳光雨"党员服务中心等基层党建品牌，以为民务实为切入点和落脚点，打造具有东莞特色的服务型党组织体系，推动全市形成大抓基层、大抓党建的浓厚氛围。深入推进区域化大党建工作，积极探索党建网格化对"智网工程"的全面引领，打造具有东莞特色的智慧党建体系。统筹推进基层党建标准化建设，对村（社区）、机关、非公有制企业、社会组织四类党组织的分类指导，深化驻点联系群众工作，不断扩大党组织覆盖面，在全省率先启动全面加强社会组织党的建设工作提升工程，园区企业党建工作经验在全省推广，"小个专"[①] 党建取得突破。同时，还成立市国资委党委，理顺市属国有企业党建管理工作机制。

7. 以体制改革为抓手深化反腐斗争

2014年，市纪委和市监察局、市预防腐败局合署办公，履行党的纪律检查和政府行政监察两种职能。同年，市纪委、市监察局加强上级纪委对

---

① "小个专"：即小微企业、个体工商户、专业市场。

下级纪委办案工作的领导和监督,成立查办腐败案件指挥协调中心,推进市、镇(街)两级纪委查办腐败案件体制机制改革试点工作深入开展。2015年,市委印发《东莞市全面深化纪律检查体制改革实施方案》,完善机关内设机构改革,深化查办腐败案件体制机制改革,深化纪检干部管理改革,统筹推进全市纪检监察改革工作。制定《关于加强市纪委派驻机构建设的意见》,深化派驻机构统一管理改革,扩大派驻机构覆盖范围。2016年,落实纪律检查工作双重领导体制,全面实行线索处置和执纪审查"两报告"制度,强化上级纪委对下级纪委执纪审查的指导和监督。制定出台《市纪委派驻机构权责清单》《关于加强市纪委派驻机构规范化建设的意见》,开展派驻机构规范化建设,实现"十有"① 目标。进一步发挥市委反腐败协调小组职能作用,推进追逃追赃,完善纪检监察与检察、审判、公安、审计机关"一对一"的日常协调机制。2017年,成立市委巡察工作领导小组和巡察工作机构,全面落实巡察全覆盖,推动全面从严治党向基层延伸。2018年,成立东莞市监察委员会,并结合我市实际,全面贯彻落实新时代党的建设总要求,扎实有序推进监察体制改革试点各项工作。通过深化纪检监察体制改革,推动反腐败斗争压倒性态势形成并巩固发展。

三 改革开放以来东莞党的建设的主要成就

改革开放以来,在历届中央、省委的坚强领导下,东莞经济社会健康持续快速发展,党的建设也取得了重大成就,主要表现在以下几个方面。

(一) 进一步彰显了党的领导核心地位作用

办好中国的事情,关键在党。改革开放四十年来,东莞经济社会发展取得重大成绩,充分说明坚持和加强党的领导,维护党中央权威,巩固党的领导核心地位的极端重要性。在当今中国,党政军民学,东西南北中,党是领导一切的,是最高政治领导力量,党的领导是中国特色社会主义最本质的特征。改革开放之初,邓小平就明确指出,"中国由共产党领导,中

---

① "十有":有牌子、有必要的办公办案设备、有职责清单、有工作规程、有工作台账、有约谈监督制度、有执纪办案制度、有工作检查制度、有风险防控制度、有工作经费保障。

国的社会主义现代化建设事业由共产党领导，这个原则是不能动摇的；动摇了中国就要倒退到分裂和混乱，就不可能实现现代化。"在十八届中纪委第六次全体会议上，习近平明确指出，"全面从严治党，核心是加强党的领导，基础在全面，关键在严，要害在治。"这充分说明党的领导是国家的根本所在、命脉所在，是全体人民的利益所系、幸福所系。没有党的领导，就没有社会主义在中国的实践，就没有中国特色社会主义的开创和发展。特别是党的十八大以来党和国家取得历史性成就和发生历史性变革，充分说明了我们党有以习近平同志为核心的党中央的坚强领导，有习近平新时代中国特色社会主义思想的科学指引，有习近平总书记作为党的领袖的雄才大略、掌舵领航，是党之幸、人民之幸、民族之幸。

（二）探索出一条符合东莞实际的正确发展道路

科学决策是党的领导的最重要体现。改革开放四十年来，从尽快使农民富裕起来，到向农村工业化进军，到深化改革和扩大开放，再到建立外向型经济体系，从"一城三创五争先"到打造国际制造名城、现代生态都市，历届东莞市委立足实际，经过广泛调查研究，进行科学决策，确定了正确的发展目标和发展道路，引领东莞实现了健康快速发展。这充分说明改革开放以来，东莞在党的领导下，探索出一条符合东莞实际的正确发展道路。当前，东莞在城市格局、创新格局、开放格局、产业格局、社会格局等方面也面临着新的机遇和挑战，要继续以时不我待的紧迫感和舍我其谁的使命感，以改革开放再出发的新担当新作为，牢牢把握格局变迁的"窗口期"，顺应大势、把握机遇、勇立潮头，认真落实好习近平总书记对广东提出的"四个走在全国前列"的指示要求，努力在新一轮发展竞争中探索出一条新路，奋力赢得主动、赢得优势、赢得未来。

（三）进一步提高了东莞党的建设科学化水平

提高党的建设科学化水平是贯穿党的建设始终的重大任务和基本要求，这不仅是对全党而言的，更是各级党组织的重要工作。东莞在中央提出"提高党的建设科学化水平"的重大任务之后，按照"以科学理论指导党的建设，以科学制度保障党的建设，以科学方法推进党的建设"的基本要求，不断加强党的思想建设、组织建设、作风建设、反腐倡廉建设和制度建设，从市委班子、各级组织到基层党员层层细化办法，落实措施，使党的建设在各个方面、各个层次得到了全面推进，党的建设的科学化水平得到明显提升。特别是在党的十九大报告提出要不断提高党的建设质量这个重大命题之后，东莞始终把提高党的建设质量作为重大要求来落实、作为紧迫任务来推进、作为突出问题来解决，坚持高标准，坚持从严从实，坚持抓质量建党、质量强党，使各级党组织锻造得更加坚强有力，党员干部先锋模范作用更加彰显。

（四）创造了具有东莞特色的党建新做法新经验

改革开放四十年来，东莞党建工作形成了鲜明特色。东莞具有特殊的地理位置、特殊的行政架构、特殊的产业结构、特殊的人口结构，这使得东莞党的建设必须根据实际情况，实事求是、求真务实，注重基层、注重实效，才能取得预期的成效。特别是从党建工作的实践特色看，东莞各级党组织和广大党员认真贯彻中央、省委、市委精神，在各自的领域和实际工作中不断推进党的建设创新，充分尊重基层组织和党员干部首创精神和主体地位，把党的建设创新发展的过程变成发扬党的优良传统、坚持走群众路线、密切与人民群众联系的过程，使得在流动党员管理、"两新"党组织建设、党员理想信念教育、"小个专"非公企业党建、党员服务中心建设、党员志愿服务、党建引领社会治理等领域党建工作都取得了较好成效，创造了具有东莞特色的党建许多新做法、新经验。

（五）为深化党的建设规律研究做出积极贡献

改革开放40年来，东莞党的建设不仅在实践上进行深度探索，而且在理论层面也积极加以总结提升，以期从特殊走向一般，提炼受市场经济影响较深的改革开放先行地区在党的建设规律上遇到的普遍性问题及其应对之策。在东莞市委的正确领导下，东莞市党建研究会也开展了"党的建设科学化研究""全面从严治党建设研究""党内法规体系建设研究""思想建设与制度治党有机结合研究""反腐倡廉建设机制研究""党领导社会主义现代化建设的历史经验研究""深化党的建设制度改革研究""东莞市农村基层服务型党组织建设研究""东莞市干部教育培训工作研究"等一系列党建前沿问题研究，取得了较好的理论成果，对开展好基层党建工作起到了重要的指导作用,深化了对党的建设规律的研究。

四 新时代东莞党的建设存在的问题及原因

党的十九大报告指出,中国特色社会主义进入新时代,我们党要有新气象、新作为。虽然改革开放以来东莞党的建设取得重大成就,但面对新时代的新任务、新要求、新挑战,东莞党的建设仍然存在一些问题和不足,主要表现在以下五个方面。

(一)少数党委(党组)领导核心作用弱化

少数党委(党组)管党治党主体责任意识不强、落实不力,致使党的领导弱化、党的建设缺失、从严治党不力。个别党委(党组)对贯彻落实中央、省委、市委决策部署研究跟进不够,在履行宣传党的思想理论成果和路线方针政策的职责方面存在差距,对落实全面从严治党缺乏严格具体有效的措施。有的党委(党组)没有充分认识到基层党组织建设的重要性和必要性,对基层党组织建设不关心、不关注,轻党建、重经济,轻党务、重行政,"种了别人的地、荒了自己的田"。有的党委(党组)对党员教育管理监督松散,基层党建力量薄弱,重业务轻党建问题比较普遍。个别党委(党组)落实党风廉政建设主体责任不到位,党内监督缺失,等等。

(二)一些基层党组织政治功能弱化

有的党组织的政治工作普遍处于"说起来重要、干起来次要、忙起来不要"的状况,很多工作部署点到为止,"雨过地皮湿",形式大于实效,致使党员、干部的政治意识弱化、政治责任淡化。有的党组织不能正确处理好"服务中心"与"建设队伍"的关系,存在着顾此失彼的状况,往往抓了"中心"却丢了主业,党组织处于"变形"状态。有的党组织既游离行政,又脱离群众,"三会一课"等基本的组织生活长期都不能正常开展,党员思想状况分析、谈心谈话、民主生活会等组织制度形同虚设,政治功能严重退化。有的党组织出现党务干部配备不到位、待遇难落实的情况,由于地位的边缘化往往导致党务干部无法选优配强,导致党组织工作难落实、难推动,党组织工作政治地位矮化。有的党组织对群团组织的领导不够,"主心骨"作用不突出,导致群团组织的工作"娱乐性"有余而"政治性"不足,等等。

(三) 党员干部先锋模范带头作用弱化

有的党员"角色"意识不强,缺乏宣传群众、服务群众、教育群众、引领群众的思想,认为自己带头干就是带头作用,不知道做宣传和发动群众的工作;有的党员对自己党员身份的荣誉感、自豪感、责任感有所下降,履行党员义务、发挥先锋模范作用的意识欠缺;有的党员责任感差,进取精神不足,甚至忘记了自己的党员身份;有的党员思想守旧,观念落后,与党员的先进性背道而驰,大大降低了党员在群众中的威信;有的党员干部思想、作风建设意识薄弱,党员干部听取群众意见不够,民主作风欠缺,班子成员不重视调查研究,责任担当不够;等等。

(四) 党内政治生活不严肃不规范

有的党员、干部理想信念变得淡薄、党性观念变得淡漠,不讲党性讲关系、不讲原则讲圆滑、不讲正气讲"和气",党内政治生活出现庸俗化。有的党组织不按章办事,党内政治生活不及时、不坚持、不规范,党内情况不通报不反映,党内政治生活说起来重要、忙起来不要,党内政治生活出现随意化。有的党组织开会时看"出勤"而不讲效果,讨论时管发言而不管质量,习惯念报纸、读文件,照本宣科走过场,缺乏吸引力和凝聚力,党内政治生活出现平淡化。特别是个别党员领导干部出现了习近平总书记提出的"七个有之"的严重问题等。

(五) 党内规章制度落实刚性不足

有的党组织和党员、干部没有严格执行党章、党内政治准则等党内规章制度,党课、思想汇报等制度得不到有效落实。有的基层党组织组织生活程序不规范,内容缺乏创新,执行组织制度流于形式,对新时代如何加强基层党组织建设研究少、创新少。有的党组织民主生活会流于形式,开展自我批评的多,开展相互批评的少,或者开展批评避重就轻,"高帽子"戴起,"希望话"结尾,没有切中要害,更不触及灵魂,等等。

五　新时代全面加强东莞党的建设的对策思路

全面加强新时代东莞党的建设，必须以习近平新时代中国特色社会主义思想为指导，坚持又严又实的基本原则，贯彻落实新时代党的建设总要求，全面推进党的政治建设、思想建设、组织建设、作风建设、纪律建设，把制度建设贯穿其中，深入推进反腐败斗争，不断提高党的建设质量。

（一）严实思想建设，补足精神之钙

思想建设是党的基础性建设。要坚持用习近平新时代中国特色社会主义思想武装各级党组织和全体党员，着力推动习近平新时代中国特色社会主义思想和党的十九大精神，以及习近平总书记重要讲话精神在东莞落地生根、结出丰硕成果，为东莞努力在全面建成小康社会、加快社会主义现代化新征程上走在前列提供坚强思想保证和强大精神力量。

1. 把坚定理想信念作为党的思想建设的首要任务

党的思想建设核心是解决思想建党的问题。这就要求我们在党的思想建设中必须高度重视理想信念教育。"求木之长者，必固其根本；欲流之远者，必浚其泉源。"共产主义远大理想和中国特色社会主义共同理想，是中国共产党人的精神支柱和政治灵魂，也是保持党的团结统一的思想基础。习近平总书记指出，"革命理想高于天，要把理想信念教育作为思想建设的战略任务，教育引导广大党员用科学的理论武装头脑，立根固本、补钙壮骨，用理想之光照亮奋斗之路，用信仰之力开创美好未来。"坚定理想信念，坚守共产党人精神追求，始终是共产党人安身立命的根本。对马克思主义的信仰，对社会主义和共产主义的信念，是共产党人的政治灵魂，是共产党人经受住任何考验的精神支柱。各级党组织和广大党员干部一定要把坚定理想信念作为党的思想建设的首要任务，教育引导党员、干部牢记党的宗旨，自觉做共产主义远大理想和中国特色社会主义共同理想的坚定信仰者和忠实践行者。

2. 落实党委（党组）意识形态工作责任制

党的十九大报告提出，要牢牢掌握意识形态工作领导权。意识形态领域是政治安全的前沿阵地，意识形态领域的斗争是没有硝烟的暗战。习近

平总书记指出，意识形态工作是党的一项极端重要的工作，事关党的前途命运、事关国家长治久安、事关民族凝聚力和向心力。为此，必须树立宽广视野，强化战略思维，强化担当意识，严格按照党的十九大提出的新要求新任务，落实中央关于意识形态工作责任制要求，守好阵地、管好队伍，切实做到守土有责、守土负责、守土尽责。各级党委（党组）领导班子要切实负起本地区、本部门意识形态工作主体责任，把意识形态工作纳入党建工作责任制，纳入领导班子、领导干部目标管理。定期分析研判意识形态领域形势，定期通报意识形态领域新情况，牢牢掌握意识形态工作领导权。要建立督导检查考核制度，结合本地区、本部门实际，加强对各类意识形态阵地的管理，巩固马克思主义在意识形态领域的指导地位，巩固全市人民团结奋斗的共同思想基础。

3. 坚持用习近平新时代中国特色社会主义思想武装头脑

习近平新时代中国特色社会主义思想是新时代中国共产党坚持和发展马克思主义的最新理论成果，以一系列原创性战略性重大思想观点丰富和发展了马克思主义，是当代中国马克思主义、二十一世纪马克思主义。要坚持学思践悟，融会贯通，将习近平新时代中国特色社会主义思想刻在骨子里，融入血液中，切实做到理论上清醒、政治上坚定、思想上统一。要在学懂弄通做实上下功夫，务必做到真学真懂真信真用，全面准确掌握习近平新时代中国特色社会主义思想的科学体系、精神实质和实践要求，以及贯穿其中的立场、观点、方法，把习近平新时代中国特色社会主义思想作为解决东莞一切问题的"金钥匙"。要结合开展"不忘初心、牢记使命"主题教育，把学习习近平新时代中国特色社会主义思想和党的十九大精神，以及习近平总书记重要讲话精神，作为干部党性锻炼、坚定理想信念的重要内容，开展多形式、分层次、全覆盖的大学习大培训，在党性锻造中强化政治担当，不断改造党员干部的主观世界，不断提高政治觉悟和政治能力。

（二）加强基层建设，夯实执政根基

基础不牢，地动山摇。党的基层组织是确保党的路线方针政策和决策部署贯彻落实的基础，是我们党密切联系群众、领导群众、服务群众、教育群众的重要桥梁，也是我们党执政的根基，必须加强党的基层组织建设，夯实党的执政根基。

1. 以提升组织力为重点强化基层党组织建设

组织力是现代政治建设、经济发展和社会治理中的重要概念，关乎一个组织的兴衰成败。对于政党来说，没有组织力，就没有创造力、凝聚力、战斗力。习近平总书记在全国组织工作会议上强调，"要以提升组织力为重点，突出政治功能，健全基层组织，优化组织设置，理顺隶属关系，创新活动方式，扩大基层党的组织覆盖和工作覆盖"。这为加强党的基层组织建设指明了方向、提供了遵循。要发挥党的组织优势、组织力量、组织功能，及时将党的意志、党的声音、党的要求传达到基层，贯彻执行上级党组织的各项决策部署，加强基层党组织在基层治理中的领导作用，做好新时代群众工作，致力营造共建共治共享的社会治理格局。要注重激励关爱，组织开展各类主题党日活动，为党员积极搭建发挥作用、展示风采的平台，引导党员亮身份、作示范，增强党员身份认同和组织存在感。要注重党建带工建、团建、妇建，推动党建文化与企业文化、行业文化有机融合，把党的基层组织建成团结党员、凝聚党员的坚强战斗堡垒。要注重服务大局，搞好抓党建促脱贫攻坚，把党的政治优势、组织优势转化为发展优势，在形式多样的活动中把党的组织力具体生动地体现为政治领导力、群众凝聚力、社会号召力、发展推动力。

2. 突出政治功能全面加强基层党组织建设

政党是政治组织，必然要突出政治属性。政治属性是党的基层组织的根本属性，政治功能是基本功能。政治功能强不强关乎基层党组织的战斗力、凝聚力、向心力。正因如此，党的十九大报告提出党组织要担负好直接教育党员、管理党员、监督党员和组织群众、宣传群众、凝聚群众、服务群众的重要职责，把党组织建设成为宣传党的主张、贯彻党的决定、领导基层治理、团结动员群众、推动改革发展的坚强战斗堡垒。要以"两学一做"学习教育常态化制度化为载体，及时准确传达党的主张、中央精神，引导党员认真学习习近平新时代中国特色社会主义思想，树牢"四个意识"、坚定"四个自信"，不断提高政治觉悟和政治能力。要坚持"三会一课"等党的组织生活基本制度，强化组织生活会、民主评议党员等措施，教育引导党员严守政治纪律、政治规矩。要引导党员知行合一，无论想事情还是干工作都自觉从政治上来考量，从完成党组织的政治使命出发，排除干扰、笃定行动。

3. 落实主体责任全面加强基层党组织建设

加强基层党组织建设，要坚持完善责任体系，建立健全责任清单，明确具体要求，推动各级党组织切实肩负起主体责任，做到真管实抓、敢管敢严、长管长严。要建立镇（街）党委抓党建责任清单，明确党委抓党建责任要求，把党建工作列入党委总体工作布局和年度工作安排，研究制定基层党建年度工作计划和要点，明确目标任务，落实推进措施；定期召开党委会议研究部署党建工作。对软弱涣散党组织进行全面排查，由镇（街）党委书记直接挂点整顿，并派驻工作组，建立整顿台账，落实有效措施抓好整顿转化工作。要建立市直单位党组（党委）抓党建责任清单，领导本机关和直属单位党组织的工作，整合纪检监察、干部人事、思想宣传、机关党组织等各方面工作力量，充分发挥党建工作整体合力；推进机关党建与业务工作同谋划、同部署、同推进、同考核，把抓党建与抓业务统一起来，推动党建工作和业务工作有机结合、互相促进。要建立基层党组织建设质量标准清单，开展基层党组织达标创优活动，严格贯彻落实《东莞市贯彻落实〈广东省加强党的基层组织建设三年行动计划（2018—2020年）〉的实施方案》，围绕强化基层党组织的政治功能，区分不同领域基层党组织的建设要求，实施村（社区）、机关、国企、学校、"两新"组织基层党组织建设质量标准清单。

（三）严实队伍建设，彰显党员本色

政治路线确定后，干部就是决定的因素。党的力量来自组织，干部是组织的关键部分。党的全面领导、党的全部工作要靠党的坚强组织体系去实现，党的决策部署要靠党的干部在实际工作中去贯彻落实，做到有令即行、有禁即止，这样才能确保我们党坚强有力，才能确保党和国家、人民事业稳步发展。

1. 建设高素质专业化干部队伍

组织路线对坚持党的领导、加强党的建设、做好党的组织工作具有十分重要的意义。习近平总书记在全国组织工作会议上强调，要切实贯彻落实新时代党的组织路线，全党努力把党建设得更加坚强有力，并指出了新时代党的组织路线是：全面贯彻新时代中国特色社会主义思想，以组织体系建设为重点，着力培养忠诚干净担当的高素质干部，着力集聚爱国奉献

的各方面优秀人才，坚持德才兼备、以德为先、任人唯贤，为坚持和加强党的全面领导、坚持和发展中国特色社会主义提供坚强组织保证。贯彻新时代党的组织路线，建设忠诚干净担当的高素质干部队伍是关键，重点是要做好干部培育、选拔、管理、使用工作。要建立源头培养、跟踪培养、全程培养的素质培养体系，日常考核、分类考核、近距离考核的知事识人体系，以德为先、任人唯贤、人事相宜的选拔任用体系，管思想、管工作、管作风、管纪律的从严管理体系，崇尚实干、带动担当、加油鼓劲的正向激励体系等"五大体系"。要坚持严管与厚爱相结合，深入贯彻落实《关于适应新时代要求大力发现培养选拔优秀年轻干部的意见》精神，培养造就规模宏大的党员干部队伍和人才队伍。

2. 培养优秀的基层党组织书记队伍

火车快不快，全靠车头带，支部强不强，要看领头羊。基层党组织书记是基层治理工作的"领头羊"，选准配强基层党组织班子，尤其是基层党组织书记，对于提升基层党组织的战斗力非常关键。要实施"头雁工程"，结合各领域实际，培养选拔一支政治意识强、素质能力好、群众威望高的基层党组织书记队伍。着眼于乡村振兴和转型发展，突出抓好村（社区）党组织书记的培养选拔、教育培训、管理监督和激励保障，抓好村（社区）党组织书记后备干部队伍的跟踪培养。加强机关、国企、学校和"两新"组织等领域的党组织书记队伍建设，建立基层党组织书记任职培训和年度轮训制度，依托党校阵地分期分批开展培训，着力把基层党组织书记培养成为党务工作"业务通"、基层工作"多面手"。

3. 锻造先锋模范作用彰显的党员队伍

党员是党的肌体的细胞。党的先进性和纯洁性要靠千千万万党员的先进性和纯洁性来体现，党的执政使命要靠千千万万党员卓有成效的工作来完成，党要管党、从严治党必须落实到党员队伍的管理中去。要实施"先锋工程"，根据村（社区）、机关、国企、学校、"两新"组织等领域的党员特点，分类制定具体的先进党员标准，做到有标可对、有据可评。创新党员发挥先锋模范作用的平台，针对党员不同的岗位设置，鼓励党员立足岗位做贡献，推广党员示范岗、党员责任区、党员突击队等做法，让党员发挥作用有平台、有抓手。结合民主评议党员，探索进行党员"评星定级"，形成比学赶超的良好氛围。

（四）严实正风反腐，净化政治生态

党的作风就是党的形象，关系人心向背，关系党的生死存亡。要以永远在路上的坚韧，锲而不舍抓好正风、反腐、肃纪，巩固和拓展落实中央八项规定精神成果，以良好的党风政风带动社风民风转变，紧紧保持党同人民群众的血肉联系，不断厚植党执政的群众基础。

1. 持之以恒正风肃纪反腐

坚持打好作风建设持久战，巩固拓展落实中央八项规定精神成果，深入整治"四风"老问题和新表现。构建清新型政商关系，整顿"庸懒散浮拖"等衙门作风。严明政治纪律和政治规矩，绝不允许搞政治阴谋，危害党中央权威；绝不允许拉帮结派，搞团团伙伙。充分发挥纪律建设的治本作用，深化运用好监督执纪"四种形态"，强化审计监督，加强巡察工作，扎实抓好巡视巡察问题整改落实，形成纪律监督、监察监督、派驻监督、巡察监督全覆盖的权力监督格局。坚定不移"打虎""拍蝇""猎狐"，严厉整治群众身边的不正之风和腐败问题，构建不敢腐、不能腐、不想腐的长效机制，夺取反腐败斗争压倒性胜利。

2. 坚持不懈深入密切联系群众

坚持落实领导干部驻点普遍直接联系群众制度，忠实践行全心全意为人民服务的根本宗旨和党的群众路线，遵循"更直接、全覆盖、常态化、制度化"的基本原则，严格落实东莞市委《关于推进镇（街道）领导干部驻点普遍直接联系群众制度常态化长效化的实施意见》相关规定，切实做到"面对面"问计于民、"心贴心"沟通交流、"实打实"解决问题。广泛开展主题联系活动，根据阶段性重点工作和各类群体普遍诉求，集中一段时间开展"主题式"联系活动，使领导干部驻点普遍直接联系群众工作的资源和力量向主题聚焦，主动宣讲政策、回应诉求、协调解决问题，发挥驻点联系的最大效能，促进重点任务落实，营造共建共治共享的社会治理格局。搭建"驻点联系+"载体，进一步拓宽驻点普遍直接联系群众的任务内容，把引领村级经济转型发展、推进"两学一做"常态化制度化、开展"不忘初心、牢记使命"主题教育以及抓好软弱涣散党组织整顿等工作，列入驻点普遍直接联系群众工作任务范畴，促进驻点联系工作多向融合，不断增强工作实效。

3. 营造风清气正的良好政治生态

习近平总书记指出:"政治生态是检验我们管党治党是否有力的重要标尺。"政治生态好,人心就顺、正气就足;政治生态不好,就会人心涣散、弊病丛生。党的政治建设是党的根本性建设,要旗帜鲜明讲政治、抓政治,必须采取有力措施把政治建设抓好抓实,营造良好政治生态。要牢固树立"四个意识",始终把维护习近平总书记的核心地位、维护党中央权威和集中统一领导作为最高政治原则和根本政治要求,任何时候任何情况下都要忠诚核心、拥戴核心、维护核心、捍卫核心。要严肃党内政治生活,严格执行新形势下党内政治生活若干准则,坚持不懈开展批评和自我批评,不断增强党内政治生活的政治性、时代性、原则性、战斗性。要坚决防止和反对"码头文化""圈子文化",努力营造风清气正的政治生态。要加强党性锻炼,不断提高政治觉悟和政治能力,坚决反对"七个有之",大力倡导清风正气,把对党忠诚、为党分忧、为党尽职、为民造福作为根本政治担当,让守纪律、讲规矩成为高度政治自觉。要规范政商交往,完善领导干部联系服务企业和常态化沟通机制,构建"亲清"新型政商关系,做到亲而有度、清而有为。

(五) 严实制度建设,提高制度刚性

制度建设是执政党建设总体布局中的重要一环,是执政党建设的总抓手和切入点。建设好、管理好一个拥有8900多万党员的大党,制度建设更带有根本性、全局性、稳定性、长期性。只有制度建设搞好了,才能使党内生活健康有序,才能不断增强党的自我净化、自我完善、自我革新、自我提高能力。

1. 突出抓好党内规章制度教育

教育引导各级党组织和广大党员干部牢固树立制度意识,使广大党员干部自身深刻认识到严格执行制度的重要性和必要性,从思想上重视制度,牢固确立规则意识,坚持把党章党规作为警戒线,作为党员干部的行为准则。坚持将党内法规制度纳入年度党员学习范畴,各级党员领导干部率先垂范,带头学习党内法规制度,带头践行党内法规制度。突出抓好党章的学习教育,使广大党员干部明确党章是党的根本大法,是管党治党的总章程,是党内法规制度体系的根本,教育引导广大党员尊崇党章,以党章为

根本遵循，坚决维护党章权威。加强党内法规宣讲解读，组织开展党内法规专题辅导讲座、知识竞赛等形式多样的宣传教育，结合"两学一做"学习教育开展专题学习宣传，运用"三会一课"等基本形式，组织集中学习、专题讨论等活动，推动党内法规学习宣传的常态化、全覆盖，切实增强党员干部党章党规意识、保持党的先进性和纯洁性，进一步提高党内法规执行力、深化全面从严治党。

2. 进一步建立健全党内法规制度

治国必先治党，治党务必从严，从严必依法规。要贯彻落实中共中央印发的《关于加强党内法规制度建设的意见》，对现有的各项规章制度进行一次全面清理规范，突出问题导向，补齐相关短板，完善以党章为根本、民主集中制为核心的党内法规制度体系。各级各部门要结合本级本部门实际，制订形成涵盖本级本部门落实中央、省委、市委精神更加具体、更便于操作的办法，进一步完善组织制度、领导制度、生活制度、工作制度等党内各项制度，推进党内根本制度、基本制度、具体制度的健全与完善。特别是要严格贯彻落实中央八项规定精神和省委实施办法、市委实施意见，细化完善并严格执行公务接待、差旅、办公用房、住房、公务用车、工作人员配备、休假休息、津贴补贴等方面的制度规定，坚决反对特权思想和特权现象。

3. 加强对党内法规制度的执行考核

制度的生命在执行，制度的力量在执行，制度的实效更在执行。没有执行到位，制度就可能成为不带电的"高压线"，成为没有震慑力的"纸老虎"，成为形同虚设的"稻草人"。制度如果没被执行，或者没有全部执行，就会助长不正之风，产生一种"破窗效应"，不仅影响到其他制度的执行，而且导致走过场、作样子、图形式蔓延成风，进而影响到党内生活正常秩序的构建和常态工作的运行。为此，要及时对执行制度情况进行综合评估，纳入绩效考核，将制度执行考评内容细化、量化、规范化，使制度执行考评标准更加科学、合理，逐步形成全面覆盖、全程跟进、组织严密、协调有力的考评体系；要加大制度执行不力的问责力度，相关部门要加大监督检查力度，对有令不行、有禁不止的，不仅要严肃查处直接责任人，而且要严肃追究相关领导人员的责任，切实维护党内法规制度的严肃性和权威性，确保各项制度规定成为必须遵守的刚性约束。

（六）严实党建质量，打造党建品牌

党的十九大报告指出，要不断提高党的建设质量，把党建设成为始终走在时代前列、人民衷心拥护、勇于自我革命、经得起各种风浪考验、朝气蓬勃的马克思主义执政党。新时代，我们要以打造党建品牌为抓手，在坚持和发展中国特色社会主义这场伟大社会革命中，着力提高党的建设质量。

1. 打造党建治理品牌

总结推广非户籍常住居民及党员参选村（社区）"两委"班子的试点经验，拓展外来人口参与基层社会治理的途径和方式，破解外来人口融入本地治理难题。健全党组织领导下的村（居）民自治机制、民主协商机制、群团和社会组织参与机制，使基层党组织作用发挥与基层治理机制有机衔接、良性互动，做到协商议题由党组织把关，协商过程由党组织牵头，协商结果由党组织督办，打造基层党建引领基层社会治理品牌。

2. 打造智慧党建品牌

借鉴社会治理的网格化管理模式，依托网站、手机 App 和微信公众号等，对各类党组织、党员实行"网格化党建"管理新模式，丰富党建活动的参与方式及覆盖面，对党组织管理、党员队伍状况、党员行为数据进行实时监测、动态分析、提醒预警，为做好基层党建工作提供科学决策依据，打造智慧党建品牌。

3. 打造党建服务品牌

坚持常态化、长效化开展驻点联系群众工作，拓展工作内容，一体化落实"增进党群感情、解决实际问题、促进经济发展、建强基层堡垒"四项重点任务。开展结对帮扶、公益服务和在职党员到社区报到服务、认领微心愿等活动，广泛开展各类党员志愿服务，帮扶慰问生活困难党员、老党员，帮助群众解决实际困难，打造党建服务品牌。

4. 打造党建融合品牌

党的十八大以来，新经济组织中"小微企业、个体工商户、专业市场"（简称"小个专"）蓬勃发展，占据整个市场主体数量的半壁江山。习近平总书记指出，非公企业数量和作用决定了非公党建工作在整个党建工作中越来越重要，必须以更大的工作力度扎扎实实抓好。作为非公党建的重要组成部分，"小个专"党建在全面从严治党、提升党建质量的背景下，迎来了重要发展机遇期。为此，要以融合式党建新思维，即打造线上与线下结合、党建与经营融合、行业与属地融合的党建新模式，推动党建高质量继而推动经济社会高质量发展，打造党建融合品牌。

结　语

通过四十年的不断努力和探索创新，东莞党的建设取得了巨大成就，创造了一系列具有东莞特色的党建新做法新经验。当前，世情国情党情发生新的深刻变化，东莞党的建设也面临新的机遇和挑战。为此，必须深入总结改革开放以来东莞党的建设宝贵经验，充分发挥党总揽全局、协调各方的领导核心作用，在以习近平同志为核心的党中央集中统一领导下，加强党的建设，强化党的领导，确保党始终成为走在时代前列、人民衷心拥护、勇于自我革命、经得起各种风浪考验、朝气蓬勃的马克思主义执政党，始终成为中国特色社会主义事业的坚强领导核心。

参考文献

［1］《习近平谈治国理政》（第1卷），外文出版社，2014。

［2］《习近平谈治国理政》（第二卷），外文出版社，2017。

［3］《中国共产党东莞历次代表大会文献选编1956—2007》、《东莞改革开放三十年大事记1978—2008》、《中国共产党东莞历史》（第1卷）、《中国共产党东莞简史》、《东莞党史知识读本》、《中国共产党东莞历史大事记1919—2011》。

［4］《东莞市志》（上下卷）、《东莞市志1979—2000》《东莞年鉴1997—2001》《东莞年鉴2002—2016》等。

（课题组成员：郑超华、佛见光、王增益、王飞、王鹏、刘晓）

后 记

党校是培训轮训党政领导干部的主渠道、主阵地，是党委政府的"思想库"和"智囊团"，在学习研究和宣传党的理论、路线、方针、政策等方面发挥着特殊重要作用。近年来，东莞市委党校根据上级党校有关要求，以项目实施为抓手，以改革创新为动力，致力于服务党的理论创新、服务市委市政府中心工作和经济社会发展、服务党校干部培训事业，开展一系列课题研究，取得了可喜的成果。为更好地实现这些成果的社会效益，扩大社会影响，从2015年起，东莞市委党校把每年度的重要研究成果都结集成册公开出版，此前已出版《探路：东莞全面深化改革系列问题研究》共4辑，受到了读者的欢迎。

2018年是学习贯彻党的十九大精神的开局之年，又恰逢改革开放四十周年。为深入学习贯彻习近平新时代中国特色社会主义思想和党的十九大精神，特别是贯彻落实好习近平总书记在参加十三届全国人大一次会议广东代表团审议时的重要讲话精神，总结改革开放四十年来东莞经济社会领域所取得的重大成就和经验，东莞市委党校立项了《发挥新时代东莞基层党组织在社会治理中的作用》《"东莞模式"的成就、生成逻辑与转型发展》《东莞主导产业的更新》《东莞市新一轮机构改革实践探索》等重点课题。从研究内容上看，有的阐释了习近平新时代党建思想蕴含的科学方法论及当代意义，有的初步探索了新时代基层党组织引领基层社会治理的方式路径，有的深入分析了传统东莞模式的内在动力及其转型跃升的基本路径，有的提出了东莞主导产业更新与科学推进东莞新一轮机构改革的对策建议，体现了党校作为党委政府的思想库、智囊团的职责定位和使命要求。与此同时，东莞市委党校教研人员还承担了上级党校（行政学院、社会主义学院）及东莞市哲学社会科学规划课题，包括《统战工作向商会组织的有效覆盖》《加强社会主义学院智库建设》《新时期政协委员队伍的建设——以珠三角地区为例》《基于公众参与的历史文化街区保护与发展——以东莞石龙中山路历史文化街区为例》《运用大数据加强市场监管——以东莞为例》《改革开放以来东莞党组织的建设》等。这些课题的阶段性研究成果，有的转化为决策咨政报告，获得东莞市委、市人民政府重视及有关市领导批示，有的形成专题性研究论文参加省级以上理论研讨会，有的在中文核心期刊上公开发表。为进一步做好上述课题成果推介工作，服务于"用学术讲政治"的要求，在社会科学文献出版社的大力支持下，我们把这批成果结集出版，名为《新时代东莞改革发展探索》，以供广大干部群众学习参阅。

本书框架由谢小薇同志担任主编，杨石光、孙霄汉同志担任副主编，编辑工作由东莞市委党校科研科具体组织实施；在成书过程中相关课题负责人王学敏、王金豹、袁凌云、何清、刘晋飞、张华军、林春香、郑超华等同志对书稿进行了修改完善；郑超华、胡江敏、刘京、叶敏玲、袁淑贞等同志对文稿进行了整理校对。

由于水平所限，本书所纳入课题报告中的有些问题研究可能还需要进一步深化，编辑过程中也难免有一些疏漏，恳请读者批评指正。

编　者
2019 年 4 月 8 日

图书在版编目(CIP)数据

新时代东莞改革发展探索/谢小薇主编.--北京：社会科学文献出版社，2019.8
 ISBN 978-7-5201-5178-8

Ⅰ.①新… Ⅱ.①谢… Ⅲ.①体制改革-研究-东莞 Ⅳ.①D676.53

中国版本图书馆CIP数据核字（2019）第146094号

新时代东莞改革发展探索

主　　编 / 谢小薇

出 版 人 / 谢寿光
责任编辑 / 孙燕生

出　　版 / 社会科学文献出版社·社会政法分社（010）59367156
　　　　　　地址：北京市北三环中路甲29号院华龙大厦 邮编：100029
　　　　　　网址：www.ssap.com.cn

发　　行 / 市场营销中心（010）59367081　59367083
印　　装 / 三河市尚艺印装有限公司

规　　格 / 开 本：787mm×1092mm　1/16
　　　　　　印 张：15.75　字 数：258千字

版　　次 / 2019年8月第1版　2019年8月第1次印刷
书　　号 / ISBN 978-7-5201-5178-8
定　　价 / 86.00元

本书如有印装质量问题，请与读者服务中心（010-59367028）联系

▲ 版权所有 翻印必究